3.11以後を生きるヒント

普段着の市民による「支縁の思考」

三好亜矢子・生江明 編

新評論

はじめに

困っている人がいたら助ける

3・11から二週間ほど経った日、まだ被災の全貌も明らかではない混沌とした状況のなか、本書の編者の一人である生江明氏と新評論編集者の山田洋氏、私の三人で会合を持ちました。当時、さまざまな形で行われていた被災地への「支援」に対して、私たちが共通して感じていたのは、官民をあげてさかんに叫ばれていたスーパーマンのような「自己完結型」のボランティア像が一人歩きすることへの居心地の悪さでした。被災地の皆さんに迷惑をかけない支援のプロこそが必要で、その資格のない「素人」は行くなという居丈高な指示が日本全体を覆っているかのようでした。このままでは、「支援」が上から目線で指導する専門家を中心とした、ひどく窮屈な取り組みになるのではないかと危惧したのです。

それから半年にわたって、およそ一週間に一度のペースで話し合いを重ねるなかで読者の皆さんに伝えたいメッセージが次第に明らかになってきました。一言でいえば、「支援」は少しも特別なものではないということです。つまり、「困っている人がいたら助ける」という人間としてごく当たり前の自然な気持ちが支援の原点だということです。

みんな、やさしくなった

東京でホームレス支援を行っているキリスト教会の牧師さんに震災から二カ月ほど経ってお目にかか

ったときのことです。彼女はにこにこしながらこう言われました。「先日、訪ねてこられたホームレスの人がね、「先生、世の中、何かあったのですか。以前と違って、道で会う人たちが声をかけてくれたり、おにぎりや洋服の差し入れをしてくれる」と不思議がっていました。3・11が起きたことをご存じなかったのね」と。大震災直後、私たちは確かに、このホームレスの方がいぶかしく思うほどやさしくなりました。それが今も続いている人もいれば、数カ月でその思いが薄れてしまった人もいるでしょう。しかし、自分以外の誰かのために報酬を期待することなく自らアクションを起こした事実は日本に住む者共通の記憶として歴史のなかに確実に刻まれました。一人ひとりが自分にできることは何かを心を研ぎ澄ませて考え、行動に移したのです。既存の支援団体が実施するプロジェクトとはひと味もふた味も違ったユニークな支援があちこちで生まれました。どこにでもいる普段着の市民が主役です。本書では、こうした「突然変異型」の支援に焦点を当てました。

「支縁」の五原則

本書の序と各部では今回の震災で行われた政府はじめ自治体、NPO、市民グループなどによるさまざまな支援について振り返るとともに、日本人のDNAに息づく「お互いさま」の精神に基づき、自由闊達な活動を展開した一一名の方々から原稿をお寄せいただきました。いずれの方も支援する側、される側の垂直方向に傾きがちな従来の枠組みを軽々と越えて、水平方向にどこまでも「ご縁」を広げていく「支縁」を実践されました。それぞれの活動を次の五つのキーワードすなわち「I 小さな一歩から」「II 人助けに理由はいらない」「III 寄り添う」「IV 境界を越えて」「V 米沢に学ぶ」に従って紹介しています。私たち編者は、こうした「支縁」を貫くものを「小さく」「多様であること」「現場中心で丁寧」「対話重視」「夢があること」の五原則にまとめました。

そして本書を締めくくる結では、３・11以前の便利で快適、経済効率重視の社会を取り戻すのではなく、お互いがお互いを必要とする、両手をどこまでも水平方向に広げてネットワークを紡いでいくための「支縁の思考」について、読者の皆さんとともに考えてみることにしました。

失われた故郷

福島県南相馬市小高区は同市の南東部に位置し、太平洋に面しています。福島第一原発から一一キロの距離にあるこの町から人影が消えて一年六カ月が経ちました。二〇一二年八月一九日、町は厳しい残暑の日差しを受けてひっそりと静かでした。私はこの地を福島の人たちとの交流ツアーのプログラムの一環で初めて訪れました。

四カ月前に立ち入り禁止措置が緩和され、住民は日中、自宅に戻れるようになりました。しかし、電気、水道、ガス、ごみの収集などライフラインはあの日から止まったままです。五年前から同地区の井田川集落で農業を営んでいた三浦草平さん（二六歳）は津波が襲ってきたとき、家族とともに辛くも高台に辿り着き難を逃れたそうです。同集落の全六〇戸のうち、残ったのは彼の家ともう一軒の二戸だけでした。残りの家々は田畑もろともすべて津波に押し流されて跡形もありません。もともと湿地帯だったところを干拓して造成した田畑は、背丈より高いヨシが生い茂り、カモメやシラサギが舞い飛ぶ原野に戻ろうとしていました。土地をかさ上げしてメガソーラーを設置するなどのアイデアが国から提示されては消え、結局は宙ぶらりんのままです。三浦さんに「この地区を将来、どうしたいと思いますか」と尋ねました。すると彼は「福島第一原発事故が真の意味で収束し、廃炉になる日まで復旧も復興も考えられません。スタート地点にすら立てないのですから」と話した後、「この地区をどうするかは自分たちではなく、次の世代が決めることになるでしょう」と冷静でした。彼が生まれ育ち、有機農業に意欲的に取り組んでいた故郷は永遠に失われたも同然です。

もう一度、思い出す

三浦さんは震災直後から半年余り知り合いを頼って千葉県の農家で働いていました。今は隣接する相馬市内の仮設住宅に住みながら、同市の北隣りの新地町で借りた田畑で農業を再開しています。私が東京に避難されている方々との交流を進めたいと語ると、彼は「千葉で何事もなく過ごしていたとき、自分の町も被災地のことも忘れてしまうことがありました」とぽつんと言いました。「だからこそ、皆さんのような外からの問いかけが必要なのです。また思い出せるから」と言葉を継ぎました。

二〇一一年三月一一日、午後二時四六分、この時刻をそれぞれの場で迎えた私たちももう一度、思い出そうではありませんか。犠牲になられた人たちを悼む気持ちと被災された方々の苦しみへの共感を。被災地の人々の多くは現在もなお、深い霧のなかに閉じ込められています。故郷に残ったものの生活再建に目処が立たない人、自主避難したままの人など、時間が経てば経つほど、個別化が進み人々を分断する壁は分厚く高くなるばかりです。状況を一挙に打開する特効薬はありません。苦しみと失敗そして希望をともにする「支縁」は今、始まります。

二〇一二年九月一一日

編者を代表して　三好亜矢子

謝辞

本書は多くの方々のご協力によって完成の運びとなりました。ここに記して御礼を申し上げます。（五〇音順、敬称略）

【寄稿者の皆さま】綾部誠　井上肇　臼澤良一　尾澤良平　黒田裕子　齋藤友之　三部義道　菅原康雄　照沼かほる　中村順子　日置哲二郎

【取材協力】秋山正子（「暮らしの保健室」主宰）　足立香代子（せんぽ東京高輪病院栄養管理室長）　石田光子（ボランティア山形メンバー）　稲田智子（㈱リビングデザインセンター）　上野寛（「避難者支援センターおいで」スタッフ）　笠原信吾（最上町交流促進課主任）　金桝義久（桝設計代表）　コープネット労働組合　近藤健一（大正紡績取締役）　篠塚恭一（ＮＰＯ法人・日本トラベルヘルパー協会理事長）　白須紀子（日本リザルツ事務局長）　菅野瑞穂（あぶくま高原遊雲の里ファーム）　平了（スコップ団団長）　新関寧（ボランティア山形代表）　畑雅人（「東北コットンプロジェクト」事務局長）　畠山美代子（遠野市在住の日本リザルツボランティア）　平尾清（山形大学エンロールメント・マネジメント部教授［当時］）　藤田侑希（スコップ団ボランティア）　ジャベッド・ホーセン（カレー料理店「ガンジー」ほか経営）　松木弘治（「東北コットンプロジェクト」参加メンバー）　丸山広志（ボランティア山形副代表）　三浦草平（みうらふぁみりー農園）　村上智美（日本リザルツ災害復興プログラム担当）　山形県最上町ほか多くの方々。

【写真協力】金子和恵（てふてふねっとメンバー）、河北新報社、国際環境ＮＧＯ　ＦｏＥ　Ｊａｐａｎ、ＮＰＯ法人・日本トラベルヘルパー協会

なお、本書の出版にあたっては、『学び・未来・ＮＧＯ―ＮＧＯに携わるとは何か』（新評論、二〇〇一）の共編者である池住義憲さんと若井晋さんから物心両面にわたるご支援をいただきました。ここに篤く御礼を申し上げます。

目次　3・11以後を生きるヒント

はじめに…………三好亜矢子　1

序　3・11以前を乗り越えるために　支援・五つの原則――三好亜矢子　19

一　大切にしたい「支援の五原則」　20
盛り上がる官民連携　20／新しい支援のかたち　22／現場から見えてきた原則　24／図書館に泣きに来た　27／「カレー、いかがですか」　29
二　管理されるボランティア　32
ボランティアの数が足りない!?　32／ボランティアのハンド化　35／一〇〇人に一〇〇個の卵が必要か　36／「官」の半歩先を行く　37
三　無数のミクロをつなぐ　40
近代主義からの脱却　40／本当に大切なもの　43

I　小さな一歩から

育ててくれた町で／岩手 大槌町
1　立ち上がる地元の人々　「まごころ広場うすざわ」から――臼澤良一　47
九死に一生を得た　47／被災者の交流拠点をつくる　51／伝統の踊りを蘇らせる　53／小さな支援が大切　55

失われた田園から／宮城 仙台市荒浜地区・名取市
2　小さく始めた農業支援の夢――取材・報告 三好亜矢子　59
北限の仙台平野に咲くコットンの花／東北コットンプロジェクト
塩に強いコットン　61／仙台・荒浜地区と名取でスタート　63／小さく始まった大きな夢　65

II　人助けに理由はいらない

僧侶が動く／岩手・宮城・福島沿岸地域
3　大災害に生き合わせた私たち　寺院と災害ボランティア――三部義道　71
はじめに　71
一　被災地の現場に立って　72
西から東へ　72／これまでとまるで違う光景　74／共助の生き方　75

二　私たちの支援活動　77

①拠点づくり　77／②炊き出し　78／③遺体搬送　79／④まけない！タオル　80／⑤漁師のハンモック　81／⑥今後は福島　82

三　支援活動からの学び　84

寺院ができること　84／まずは一歩を踏み出す　86／未来に試される今　87

家屋清掃に込めたもの／宮城　山元町

4　死者と生者への祈り「スコップ団」が掘り起こす――――取材・報告　三好亜矢子　89

人助けに理由はいらない　89／立ち入り禁止区域にも入る　94／大切なものを掘り起こす　96／二〇一一年三月一〇日の花火　98

資料　スコップ団からの〝呼びかけ〟文　90

「素人は来るな？」神戸―東北

5　ボランティアに求められる型破り――――尾澤良平　101

不良ボランティアを集める会の眼差し

ボランティアバス「まごころ便」　102／阪神・淡路大震災のボランティアから学ぶ　104／不良ボランティアの三大要件――多様性・自発性・素人性　106／多様性――何でもあり　109／自発性――言われてもしない、言われなくてもする　111／

素人性――あーでもない、こーでもない　113／復興に向けて、持続的な循環性
――何もできないかもしれないから、何でもできる　115
資料　不良ボランティアを集める会からの〝呼びかけ〟文　119

Ⅲ　寄り添う

あらゆる立場を超えて／福島市渡利地区
6　子どもたちを守るために――照沼かほる　123
渡利の子どもたちを守る会の取り組みと課題
一　渡利の子どもたちを守る会ができるまで――二〇一一年五月までの福島市の状況　124
混乱の中の一カ月　124／不安が募る二カ月目　126
二　渡利の子どもたちを守る会の発足とその取り組み　129
きっかけは校庭除染の説明会　129／Save Watari Kids の活動開始　131／協力団体との出会い　134
三　「わたり土湯ぽかぽかプロジェクト」　138
プロジェクト誕生の経緯　138／プロジェクトの成果と課題　139／「福島ぽかぽかプロジェクト」　143
四　福島市の状況と、渡利の子どもたちを守る会の今後の課題　144
できる人が、できるときに、できることを　144／子どもたちを守るために　145

歩く保健師たち／岩手 陸前高田市

7 私たちは一方的に支援するのではない――中村順子 149
「治す治療」から「地域包括ケア」へ

一 在宅看護――被災地の人たちといかに関わっていくべきか 150
出発まで 150／当初の思いと混乱 152／まずは介護や看護が必要な方を調べる 152／包括的支援を阻む介護保険――見えたこと、提案したこと、聞こえてくること 156／医療を受ける人は病院に来るもの？ 159

二 支援のスタンスを決める――新たなNPO設立のきっかけ 160
包括ケアと「ニーズベースド」の重要性 160／出向いてきちんと人や地域を見ること 162

三 NPO法人「福祉フォーラム東北」の活動 164
いずれは運営を地元の方に移譲 164／今後の支援活動 166
おわりに――支援する・されるの立場を超えて 166

阪神・淡路の経験から／宮城 気仙沼市

8 住民とともに暮らしながら――黒田裕子 169
避難所・仮設住宅、看護師二四時間サポート

はじめに 169

一　3・11の活動の始まり　170
二　面瀬中学校避難所での二四時間体制の活動　171
避難所での活動　172／避難所での自治会立ち上げ　173
三　仮設住宅での二四時間サポート隊として　175
おわりに　176

仮設住宅全戸訪問／岩手 三陸地域

9　何度でも足を運んで

日本リザルツ／生活・事業再建に悩む方々とともに ―――― 日置哲二郎　177

はじめに　177
一　私たちの活動――仮設住宅を中心に一軒一軒訪ねる　179
『ハンドブック』と「リーフレット」を配る　179／仮設住宅での「聞き取り」――被さい者が求めているもの　182／「出張形式の専門家相談会」――被さい者の方々の事情に合わせた活動　189
二　活動から見えてきたもの　192
何度でも足を運ぶ　192／一人のために複数が連携　193
三　今後の課題　194
活動を続ける　194／被さい者の輪を広げる　195／思いをつなぐ　198

Ⅳ　境界を越えて

10　町内会間の自主防災／宮城　仙台市福住町
普段着ネットワークが町を救う――菅原康雄　203
住民の生命と財産を守る「福住町方式」
災害に強い町内会　203／一〇年目の町内会自主防災組織　204／全国に呼びかけた「災害時相互協力協定」案　206／「災害時相互協力協定」遂に結ばれる　208／東日本大震災の襲来と、しっかり結ばれた「災害時相互協力協定」　209

11　隣県市民間の共助／山形―仙台圏
東と西をつなぐ「支縁」のかたち――取材・報告　三好亜矢子　212
「仙山カレッジ」が示唆するもの
大分水嶺の地で　212／こんなときだからこそ温泉に入りたい　214／普段の備えがものを言った　215／支援から「支縁」へ　217

12　自治体間・地域間連携のこれから／全国
「支え合いの連携」に向けて――齋藤友之　219
震災による自治の深化と陰
はじめに――歴史の断絶　219

一 「想定外」の災害とは何か――想定外＝人災であること 221
誰の責任か――市町村の責務と権限の範囲 222／自治専行――どういう自治の姿勢が必要か 225
二 これまでの自治体間・地域間連携 227
三 新たな自治体間・地域間連携の構想――多様な「支え合いの連携」の大切さ 228

V 米沢に学ぶ

13 災害時に結集！／山形 米沢市―福島・宮城・岩手
ボランティア山形が伝えるもの 緩やかなネットワークを活かす――綾部 誠 235
一 「ボランティア山形」とは 236
二 顔の見える信頼関係に基づく緩やかなネットワーク基盤 237
三 地元住民の善意を被災者に届けるための工夫 239
四 外部資源を受け入れる形での組織機能の充足と地域連携による支援 241
五 信頼関係の構築とコミュニティの形成支援 244
六 行政やＮＧＯの間接・後方支援と政策提言 245
七 ボランティアを継続するための財源確保 248

八　「ボランティア山形」の活動経験から見えること　248
コラム　相手の立場に立った支援活動　251
最後に　252

14　支援のハブ基地／山形　米沢市─福島・宮城・岩手
あらゆるアクターとの連携はなぜ可能だったのか──井上　肇　253
生活クラブやまがた生活協同組合の震災支援
はじめに　253
一　震災支援における最初の五日間　254
「3月11日」　254／災害地支援の始動　256／「今回の震災では生活協同組合の中で生活クラブ生協が一番被害を受けるだろう」　258／福島からの避難者を受け入れる米沢市でのボランティア活動の開始　259
二　個々の市民によるボランティア　262
「生活クラブやまがた」組合員からの支援　262／避難者受け入れの米沢市でのボランティア　263／米沢市民の若者たちと神戸のボランティアの連携　263／ボランティアを支えるボランティアたち　265／「応援する市民の会」から学んだこと　266／「ハートネットふくしま」との連携　267
三　被災地支援ネットワーク　268

「ボランティア山形」の誕生とメンバー構成　268／地元の自治体や他の生協と「災害協定」――ボランティア・コーディネーションの拠点へ　269／「生活クラブやまがた」が持つ物資供給力とネットワーク　271／「生活クラブやまがた」の組織力と支援の社会化　273
おわりに　274

一歩を踏み出すために／山形　米沢市―福島
15　避難者同士の支え合いが生まれる――取材・報告　三好亜矢子　276
被難者支援センター「おいで」を拠点として
東洋の桃源郷　276／避難者支援センター「おいで」――避難者同士のケア　278／「きっさ万世」――みんな友達だから　280／避難者自身による新たな取り組み　283

結　非日常が日常の姿を露わに照らし出す――生江　明　286
断章・東日本大震災が私たちに教えるもの
一　3・11、何が起きたのか？　287
希薄な危機意識と当事者性――私たちはどのような人か　288
二　マニュアル依存症候群　290
安全を委ねる社会の陥穽――思考の電源喪失　290／「安全神話」に縛られた思

考　292／大量生産を可能にしたもの――マニュアルという名の罠　293／ソフトな管理手法　295

三　普段着の市民による「支縁の思考」　297

分業化社会を超えて　297／現場に足を運ぶ――「窓口」に座っていては見えないもの　299／パキスタン国境の町からのメッセージ　303／新たな「ソーシャルな自立」を――水平方向のネットワークへ向けて　306

執筆者・グループ・プロジェクト紹介　310

3.11以後を生きるヒント

普段着の市民による「支縁の思考」

序

3・11以前を乗り越えるために
――支援・五つの原則

編者　三好亜矢子

二〇一一年三月一一日、午後二時四六分、私は、東京ドームのある水道橋の西隣り駅、総武線飯田橋駅（東京・千代田区）にいました。今まで経験したことのない大きな横揺れに危険を感じて、とっさに大人二人がやっと一抱えできそうな太いコンクリートの柱に身を寄せました。小学校三年生くらいの男の子が二人、口々に「すごい、すごい」と興奮した様子で傍らを走り抜けました。思わず、「あぶない！　柱のそばにじっとしていなさい」と叫んだのを覚えています。そのときは三陸沿岸を中心に岩手、宮城、福島、茨城、千葉五県が地震と原発事故によって壊滅的な被害を受けているとはまったく想像もできませんでした。大渋滞の中、のろのろと進むバスを除いて電車や地下鉄が完全にストップしたため、自宅のある中野まで四時間近く歩いて帰りました。その日の夜はテレビの前にペタンと座ったきり、次々と映し出される惨状を現実感のないまま、ただひたすら見ていました。

阪神・淡路大震災が起きた一七年前（一九九五年）の「三月一一日」を振り返れば、そのとき私は神戸市灘区の六甲小学校の校庭にいました。阪神・淡路大震災の発災後、避難所の一つになった同小学校を「まち」に見立て、そのまちが生まれてから消えるまでを撮影しドキュメンタリー・ビデオ制作にあたっていたからです。そして一年後、でき上がったのが「すきなんや　この町が〜１９９５・神戸・ある避難所の記録」（ドキュメント・アイズ、一九九六）でした。さらにその五年後に、同避難所の住民だった人たちの震災後の暮らしぶりを追跡した続編「すきなんや　この町が　パート２〜神戸・震災から６年」（ドキュメント・アイズ、二〇〇一）を発表しました。これらの作品づくりの傍ら、神戸市の東灘区、灘区、長田区、西区はじめ西宮市などの避難所や仮設住宅、復興住宅などで多くのボランティアや市民グループの活動を見聞きしました。その一部は『学び・未来・ＮＧＯ―ＮＧＯに携わるとは何か』（若井晋・三好亜矢子・生江明・池住義憲編、新評論、二〇〇一）の中で紹介しています。果たして、今回の震災において、どのような支援が行われてきたのか、また行われつつあるのか、まずはこの「序」を通じて考えていきます。

一　大切にしたい「支援の五原則」

盛り上がる官民連携

二〇一二年三月二三日現在、東日本大震災の被災者のために国内外から日本赤十字社などに寄せられた義捐金は三五一三億円にのぼります。阪神・淡路大震災では震災からほぼ一年後の一九九六年一月末で口座閉鎖となりましたが、このときの寄付総額一〇〇六億円と比べると、今回の震災ではすでにその三倍以上に達しています。当初は二〇一二年三月末で受け入れを終了する予定でしたが、その後も寄付が続くため、半年延長されることになりました。今回の震災に対して、多くの人々が「厳しい暮らしに直面されている人たちのために少しでもお役に立ちたい。自分にできることをやりたい」という熱い思いを抱いていることがひしひしと伝わってきます。

こうした国内外からの声に背中を押されるように、発災から二〇日後の二〇一一年三月三〇日には、非営利組織（NPO）や非政府組織（NGO）、企業、財団、社団、協議会、機構、プロジェクト、ボランティア・グループ等、セクターを越えた民間団体が横断的に集まり、「東日本大震災支援全国ネットワーク」（JCN。二〇一一年五月一三日現在・四八六団体）が結成されました。阪神・淡路大震災のとき、支援に携わったグループ・団体が個別ばらばらに活動したことの反省を受け、相互連携強化の趣旨で立ち上げられたのです。

がれき撤去。岩手県大槌町／2011年5月1日（撮影：金子和恵）

また、それに先立って発災五日後には、菅直人首相（当時）の肝いりで「内閣官房震災ボランティア連携室」（室長・湯浅誠内閣府参与）が発足し、民間の国際交流団体である「ピースボート」の創始者の一人、辻元清美衆議院議員が首相補佐官に任命され同室をサポートすることになりました。そして同年四月七日、JCNは同連携室を中心とする関係省庁との協議の場「震災ボランティア・NPO等との定例連絡会議」の初会合に参加しました。その後、この会議はほぼ一月に一度の割合で開かれ、同年八月四日まで六回にわたって開催されました。その第一回の会議でNGO・NPOサイドから出された要望の一つ、社会福祉法人中央共同募金会の「災害ボランティア・NPO活動サポート募金」の助成金をNPOスタッフの人件費に充てることが、わずか一週間後に認められるなど一定の成果を挙げました。

二〇一二年三月三〇日、JCNは一年ぶりに全体会を開き、震災二年目の活動方針を話し合いました。JCN参加団体は当初より三〇〇近く増えて七五〇を超えました。JCNは現在、「●震災ボランティア・NPO等と各省庁との定例連絡会議を通じて国と支援団体・ボランティアとの連携●大槌や郡山などの被災地で国・行政・企業と支援団体との連携を図るための現地会議●情報交換の場としてメーリングリストの運営●広域避難者を支援する団体同士の連携を促進●東日本大震災に関連する支援団体同士の連携」（同組織のサイトより引用）を行っています。

新しい支援のかたち

今回の震災における「支援」のかたちを概観したとき、阪神・淡路大震災の際と比較して異なる点の第一は、政府からの助成も含めてこれまでにない莫大な資金投入があったことです。たとえば、JCNの有力会員の一つである「ジャパン・プラットホーム」（JPF）はもともと政府の肝いりで、政府・経済界・NGO三者の協働を強化しようとの趣旨で二〇〇〇年に設立された国際緊急支援ネットワークですが、今回の震災でもおよそ六八億円（二〇一二年三月一二日現在）の寄付を集め、そのうちの約八割すなわち五四億円をJPFに加盟する三五団体が企画した五六件のプロジェクトに対して助成しています。一件あたり平均九六〇〇万円という、NGO・NPOのプロジェクトにしては大きな予算額になります。

第二に、今回の震災支援では、被災地とさまざまな支援グループを直接結ぶというより、その中間に後方基地を置く方法が注目されました。たとえば、「遠野市災害ボランティアセンター情報班」や「立ち上がろう!岩手」、「遠野まごころネット」（本書第5章一一二頁参照）、「ボランティア山形」（本書第13・14章参照）は、現地を後方から支援するために、各自治体単位に設置される災害ボランティアセンターや避難所などが必要としている物資・ボランティアの受け入れスケジュールなどを全国の個人、グループに向けて発信していました。特に、岩手県内陸部にある遠野市は今回、大きな被害を受けた宮古市から陸前高田市までの沿岸部には距離にしておよそ五〇キロ、車で一時間ほどの距離に位置しています。この地の利を生かして、全国からの支援者と被災地とを結ぶための、いわば中間支援後方基地としての機能を担う新しいやり方で注目されました。たとえば、全国から集まってきた救援物資を遠野市で一旦、集積し、被災地の求めに応じて送り出す作業を行いました。また、国際NGO「日本リザルツ」（本書第9章参照）や「遠野まごころネット」などのさまざまな市民グループが同市に拠点を置きました。同市は市内の公共施設一〇〇カ所以上をボランティアに開放しました。「遠野まごころネット」は同市の総合福祉セン

「遠野まごころネット」（岩手県遠野市）の朝礼。各自の判断で現場を選ぶ／2011年9月12日

ターの提供を受け、三〇〇人以上が一度に宿泊できる基地を確保しました。同ネットを中心に、二〇一一年八月末までに延べ四万人以上のボランティアが全国から参加しました。

第三に、ツイッターやフェイスブック、ブログなどのインターネットを活用した支援が飛躍的に拡大したことも見逃せません。現場からの支援要請と支援者側の意向がリアルタイムで直結され、双方向の意思疎通がスムーズになった点では大きなメリットとなりました。ネットを活用した支援の事例の一つが「ふんばろう東日本支援プロジェクト」（東京）です。同プロジェクトのスタートは二〇一一年四月一日。仙台市出身で自らの親族も被災した早稲田大学大学院（ＭＢＡ）専任講師の西條剛央さんが宮城県南三陸町に入り、被害の規模の大きさや、物資の不足している現場を目の当たりにしたことがきっかけでした。「必要なものを必要なところに必要なだけ送る」をコンセプトに、物資の行き届いてない避難所・仮設住宅・自宅避難宅の情報を収集、ツイッターやブログ、フェイスブックなどのインターネットメディアを駆使して発信し、「アマゾンの欲しいものリスト」などを通して、全国から支援物資を直接送付できるシステムを構築。二〇一二年一月時点で三〇〇〇カ所以上の避難所・仮設住宅・自宅避難宅に一五万五〇〇〇品目の物資が送られました。また、各自治体が集めたものの行き場が見つからず退蔵されていた膨大な物資を、同様のシステムを使って被災者のために役立てる活動も行われました。「家電プロジェクト」では、行政や日本赤十字社の支援が受けられない、壊れた自宅などにそのまま避難している個人避難宅を中心に、夏冬合わせて総計二万五〇〇〇世帯以上に家電製品が送られています。

現場から見えてきた原則

私もこの一年半の間、鉄道や深夜バス、友人の車でさまざまな被災地を訪れました。炊き出しであったり、ヘドロかきのボランティアであったり、取材であったりしました。岩手県の大槌町、陸前高田市、遠野市、釜石市、宮城県の気仙沼市、石巻市、仙台市、名取市、山元町、山形県の最上町、米沢市、福島県の二本松市、いわき市、浪江町、川内村、南相馬市、福島市、郡山市、四県一三市四町一村を訪ね歩きました。その中で地元の人、近隣の人、遠くから駆けつけて来られた人など実に多くの方々とお話をさせていただきました。

「何かお手伝いできないか」と単身、アルバニアからやって来た三〇代のイスラームの男性は仙台の教会に寝泊まりしながら、石巻の避難所で炊き出しのお手伝いをしていました。「ボランティアが終わったら上海に飛んで自分が経営する雑貨販売の商談をまとめる予定」とのこと。気仙沼の大島で出会った八四歳の淑女は家・財産すべてを津波で流されての仮設住宅暮らしにいささかも挫けず、趣味の俳句に打ち込んでいました。彼女は大島に伝わる民話の語り部でもありました。陸前高田で出会った元市役所職員の六〇代の男性は「チリ津波で沿岸部の水田は塩を被ったが、翌年の作付けはちゃんとできた。塩害に強い稲を選んだのだろう」と教えてくれました。大槌町では、震災からの復興を願って演じられた鹿子踊りを見物中の四〇代の女性が、胸に抱いている赤ん坊を私に示しながら「この子の母親は今、お囃子の笛を吹いているの」と笑いかけてきました。二本松市東和町の有機農家では、父の傍らで働き始めて三年になる二〇代の女性が、年間積算の外部被曝量が二ミリシーベルトを超える中で田畑を耕していました。丹精込めた土を汚染前の状態に戻すた

ヘドロかきのボランティアに行く筆者（右）。宮城県石巻市／2011年6月17日

菜の花畑の向こうは警戒区域。福島県二本松市東和町／2012年5月1日（金子和恵撮影）

めに懸命の除染作業が行われていますが、彼女や彼女の後に続く世代が将来、健康に問題を抱えることにならぬよう祈らずにはいられません。

こうした方々の暮らしや人生観を垣間見る中で、「支援」において最も大切にしたい「五つの原則」が次第に浮かび上がってきました。

それは「**小さいこと**」「**多様であること**」「**現場密着で丁寧であること**」「**対話があること**」そして「**夢があること**」の五つです。

「一日も早い復旧・復興を」という言葉を個々の肉声に置き換えると、それは「一日も早い普通の暮らしを」となるのではないでしょうか。震災以降、さまざまな復旧・復興論が唱えられてきましたが、国や自治体が主導する大上段の議論はどうしてもこの五つの原則とは相容れない方向に傾きがちです。手っ取り早く成果を出すには、この五つの原則は逆に足かせになるのでしょう。大きく、一元的に、多様な声はできるだけ聞き置くことに留め、プロジェクトが一旦始動すれば決められた道を一直線に進んでいくだけ。夢がありません。しかし、私たち普通の人間の暮らしは、個人、カップル、家族、コミュニティという小さな単位で、多様性が息づく、顔の見える、「おはよう」「おばんです」と挨拶を交わす、そんな日常の積み重ねによって成り立ってきたのではないでしょうか。「一日も早い復旧・復興を」という掛け声ではなく、「一日も早い普通の暮らしを」という心からの願いを共に現実化していくプロセスが大切ではないかと思うのです。「いなくなった人は帰ってこない」「失われたものは元には戻らない」、涙も涸れ、それでも未来に向かって歩もうとする人たちと互いに支え合って、次の世代に確かなバトンを渡してゆく。これこそが「支援」であり「支縁」なのでしょう。戦後の日本、いや明治近代以降の日本は、こうした慎ましやかな暮らしの幸せを少しずつ見失ってきたのかもしれません。

支援における大きなプロジェクトを頭から否定するつもりはありません。ただ、大きくなればなるほど、この五原則はほとんど必然的に色褪せていきます。その落とし穴に陥らないように、大きな支援にはより細心の注意が不可欠です。

本書各章の事例はいずれも、そうした大きな支援事業では見失われがちな「五つの原則」をくっきりと浮かび上がらせてくれます。以下では、それに関連したいくつかのエピソードを紹介します。

これらの原則はそれぞれが独立しているというより、互いの要素が関係し合ってそれぞれの良さを強め合っています。

図書館に泣きに来た

まず、石巻市でのエピソードを紹介しましょう。二〇一一年六月一七日、私は生活協同組合コープ東京の労働組合が呼びかけた石巻でのボランティア活動に参加していました。厚さおよそ二センチの板状に乾燥した床下のヘドロを移植ごてで掻き出す作業など、個人宅の清掃が主な仕事でした。その作業が終了した午後四時頃、地図を片手に市役所から徒歩で一五分、羽黒山中腹にある市立図書館を訪ねました。発災後、図書館がどうなったのか確認したくなったのです。

一〇日前の六月七日に図書館業務の一部が再開されていたようですが、二階建ての鉄筋コンクリートの建物にはいまだ多くの人々が身を寄せていました。玄関前の喫煙コーナーにたたずんでいた六〇代の男性もその一人でした。「退職したら、あれも読みたい、これも読みたいとずっと思っていたけれど。時間も本もたくさんあるのに、まったく文字を追う気になれないね」と言って、震災直後から最近までの様子を話してくれました。

震災当日、図書館は一旦閉館したものの、近くの住民が多数駆け込んできたため、館長の判断ですぐに開放したそうです。およそ二〇〇人が避難してきました。しかし、正式の指定避難所ではなかったため、食糧などの支援物資は一切届きませんでした。避難した人たちはそれでも三日待ちましたが、耐えきれなくなり避難者数名が代表として市役所に交渉に行ったそうです。それ以降は、支援物資が届くようになりました。三日目に自宅に戻った人など五〇名が退去、その後は仮設住宅に移転する人も次第に増え、「今では三〇名ほどに減った」ということです。発災一週間後、年配の女性が図書館にやって来て、「家も車も全財産がすべて流された。借りていた図書館の本も流された」と泣いたそうです。男性はこう言いました。「その人はね、愛着のあるこの図書館に泣きに来たのだと思う」と。

私は改めて、地域における公共の場の重要性を実感しました。先の「五つの原則」で言えば、特に三番目に挙げた「**現場密着で丁寧**」な支援に関わる事柄です。

公共施設は建物ごとに使用目的が予め定められています。税金の使途を明確にしなければならないからです。しかし、そのせいか往々にしてこの「使用目的」が必要以上に狭く解釈され、あたかも市民にできるだけ使用させせないことを目指しているかのような対応もしばしば見られます。使用規定からほんの少し外れたために利用できなかったという経験をお持ちの方も少なくないはずです。大きな枠組みさえ定まっていれば、あとは市民に任せて広く開放してこそ、「場」の力がのびのびと発揮されます。今回、指定避難所ではなかった石巻市立図書館は、館長の英断ですぐに開放されましたが、それを管轄する市の反応はあくまで「規定」の枠内に留まっていたと言わざるを得ません。非常時だからこそ、普段からの「規定外対応」の経験がものを言うのだと思われます。顔の見える臨機応変な対応（**小さな単位**）を可能にするためには、行政においても、日常における「**現場密着**」度を高める必要があります。

「カレー、いかがですか」

「支援の五原則」の二番目に挙げた「**多様であること**」は、支え手が多様であると同時に、支援を受け取る側も多様であることを意味します。これは、支援を一方通行に終わらせず、支援が三番目の原則（**現場重視で丁寧**）や四番目の原則（**対話がある**）へとつながっていくことと密接に関係するものです。

東京在住の建築家、金桝義久氏は、震災から三カ月後、事務所を休業し、車で五日ほど被災地を回りました。毎日、適当なところにテントを張り、まったく縁もゆかりもない集落を訪ね、被災した方々が何に困っているかを知るために自分なりに話しかけてまわったそうです。昔ながらの蔵が多数残っている町を通ったとき、外壁が無残にもはがれ落ち、なまこ壁はもちろん、その上の漆喰も滑り落ち、下地の土壁が剝き出しにされた、今にも崩れ落ちそうな蔵をいくつも見つけました。そこで、彼は蔵の再生活動だったら自分にも手伝えるのではないかと思ったそうです。「**夢**」があります。

パキスタンと日本の市民合同チームで出発／2011年5月24日

このように、私たち市民一人ひとりには何か一つくらいは得意とするものが必ずあるはずです。パソコンが得意、料理をつくるのが好き、人の話を聞くのが上手など――。それぞれの多様な持ち味が日常の暮らしの延長として、今、たまたま困っている人たちのために発揮されること、このことこそが支援に求められています。

「**多様性**」というものを感じ合い、認め合った一つのエピソードがあります。私と同じ東京・中野に住み、「ガンジー」（新宿ワシントンホテル内）はじめカレー料理の店を手広く営むパキスタン人の友人、ジャベッド・ホーセンさん（四五歳）から震災の一週間後、電話が掛かってきました。「自分の事業の成功は日本人の顧客の応援があればこそ。今、その恩返しをしたい」と言うのです。さっそく、ホーセンさんほか、お店のパキスタン人の従業員やホーセンさんの兄、友人そして中野在住の仲間たち総勢一〇人で、二台の車に乗り、発災直後の三月二七日、石巻を目指して出発しました。ワゴン車のフロントには「中野区ボランティア、パキスタングループ、被災地支援車」と大きなゼッケンを貼り付けての道中です。これを含めて私たちは震災の年三月から七月にかけて石巻市で三回、陸前高田市で一回、大槌町で一回、ホーセンさんのお店で一番人気の「ダル（ひよこ豆）入りチキンカレー」の炊き出しのお手伝いをしました。避難所に暮らす方々やボランティアの方々に毎回四〇〇～六〇〇食を提供しました。

二回目の炊き出し支援となった五月一日の夜、大槌町での活動を終えての帰途、石巻から仙台東道路に乗ってすぐのサービスエリアでのことです。夜一〇時を過ぎていましたが、私たちチーム九人は、車を停めて、遅い夕食をとるために残りのカレーを携帯ガスこんろで温め始めました。私たちの二台の車以外には五～六台の車が停まっていました。しばらくすると、ホーセンさんは停車中の車に向かって歩いていきました。彼はそれぞれの車の窓を叩いて、車内の人たちに「カレーはいかがですか」と声を掛け始めたのです。私は、異国の民族衣装に身を包んだ押し出しの良いホーセンさんの突然の呼びかけに応じる人は、まずいないだろうと思いました。ところが、そのうちに三〇メートルほど離れた車から小学三年生くらいの男の子とその父親とおぼしき男性が降りてきて、私たちの方に近づいて来るではありませんか。話を伺うと石巻の自宅が全壊し、とても住めないので、今は郊外の親戚方に身を寄せているとのことでした。「車にあと二人乗っているので、四皿いただけますか」。「どうぞ、どうぞ、たくさん、食べてください」とホーセンさん。大鍋の底をさらうようにしてカレーを皿によそうホーセンさんに、「ほんとにありがたい」と微笑を浮かべる男性の態度は実に自然なものでした。同時に、この男性の肩の力を抜いた態度に、日本の中にも多様な関係性をつくり上げる土壌が少しずつ生まれ始めていると感じました。

臼澤鹿子踊伝承館避難所（岩手県大槌町）にてカレー炊き出し／2011年5月1日

しかしながら、今回の震災では、残念なことに、お互いの多様性を認め合い、現場重視で対話を重ねながらゆっくりと将来を描いていくという、いわば互いの自主性を尊重し合う本来的な「支援」とはまったく逆の事例が頻出しました。阪神・淡路大震災のときよりも、支え手であるボランティアの自由な発意に制約や制限を加え、一つの鋳型にはめて、管理しようとする傾向が明らかに強まりました。

二　管理されるボランティア

ボランティアの数が足りない!?

被害の大きさを被災面積だけで比較することはできませんが、阪神・淡路大震災時の被災地は、兵庫県下の神戸市など一〇市一〇町（当時）のエリア、被災面積は約一五〇〇平方キロメートルとされています。一方、今回の東日本大震災時の被災地は、岩手、宮城、福島の三県に限っても合計で一二八市町村、その約三割にあたる太平洋岸の三七市町村の総被災面積は約九二〇〇平方キロメートルにも及びます。津波の被害が深刻であったこの沿岸部だけでも、阪神・淡路大震災の被害面積のおよそ六倍にあたります。また、人口比では、阪神・淡路大震災時の被災地人口が約三五〇万に対して、東北三県の沿岸部の被災地人口はおよそ半数の一八〇万人です。つまり、今回の震災は、阪神・淡路大震災時の六倍の面積に同震災時の被災地人口の約半分が広範に点在する地理的特性を備えていることがわかります。狭い面積に支援物資を大量かつ集中的に届けるという方式ではなく、人体で言えば身体の隅々まで酸素と栄養を届ける毛細血管のような、きめ細かな支援が必要であることを示しています。

阪神・淡路大震災との比較では、もう一つ大きな特徴があります。ボランティアの参加が相対的にあまり活発ではないということです。ボランティア元年と呼ばれ、年間およそ一三〇万人のボランティアが熱いうねりのように救援に駆けつけた阪神・淡路大震災に比べると、今回の大震災で岩手、宮城、福島三県の被災地に赴いたボランティアの累計は、二〇一二年二月末までのおよそ一年間で、約九四万人（岩手三三万人、宮城四六万人、福島一五万人）と七割に留まります。震災によってダメージを受けた地域の広大さを考えれば、「閑散」の言葉さえ浮かびます。この違いはいったい何によるものなのでしょうか。

一つには本州の北東端沿岸部で生じた災害であることによる、まさに「東北地方」に対する心理的距離感が影響したかもしれません。南北を縦に結ぶ東北沿岸部の交通網が大きく遮断され、人やモノの移動に著しい支障が生じたことも確かです。もちろん、福島第一原子力発電所の事故による、今も続く放射線被曝への不安・恐怖などが大きな足止めになったことは言うまでもありません。しかし、最大の理由はもっと別なところにあったのではないでしょうか。

今回の震災では、発災直後より被災地の行政組織からは「自己完結型のプロ以外は来ないでほしい」との訴えがありました。また、「援助のプロ」と言われるNPO・NGOからは「まだ被災地に入る状況ではない」という自制の呼びかけが発せられました。以後、この「素人は来ないでほしい」「素人は行くな」宣言がまるでボディーブローのように効いたのです。その結果が先の数字に表れたのだと思えるのです。阪神・淡路大震災のときにはおよそ出会わなかったフレーズです。いったいこのフレーズはどのようにして醸成されていったのでしょうか。そして、ボランティア希望者を事前に審査する、あるいは自己検閲を迫るような社会的な圧力はどこから生まれてきたのでしょうか。

以下は、内閣府が二〇〇五年八月一八日に更新した「防災ボランティアの「お作法」集」の一部です（文中にある「ボランティアセンター」は、ボランティア活動促進を目的として市町村の社会福祉協議会と連携して設置されている場合が多く、「災害ボランティアセンター」は、災害時のボランティア活動を円滑に行うために同協議会によって臨時的に設けられる場合が多い。後者は平常時に設置されているところは少数派）。

◎防災ボランティアの「お作法」集
――活動に参加するあなたへ、みんなでまもりたいこと

（1）規範（きはん）

①復旧や復興の主役は被災者です。ボランティアはそれをサポートする存在であるという原則を忘れないように心がけましょう。また、被災地や被災者、地元行政、ボランティアセンターなどに対しては、あなたの善意を活かす場を作ってくれたことに感謝しましょう。

②防災ボランティアは、水・食料・常備薬・適切な服装・保険等、必要な備えをして自己完結を原則に被災地に入りましょう。被災者・被災地や現地ボランティアセンターに負担をかけないようにしましょう。

③仕事がなくても、ボランティアニーズをむりやり探し出すのではなく、被災地／被災者のことをよく理解するようにしましょう。

④睡眠時間や疲労などに留意し、健康の事前チェックに努め、不調になったら早めに活動をやめる勇気を持ち、けがなどで被災地の負担にならないようにしましょう。

⑤被災地でのボランティア活動に参加する際は、自分の行動計画を周囲に事前に説明してから、でかけましょう。

⑥ 仲間とよく話し合い、一人で仕事を抱えこまないようにしましょう。
⑦ 災害の規模、種類、地域などにより、災害ボランティアセンターの運営などに違いがあって当たり前です。あくまで、被災した現場が中心であることを忘れないようにしましょう。
⑧ 災害ボランティアセンターの核となる現地スタッフは可能な限り休む時間を持つことに努め、周りはそれを理解し支えましょう。〔後略〕

ボランティアのハンド化

二〇〇五年六月、内閣府は前年の新潟県中越地震での災害ボランティア活動の調査を踏まえて、市民グループなども交えた官民による「防災ボランティア活動検討会」を設置しました。上記の「お作法集」はこの検討会が作成した素案が元になっています。政府が市民の自主的な活動であるボランティアの規範づくりに乗り出すこと自体が異様であると言えますが、現在では学生の単位修得科目の一つにボランティア活動を採用する大学も増え、そこに産業界の資金的、技術的援助も加わって、いわば産官学民連携ボランティアの様相さえ呈しています。これに官製用語と化した「絆」の大合唱がさらに加わって、政府主導による官製ボランティア体制を逆に市民が下支えするというおかしな構造が、今回の震災支援の中で知らぬ間にでき上がってしまったようにも感じられます。市民グループは権力によって都合よく操作される危険性にもっと注意を払うべきだと思います。

この「お作法集」を一言でまとめれば、「ボランティアはお行儀よく」に尽きるのではないでしょうか。「ボランティアは被災地の迷惑にならないよう個人的な判断は〝良識〟をもって慎み、ひたすら政府や自治体の指示通りに目の前の作業を効率よく秩序正しくこなすべし」と言わんばかりの内容です。

ボランティアに求められる役割はあたかもファストフード業界での「ハンド」のようです。経営者（政府や自治体）にとって労働者（ボランティア）はもはや自分の頭で考える人間である必要はなく、マニュアル通りに手を動かす「ハンド」であればよいという発想です。

今回の震災支援では、私の身の回りでも「被災地の人たちの役に立ちたいけれど、体力がないのでヘドロ掻きはできない。がれきの片付けも手伝えない」との嘆きを幾度となく耳にしました。「心身頑健にして装備万全でなければボランティアにあらず」のキャンペーンの浸透ぶりは驚くほどです。

「支援のプロ」が「ニーズ」に合わせてボランティアを集めれば、効率的な支援ができる——このような支援業界の「常識」は阪神・淡路大震災以降に定着した考え方ですが、今回の震災では、「マッチング」にこだわるあまり、支える側の行動がその意志とは反対に、助けを求める人たちから乖離していくという弊害も目立ちました。次のような事例もその一つです。

一〇〇人に一〇〇個の卵が必要か

二〇一一年三月二七日、前出のホーセンさんたちパキスタングループが石巻でカレーの炊き出しを行ったときのことです。私たちは事前に同市社会福祉協議会災害ボランティアセンター（石巻専修大学キャンパス内）に連絡し、私たちのチームの受け入れ先を打診していました。コンタクトをとってくれていたのは、四国から同センターに応援に駆けつけていた或るＮＰＯのスタッフでしたが、途中で連絡不能となり、後を引き継いだ同センターのボランティアも懸命に受け入れ先を探してくださったものの、炊き出しを行う避難所の「マッチング」に悪戦苦闘の状態を続けていました。三カ所の避難所で断られた末、結局、チームは避難所での炊き出しを断念し、自宅避難されている方々のところで自主的に炊き出しを行うことにしました。

ミスマッチの理由は、避難所の運営者が避難住民の人数と提供できる食数との一致に拘りすぎたことが主因でした。いわば一〇〇人の避難者に対して卵は必ず一〇〇個なければならず、九九個しかなければ、提供をすべてお断りするという方針が壁となったのです。この種のわかりやすい「公平」に安住するやり方は、それを最も必要としている人に優先的に配分するという支援の大原則とは明らかに相反するものです。

機械的な平等に腐心するこうした傾向は、全国の栄養士と管理栄養士で構成される社団法人日本栄養士会（東京）が震災直後の三月末に実施した被災地調査でも確認されています。同調査チームの一人、足立香代子管理栄養士（せんぽ高輪病院栄養管理室室長）は私の取材に答えて次のように述べています。「なぜ、こんなおかしなことが生じているのか不思議でなりません。卵の数が足りなければ、たとえば、お味噌汁の中に全部の卵を割り入れて溶き卵汁にすることもできるし、体調の悪い人を優先して黄身を多めに割り当てることだってできるのです」。

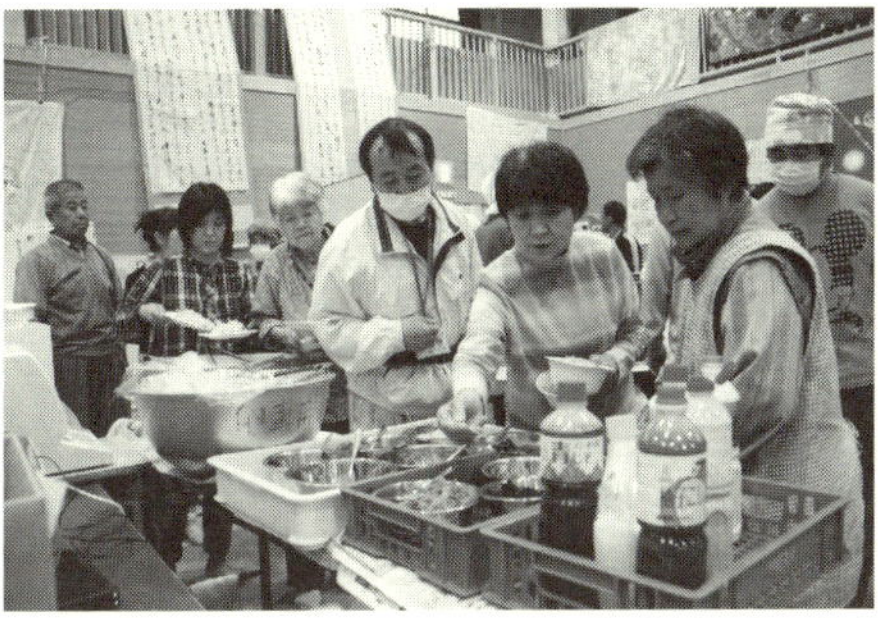
避難所でのカレー炊き出しでは漬け物が大好評。岩手県陸前高田市／2011年6月26日

「官」の半歩先を行く

行政の縦割り主義や形式主義を批判するばかりでは、「管理されるボランティア」を生み出す構造は何も変わらないこともまた厳然たる事実です。今回の震災では、「民」の独自かつ主体的な取り組

みの成果によって「官」が後追いせざるを得ない、いわば実力で「官」との連携を切り開いていったケースも多数生まれました。

たとえば、本書第10章で紹介した仙台市宮城野区福住町の自主防災対策もその一つです。「官」にできるだけ頼らない「福住町方式」は今回の震災対応では全国的にも高く評価され、震災後一年半経った現在、同町会には福岡県大野城市をはじめ全国の自治体や町（内）会関係者の視察が相次いでいます。同町町内会会長の菅原康雄さん（六五歳）は、これまでどちらかと言えば疎遠であった仙台市との関係も近くなってきたと言います。二〇一二年二月二八日には、仙台市と東北大学等が実行委員会を組織して「災害に強いコミュニティのための市民フォーラム」を開催しました。福住町と同様、独自の防災対策に取り組む市内の二つの町内会の代表とともに同フォーラムに登壇した菅原さんは、「姉妹町内会」である山形県尾花沢市の鶴子地区などと結んでいる「災害時相互協力協定」の意義について述べ、「災害時、頼りになる隣人がいてくれることが心の大きな支えになる」と発言しています。

福島からの自主避難者の受け入れを支援している市民ネットワークの働きかけが行政を動かしたという例もあります。

たとえば、ＮＰＯの働きかけによって北海道庁は、「被災地から道内への避難のための交通費は北海道が負担」「子どもたちの編入手続きを簡素化」などのさまざまな支援策を講じるようになりました。交通費の無料負担には道庁から次の条件が付されました。自主避難に際しては支援団体「みんな地球の子どもじゃん！」（東京）などのＮＰＯ法人が窓口となって避難者の人数を確認し、一〇人単位のグループで渡航してもらうというものです。先の「支援の五つの原則」を大事にしなければ成り立たない取り組みであり、その点を行政が評価したとすれば、市民と行政との連携もよりよい形で発展していくことでしょう。

実際に、自主避難者が多い札幌市では、避難者による自主保育の場を道庁が積極的に提供することになりました。札幌駅から東へ車で約二〇分、厚別雇用促進住宅桜台宿舎には福島や宮城から避難してきた約一六〇世帯の家族が暮らしています。その三分の二が夫や父親を地元に残して避難してきた福島からの母子のみの世帯です。二重生活の経済的な苦しさを少しでも補うために働きに出たい。震災から月を追うごとにそうした女性も増えてきました。しかしそのためには子どもを預かってくれる施設が必要です。札幌市内の認可保育園に預けたいと思っても、住民票を移さなければ申請できず、申請したとしてもすでに待機児童が一〇〇〇人を超える札幌市の現状では入所はほぼ絶望的です。無認可保育園では保育料が高く、せっかく働いても得た分だけのお金が消えてしまう。そこで避難者の女性たちはこのジレンマを解消するために、元保育士だった仲間を雇用した自主保育園をつくることにしました。二〇一一年八月二四日、避難所である同宿舎の管理棟の一部を保育場所として借りたいと道庁防災本部に相談。担当課長も「じゃ、住宅を管理している雇用促進協会に一緒に行ってみましょう」とその場で同行が決まりました。そして協会との交渉もスムーズに進み、臨時保育所の開設が決定しました。この自主保育園は一時保育施設「さくらんぼ」として早くも翌九月にはスタートしています。

この事例は、市民グループが結束し力を合わせれば、行政による有効な支援を引き出せることを明確に示しています。しかしながら、福島の状況一つを取っても、まだまだ行政の対応に苦しめられるケースが多く見られます（本書第6章参照）。半歩遅れの「官」が、「民」に追いつく努力、これが同時に求められています。

三　無数のミクロをつなぐ

近代主義からの脱却

災害には三つの段階があるとよく言われます。すなわち発災から七二時間までの、命を左右する「緊急救援」段階、次に発災から数カ月後の、ライフラインが再開するまでの「復旧」段階、そしてそれ以降の「復興」に至るまでの段階、という分け方です。

これまでの「支援」はこの三つの段階に従って生じる「ニーズ」に対して適切な供給を行うために、限られた時間、コスト、人員の中で「いかに速く、効率的に」成果を出すかが至上課題とされてきました。その結果、多様な意見を出し合いながら試行錯誤を重ねることは許されず、予め設定された目標に向かう一本道から少しでも外れたものは往々にして排除の対象とされてきました。右肩上がりの成長拡大路線を信奉する一方で多くの不公正や負荷が放置されてきた近代的思考の構図そのものですが、こうした思考法では支援を受け取る人、受け取れない人の個々の状況に目が向けられることはあまりありません。しかし、個々の需要に対して適切な供給を行うことは支援においては自明であり、その需要は自動的に無条件に満たされるべきものです。一律に期限をつけたり、条件を加えたりするべきものではありません。

従来、日本で行われてきた災害ボランティアの活動では、被災地は限定的で、困難な生活を余儀なくされている地域の人々とそれを支援する「普通」の暮らしが営まれている地域の人々との間には、物理的にも心理的にもはっきりとした境界線が引かれていました。被災地にボランティアに出かけて行き、その活動が終了すれば自らの安全地帯に帰ってくる、というのがこれまでのパターンでした。しかし、福島第一原発事故はこの構図を吹き飛ばしました。被災地とそうでない地域は地続きになり、あるいはその境界は海洋も含めて限りなく不透明となり、食生活への影響などを含めると日本全体が放射能汚染による被災地となってしまったのです。

チェルノブイリ原発事故が起きる直前にドイツで出版された世界的なベストセラー『危険社会』（東廉監訳、二期出版、一九八八）の著者、ウルリヒ・ベックは同書の中で、科学技術中心の近代文明社会を危険社会と位置づけ、その性質について次のように述べています。「富にあってはこれを所有することはできるが、危険にあってはこれに曝されるのである。危険はあたかも文明の一部として割り当てられる。単純に図式化すればこうである。階級や社会や階層社会においては、存在が意識を決定するが、危険状況においては、意識が存在を決定する。知識は新たな政治的意味を獲得する」（三〇頁）と。つまり、科学技術が高度に発達した今日の社会では、それによる事故の危険も大きくなっているが、もし危険という意識を持たなければ、あるいは政治的にその危険を過小評価したならば、その人やその社会にとって、危険は存在しないのと同然になるというわけです。まさにこれは福島第一原発事故後すぐに原発を再稼動した日本社会が体現していることです。また、原発大国フランスでは新しい大統領を迎えてもなお、危険を「適切に分散」すれば事故を「最小限」に抑えられるとして原発推進の方向を変えようとはしていません。こうした考え方もまた、「意識が存在を決定する」近代の危険社会の特徴と言えます。それは、「危険を分散すれば安全だ」という錯覚を蔓延させる社会とも言えます。しかし、ひとたび環境に放出されればそのときの天候、風向きによってすら如何ようにも拡散する放射性物質の危険を、いったい誰が「適切に分散」し「最小限」に抑えられると言うのでしょうか。福島第一原発はいまだ「収束」にはほど遠い状態にあります。二〇一二年四月一二日現在、福島県および復興庁のデータによれば、福島から県外に避難している人の数は六万二七〇〇にも上ります。県内・県外で放射能汚染に晒され続けている人々の数は何十、何百万人単位の規模です。こうした現実を無視した「危険の分散」論は一人ひとりのいのち、暮らしを踏みにじる詭弁と言わざるを得ません。

とりわけ、被曝を強いられている人たちの個々の生活、子どもや未来世代への健康影響、地域コミュニティの非日常状態などは、近代合理主義で解決できるようなものではありません。小児科医で震災以来、福島県をほぼ毎月訪れ、住民の健康相談に乗っている山田真氏は、二〇一二年二月、福島市で開かれた「放射能からいのちを守る全国サミット」の席上、原発事故から数カ月経ったころの福島市や郡山市の雰囲気を「原発事故など何もなかったかのように日常生活をおくるように強制されている。まるで戒厳令が布かれたよう」と表現しました。私が震災の年の一〇月に山形県米沢市の避難者支援センター「おいで」（本書第15章参照）を訪ねた折りには、そこでお会いした南相馬市からの避難者である三〇代半ばの母親が「私はまだ幸せな方。夫は市役所で働いているから来たくても動けませんが、義父母は子どもを連れて逃げてと私に勧めてくれました。よそでは、せっかく子どもを避難させることができたのに、親戚との仲がぎくしゃくしてしまった人も多い」と、原発事故による影響の深さを話してくれました。

「福島応援！」「福島再生！」「一日も早い復旧・復興を！」――東京発の善意の「支援」の掛け声がむなしく響きます。家族や親戚、近しい人との分断に苦しみながら我が子とともに福島などの高線量地域から逃れてきて、なじみのない町でさまざまな葛藤を抱えながら暮らす人々。そして放射能汚染による健康リスクに脅えながら、さまざまな事情でもともとの場所に住み続けている圧倒的多数の人々。両者の関係は決して切り離して考えることはできません。こうした重い現実に対して、見て見ぬふりをするかのように経済的「復興」のみを急ぐことは、3・11を経験してもなお、私たちの社会がいまだ「発展」と「効率」に信を置く「近代の思考」に従属していることを示しています。

震災後の数カ月間、これまでの社会のあり方を根本から問い直そうという気運が、公私を問わずあらゆる領域から立ち上がりました。しかし、震災からわずか一年で、すでにあのときの強烈な記憶が次第にぼやけてきているように感じられてなりません。何を指して復旧・復興と呼ぶのか、真の「支援」とは何か、いま、改めて私たちが立ち止まって考えるべきは、このことではないでしょうか。

本当に大切なもの

大槌町避難所への炊き出しの帰り、海岸線に沿って延々と続く、破壊し尽くされた町並みとうず高く積まれたがれきの山を目の当たりにして、私の脳裏には三〇年以上前の記憶が繰り返し再生されていました。フィリピン留学中に見たスモーキー・マウンテンの光景です。当時、首都メトロ・マニラの郊外にはマニラ中のごみが集められ、その巨大なごみの山が深刻な環境・衛生問題を引き起こしていました。熱帯の炎熱で自然発火して狼煙を上げるスモーキー・マウンテンには毎日、少しでも金目になるものを拾いに来る数百人の人々が集まっていました。

一方、炊き出しの帰りに見た被災地のがれきは、今もあのときのままです。

支援そのものが自己目的化することなく、人と人、あるいは人とモノとの関係性をより豊かにしていく。まさに「支縁」とは「人と人との支え合い」の言い換えにすぎません。ご近所、学校のPTA、職場の同僚、趣味のサークル仲間など、どこにでもいる普段着の市民たちのさまざまな「縁」が重なり合い、つながり合うことによって「縁」は厚みを増していきます。この「支縁」を無限に紡いでいく道のりに、私たちの社会のベクトルを変えていく鍵があります。人と人との豊かな対話の中でゆっくりと進む運動こそが、小さな個々のコミュニティや地域のあちこちに、形も色もさまざまな花を咲かせてくれるのだと信じます。

一人ひとりの暮らしを大切にする「支縁」のかたちは誰にでもつくり出せます。たとえば、二五年にわたり東北を歩いてきた仙台在住の民俗研究家、結城登美雄さんは、被災地の漁業を立て直すためには漁師と彼らが獲ってきた魚を買い上げる個々の市民との顔の見える支え合いが重要だと訴えています。復興事業という大きな旗印のもとではなく、魚を待っている一人ひとりのためなら、漁師さんたちも頑張って船を出すことができ、一人の漁師さんのためなら、私たちもその魚を求めることができるのです。

「飛ぶおうち」という一枚の絵があります。二〇一二年二月一一日から一二日にかけて福島市で開かれた「放射能からいのちを守る全国サミット」（主催・同実行委員会）のワークショップの中で、子どもたちは「おうち」をテーマに思い思いの絵や切り絵を描きました。そのときに誕生した作品の一つが「飛ぶおうち」でした。二階建ての三角屋根のおうちは一階正面に丸い時計、煙突からはもくもくと煙が出ています。そしておうちは地面ではなく雲の上に乗っています。雲には大空を自由に飛びまわる翼が四枚付いています。小鳥のような丸い目をした雲は翼を力強く上に振り上げ、楽しげに「ヤッホー」と叫んでいます。作者の小学生は「このおうちなら地震も津波も怖くない。空を飛んで全国に散らばった友達に会いに行ける」と言ったそうです。3・11を境に今までの暮らしも地域や友とのつながりもすべてずたずたに切り裂かれた子どもたちの無念が、明るい絵の背景には横たわっています。

子どもたちを厄災から守り育むコミュニティをつくっていくために、私たち一人ひとりが、今すでにあるご縁、そして将来のご縁を横へ横へと広げながら、「飛ぶおうち」になろうではありませんか。

I 小さな一歩から

第Ⅰ部扉写真

岩手県大槌町

伝統芸能、臼澤鹿子踊り

（本書第１章より）

育ててくれた町で／岩手 大槌町

1 立ち上がる地元の人々
――「まごころ広場うすざわ」から

臼澤良一
（まごころ広場うすざわ代表）

九死に一生を得た

私は、あの日、妻と愛犬タロと家におりました。今まで経験したことがない地震の強烈な揺れのため、本棚や机の上に置いてあるものすべてが投げ出され、足の踏み場もない状態でした。

地震直後、防災無線のサイレンが鳴り響き、妻は「お父さん、本当に津波はここまで来ない？　逃げなくていいの？」とおろおろしていたが、「三メートルの津波」と伝えるラジオのニュースを聴き、「その程度であればここまで来るはずがない」と妻を落ち着かせました。

間もなく、血相変えて家に飛び込んで来た長男に対しても「大丈夫だ」と言い聞かせました。

その直後、次男の嫁と一カ月になる孫の乗った車が駐車場に着いたのを妻が気がつき、心配そうに外に出て数十秒も経たないうちに「お父さん、津波だ。タロ頼む」と叫ぶ妻の声。さらに「車はダメだ。

走れ！」と叫ぶ長男の声にびっくりして、玄関脇の窓から外を見たその光景に驚いてしまいました。

なんと、幅数百メートルにわたり家という家が屋根から土煙をあげ、「バリバリ」と凄まじい音を立ててドミノ倒しのように押し寄せてくるのが目に入りました。すでにここから五〇～六〇メートルの地点まで押し寄せてきています。その瞬間、〈午後二時四六分に起きた地震で建物が倒壊しないで、なぜ三〇分も経ってから家が倒れるのか〉と不思議に思いました。しかし、向かってくる倒壊家屋の地面から一メートルほどの高さでドス黒い泥水が見えたので次の瞬間、津波だとわかりました。

とっさに二階に駆け上がり、クローゼットの隅にうずくまっていたタロを見つけ、抱き抱え一階に戻り逃げようとしましたが、真っ黒な泥水が階段から吹き上げ、瞬く間に二階の廊下を覆い尽くしたので、急いで屋根に這い上がりました。

屋根の上で見た光景は、巨大な洗濯機が時計回りにドス黒い渦をまき、その中で、ギシギシと木がこすれながら流されている家屋、横転や倒立をした自動車、プロパンガスボンベが流れながらシューシュー漏れ出す音と一帯を覆うガスの臭い。そして、姿が見えないもののどこからとなく「助けてくれー！助けてくれー！」と叫ぶ人の声――かろうじて屋根に逃げたものの、濁流の勢いで家が転倒し、渦の中に飲み込まれていく人々を目の当たりにしたとき、まるでテレビドラマか映画の中の光景のようで、とても現実とは思えませんでした。

間もなく、私の家から三軒ほど離れた家のプロパンガスボンベが「ボンッ」と鈍い音を立てて爆発し、黒煙と火柱が見えたのも束の間、強い北西風に煽られ「バリバリ」とものすごい音とともに燃え上がり、私の家の二階部分に延焼しました。

「ゴトッ、ゴトッ」と土台が何かにぶつかっているのか、鈍い振動を足下に感じた瞬間、家が少しずつ流され始めました。

黒煙に覆われ、火の粉が足下に飛んでくる中、およそ三〇〇メートルほど流されて止まりました。ちょうど四〇〜五〇メートル離れたところに二階部分がベランダ造りの鉄骨コンクリート二階建ての家が目に入ったのでそこまで辿り着き、やっと火から逃れられたと安心しました。その家の二階から陸地に移ることはできませんでしたが、ここにいればきっと誰かが見つけてくれるのではないかと思いました。しかし、ほどなく二階のベランダまで黒い水が押し寄せて膝位まで達したので、慌てて近くに流れてきたカラーボックスに座布団を重ねて踏み台をつくり、その上に乗りました。天井と頭の間にようやく握り拳が入るくらいの隙間ができました。数分の間に、水位は見る見るうちに高くなり、私の顎を越え、唇のところまで達したので、天井の隙間を空気口にしようとして、タロを両手で抱えてそこに口を近づけました。不思議なことに、恐怖を感じるよりは、「もう、死ぬんだ」と思いました。

幸いなことに、水位はそこで止まりました。やがて徐々に引き始め、やっと、踝《くるぶし》のところまでになったので、踏み台から降りてベランダに出て海の方を見たが、ランドマークとする雨水ポンプ場の白い建物とその右方向に下水処理センターが見えるほかは、見渡す限りのドロ海におびただしい数の倒壊家屋や車両が浮いているのみでした。呆然としていると、隣りのコンビニ付近から「ボンッ」とプロパンガスボンベが爆発しました。黒煙の中の真っ赤な炎が強風に煽られ、周辺に流れてきた家屋や車にも飛び火してしまいました。

勢いを増す炎を目の前に顔が熱くなり、「早くこの場所を逃げ出さなければ焼け死んでしまう」と思いながら、しかし、逃げ場所が無いのでどうしたらいいのかとおろおろするばかりでした。

そのとき、二〇メートルほど先に同じような鉄筋コンクリート二階建ての家が見えたので、足場となるトタン板の屋根に足を滑らせたり横転した車に逃げ場を遮られながらそこに必死の思いで辿り着き、二階の窓から中に入りました。二階の廊下を回って逃げる場所を探したが、あたり一面泥とがれきの海ではどうすることもできず、只々、「助けてくれ！」と大声で必死に叫ぶのみでした。

突然、「大丈夫ですか？　どちらから流されたのですか？」と言う声が聞こえたので、よく見ると、細い山道のところに一人の消防士が立っておりました。彼は大きな声で「気をつけて！　こっちに回って！　こっちに回って！」と叫んでくれていました。その声を頼りに、浮いているがれきにつかまり、トタン屋根に再び足を滑らせながら彼の方に向かって少しずつ進んで行きました。その間も、彼は「足下に気をつけて！」と励まし続けてくれました。彼が立っている場所から七〜八メートルのところまで近づくと「そこを越えてください」と言われたので、前を見たら、トタン屋根がゆっくりと流れながら浮いておりました。

左の腕でタロを抱え、必死になって屋根を乗り越えたところで、彼は少しずつ流されている屋根の端に脚立を架け、「気をつけて、ここを渡って！」と声をかけてくれました。はじめにタロを受け取ってもらい、恐る恐る脚立を橋の代わりにして、彼に手を引いてもらい、やっと土に立つことができました。地に足が着いたとたん、緊張の糸が切れたのか放心状態となり、さらに、寒さのためか自分ではわからない中で急に体がブルブル震えて、何かを話そうとしますが歯がガチガチとなり、言葉になりませんでした。

隣近所では家族全員あるいは親兄弟が行方不明になったり亡くなった方が少なくない中で、幸い、私の家族は全員無事でした。震災後に多くの知人や友人に会って家族の話をしましたが、一同に「お前のところは運がいいよな」と言われます。しかし、私は運がいいのではなく、「神仏に生かされた」と思ッております。

津波に遭遇し、私の目の前で次々と命を落とされた人を救えなかったという悔い、さらに避難所生活の中では、苦悩する被災者とこれから共に手を取り合って生きていかなければならないという思いが頭から離れませんでした。

変わり果てた大槌の町

被災者の交流拠点をつくる

私が生まれ育った岩手県大槌町は東日本大震災による津波で壊滅的な被害を受けた地域の一つです。海沿いのおよそ一〇平方キロメートルが焼失しました。全町民の一割近い一三〇〇名余が亡くなるか行方不明となりました。また、町長はじめ町の職員三〇人以上が犠牲となりました。

あれから一年六カ月を振り返ると私は次の三つに取り組んできたように思います。一つは「臼澤鹿子踊伝承館避難所」の運営サポート、もう一つは「まごころ広場うすざわ」を拠点にした居場所づくり、そして大槌のまち全体の復興です。

避難所には発災から約二カ月間暮らしました。発災五〇日後の五月一日時点では二六三名が登録されていましたが、そのうち実際に寝泊まりしていたのは、津波により自宅が被災した一六八名でした。残りの九五名は夜だけ自宅で過ごす人あるいは周辺の知人宅に身を寄せている人たちで、昼間は食事や救援物資、情報を得るために通所していました。この場所で全国各地からの炊き出しや支援物資の受け入れなど、避難所運営のためのさまざまな活動を行いました。和室のフロアや台所などが整っている伝承館には、小学校などを間借りしている公的な指定避難所にありがちな「肩身が狭い」という感覚はなく、避難者同士で寄り合い場所をごく自然に切り盛りできました。

しかし、他の避難所では、日中は皆、和気あいあいと賑やかでしたが、夜になると人々の心に残した震災の爪痕がむき出しになりました。年配の女性たちは気持ちが乱れ、落ち着きを失い、高校生は人目を避けて泣いていました。さらに大きく心を痛めたのは、もう少しで手をつかめたところで二歳の子どもが流されてしまい、呆然とした毎日をなんとか生き延びている母親の姿を見たときでした。避難所生活は、思い出すのもつらい、そういう毎日でもあったのです。

被災者自身による起業第１号「まごころ広場うすざわ」オープン

そのような状況の中で、苦しんでいる被災者の交流の場が必要なことに気づかされ、「遠野まごころネット」（現「ＮＰＯ法人遠野まごころネット」）の支援のもと、町内にある小鎚運動公園弓道場隣りの約一〇〇坪ほどの更地に「まごころ広場うすざわ」（以下、広場）を五月二日（二〇一一年）にオープンしました。これは、被災者が苦しみや悲しみを少しでも和らげ、明日への生きる希望を持ってくれることを祈念して始めたものです。

広場にはプレハブ二棟を建て、単管パイプの柱に波板トタンで屋根をふき、長机にパイプ椅子を置きました。オープンの日には未明から吹き荒れた強風で屋根が吹き飛ばされてしまいましたが、代わりにブルーシートを張り、日中には予定通りに水餃子の炊き出しを行って、集まった人たちに振舞うことができました。広場ではバザーや理・美容カットサービス、無料法律相談、郷土芸能などさまざまなイベントを行うことにより、多くの避難者のコミュニティとして利用されました。

避難所は震災からちょうど五カ月後の八月一一日をもってすべてが閉鎖され、被災者は町内四八仮設団地、二一四六戸に入居することになりました。

死者を悼み、復興を祈念する臼澤鹿子踊り（伝承館）

伝承館避難所前で子どもたちが手にするのは、東京のグループがプレゼントした折り紙の鯉のぼり

伝統の踊りを蘇らせる

私たちを育ててくれたこの町全体のために、何かをしないではいられない。たとえ微力であっても何かをしたい。そういう気持ちも強く持っていました。その中の一つとして私が特に力を入れてきたのが大槌の町に先

「かんながら」を振り乱して踊る勇壮な鹿子

祖代々伝わってきた祭りや踊りの催しです。釜石市役所に勤めていた公務員時代にはあまり興味がありませんでしたが、震災後に臼澤鹿子踊伝承館で被災者を慰問するために催された踊りを見たときの踊り手と被災者の一体感に、伝統芸能の持つ不思議な力を感じ取りました。大槌の各地区には鹿子踊りや虎踊りなど二〇の芸能団体がありますが、震災によって踊りやお囃子のメンバーが亡くなるなど大きな打撃を受けました。

残された人たちが力を合わせ、死者を悼み復興を願ったこの踊りを、折々に地域の中で披露していくことにしました。建物や道路などのインフラは破壊されてしまいましたが、私たちの心にあるものは蘇らせることができます。お盆前、全避難所が閉鎖された八月一一日には、沿岸被災地九市町から一四の伝統芸能団体が集まってくださり「三陸海の盆」を開催しました。唐丹桜舞太鼓（釜石市）はじめ、浜町虎舞（釜石市）、関口太神楽（山田町）、臼澤鹿子踊（大槌町）、八木節（山田町）、陸前高田虎舞（陸前高田市）、平倉神楽（遠野市）、城山虎舞（大槌町）などが上演され、人々の気持ちを奮い立たせてくれました。

小さな支援が大切

このころを境に、それまでボランティアに頼りがちだった住民の中から、暮らしを立て直すために「自分たちも何か手伝いたい」という声が聞こえてくるようになりました。いろいろな意見が徐々に具体化していきました。その一つとして、年末の一二月一〇日には、広場に隣接させて店舗を設置し、広島風お好み焼きやコロッケ、唐揚げの売店を開きました。現在、女性六人の「うすざわガールズ」が働いています。年代も三〇代から七〇代と幅広く、四名が仮設住宅から通勤しています。年が明けて二〇一二年四月には、お弁当屋さんを本格的にスタートさせました。

これからもこういう小商いを大槌のあちこちでつくり、魚の加工工場など津波で職場を失った中高年女性たちに働く場所を提供できればと思っています。たとえば、お祭りに使う「かんながら」という真っ白な飾りはドロノキと呼ばれる柳科の木の皮をはいでつくられたものですが、この木を大槌の山々に植樹し、全国のお祭りに使ってもらおうというプロジェクトも森林の専門家などの協力を得ながら始まっています。

この一年半を振り返って改めて強く感じるのは、暮らしの再建のために立ち上がろうとしている人たちが必要としているのは「小さな」支援だということです。町には今、いろいろな復興のためのお金がたくさん集まってきています。もちろん、長期的なプロジェクトも大事だとは思いますが、本当に困っている人たちが必要としているのはもっと身近で小さなものなのです。

大槌の基幹産業である漁業一つをとってもそれが言えます。これまで漁師さんたちと会う機会がなかったのですが、震災から一年経ったころ、ようやく安渡地区（大槌町北東部）のホタテ養殖業者の人たちとお話しする機会を得ました。そして「目の前に海が広がっているのに仕事ができない」窮状を初めて知りました。

この地区の岸壁にあった「番屋」と呼ばれる作業小屋も津波で流されてしまいました。二〇平方メートルほどの広さを持つこの番屋の中には、水産物を洗浄する大きな湯船のような水槽や、洗浄用の海水をくみ上げるポンプ、その他こまごまとした道具が置いてあったそうです。小さな番屋が一つあれば、どうにか仕事を再開することができます。しかし、そういた要望はなかなか叶えられません。養殖業者の人たちもそれぞれ抽選などで決まった仮設住宅に住んでいますが、そこは仕事場である海から五〜一

○キロも離れています。番屋がないからといって、そこから毎日、仕事道具の水槽やポンプを運ぶわけにもいきません。「道具を置いて作業ができるプレハブの建物さえあれば、私たちは仕事ができる。でも、そういう話をどこに訴えればいいのか、その相談をする場所すらない」とのことでした。そして、「代わりに市役所に行ってこの話を伝えてくれないか」と頼まれました。なぜ自分たちで動かないのか、そう批判することは簡単です。でも私はむしろ、もっと早くこういう話を聞かせてもらうべきだったと後悔の気持ちでいっぱいになりました。

プレハブは何百万円もするものではありません。今後、沿岸部でかさ上げ工事が行われるとしても、クレーンで簡単に移設できるので邪魔にもなりません。こんなに小さなことで養殖業者が助かるというのに、行政側は大きな予算の話ばかり。なんとかできないものかと、すぐに役場の復興局に話しに行きました。ところが、「それは復興局の担当ではないので、経済部に行って相談してください」とあっさり断られてしまいました。復興局というのは復興のために知恵を絞ってくれるところだと思っていたので狐につままれたような気持ちになりました。

2012年4月、大槌町赤浜小学校体育館で行った漁業復興に関する勉強会。100人が参加した

役所が動かないのなら市民に訴えるしかない。そう思って「広場」のブログに書き込んだところ、東京都内の建築会社の社長さんから「被災した養殖漁業者の方々にプレハブ二棟を使ってほしい」とのありがたい申し出がありました。これらは破

綻した旧大槌漁業協同組合を引き継いだ新大槌漁業協同組合（組合員一五〇〇名）に寄付されることになりました。漁協メンバーによる共同使用です。

私は、被災後に自分の価値観が全く変わってしまいました。それは、形のある物よりも形の無い物の方が生きて行くうえではどれほど大切かということです。何よりも大切なのは人とのつながりです。人間は一人では生きていけません。物があるから欲が出る。しかし、物は努力すれば手に入ります。人と人とのつながり、これはお金では決して買えません。被災後、多くの被災者はそのことに気づかされたはずです。３・11は初めて私にも気づかせてくれました。

震災直後、避難所に駆けつけてくれた友人は「助かってよかった」と言ったきり、あとは黙って私の手を強く両手で握りしめました。阪神・淡路大震災では、七〇〇名を超える人たちが地震で助かったせっかくの命を自ら絶ちました。最も痛ましい「震災関連死」です。この失敗を繰り返さないためにも、私はこれからも、ささやかであれ明るい希望の灯る場を仲間とともにたくさんつくっていきたいと思っています。

失われた田園から／宮城 仙台市荒浜地区・名取市

2 小さく始めた農業支援の夢
――北限の仙台平野に咲くコットンの花／東北コットンプロジェクト

取材・報告 三好亜矢子

東日本大震災による津波で稲作不能になった水田はおよそ二万ヘクタール。青森、岩手、宮城、福島、茨城、千葉の太平洋岸六県に及びます。これは全六県の二〇一〇年度の耕作面積地九〇万九〇〇〇ヘクタールの二％に当たります。そのうち宮城県仙台平野の海岸地域が一万一六〇〇ヘクタールと六割以上を占め、大きな被害を受けたことがわかります。政府支援のもと、農家は代掻きを繰り返すことで水田の復旧を目指しています。水田に真水を流し込み、かきまぜては排水する作業を四～五回行うことで、津波で浸水した水田の塩分濃度を下げる取り組みです。しかし、二〇一一年度の作付けにこぎ着けたのは被害を受けた水田の一割弱、一九七四ヘクタールにすぎませんでした。農林水産省の指示に従っている限り、水田は休耕田扱いとなり補償金が供与されるため、多くの農家は現金と引き替えに少なくとも三～五年は米をつくれないだろうとため息をついています。

津波に襲われた広大な水田地帯。仙台市荒浜地区／2011年4月27日

がれきを燃やす焼却炉からの煙。
同地区／2011年12月19日

塩に強いコットン

この現状に対して軽やかな挑戦を行っているのが仙台を拠点とする「東北コットンプロジェクト」の人たちです。「東北コットンプロジェクト」とは、被災地の浸水田で綿を育て、Tシャツなどの衣料品として生産する、いわば綿を起点とした新たな産業振興支援で、被災地の農業生産者が綿を栽培・収穫後、アパレル関連企業等が紡績・商品化・流通・販売を行うという形で復興を支援する民間共同プロジェクトです。綿の栽培から綿製品の販売までの一連の工程を、支援に参加する全国の六一企業（二〇一二年六月時点）が「東北コットンプロジェクト」統一ブランドとして活動を行っています。

「海水に浸かった土地では米作はできない。しかし、綿は塩害に強い。綿を植えてコットン産業を興せば被災した農家も農業を続けられ、仕事の場も提供できる」と話すのは発起人の一人、大正紡績取締役の近藤健一さん。近藤さんはオーガニック・コットンの業界では「コットン博士」と呼ばれる当代一流の専門家です。アメリカのスーパーオーガニックと呼ばれる世界最高級のエル・パソはじめエジプト、インド、ウガンダなど世界中の綿花畑を訪問し研鑽を積んできました。

二〇〇九年度の国別の綿花生産量は中国六八五万八〇〇〇トン、インド五〇五万一〇〇〇トン、米国二六五万六〇〇〇トン、パキスタン二〇二万五〇〇〇トンとこの上位四カ国だけで全体の八割を占めています。日本でも江戸時代には商品作物として栽培が奨励され、各地で盛んに生産されました。しかし一八九六（明治二九）年に施行された綿花輸入関税撤廃廃棄法によって安価な輸入綿に押されるようになりました。さらに戦後はナイロン等の化学繊維製品の台頭によって国産綿の生産は激減、ついに表舞台からは姿を消すことになりました。現在、日本で消費される綿のすべてはトルコやインド、アメリカから輸入されています。

こうした現状に対して、二〇一一年五月二一日、国産綿の復活を期す五市町（鳥取県境港市、香川県観音寺市、奈良県広陵町、奈良県大和高田市、大阪府岸和田市）はじめ繊維産業関係者およそ三〇〇名が和泉綿の伝統を引き継ぐ岸和田市に集まり、「第一回全国コットンサミット」を開きました。このとき委員長を務めたのが前述の近藤さんです。「東北コットンプロジェクト」構想はここで生まれました。靴下生産専門業者であるタビオ奈良（奈良県広陵町）が「塩害に強い綿花栽培で被災地を支援すること」を提案したのです。全国コットンサミットを挙げての支援が全会一致で了承されました。UNITED ARROWS green label relaxing（ユナイテッド・アローズ・グリーンレーベルリラクシング、東京）などをはじめとするアパレル関連業者などの協力も得られて同年七月、参加二〇社で「東北コットンプロジェクト」は発足しました。

『塩集積土壌と農業』（日本土壌肥料学会編、博友社、二〇〇〇）によれば、作物の〝耐塩性〟つまり減収を伴わない土壌の塩類濃度の範囲は、稲は弱く〇・一〜〇・二%、大豆は強く〇・三〜〇・四%となっています。それに対して綿は大麦などとともに〇・四〜〇・五%です。綿は古い葉に塩を蓄え、その葉を落としながら塩分を除去していくメカニズムを持っているそうです。古来、干拓地の最初の作物として綿が選ばれてきたという歴史もあるほどです。寒さには弱いため、日本国内では山形県米沢周辺が北限とされていますが、近藤さんの見立てでは「米沢とほぼ同じ北緯三八度前後に位置する仙台ならば綿花栽培も十分に可能」ということになります。また、本プロジェクトによる栽培は地下水をくみ上げて行われるわけではないので、環境影響への心配もありません。

仙台・荒浜地区と名取でスタート

「東北コットンプロジェクト」の呼びかけに応えたのが、仙台市荒浜地区と同市に隣接する名取市の農家です。荒浜では農家八人が「仙台東部地域綿の花生産組合」をつくりました。また、名取市では七五ヘクタールの農地を経営する有限会社耕谷アグリサービスがプロジェクトに参加しました。プロジェクト発足前の六月、荒浜では一・二ヘクタール、名取は〇・四ヘクタールに綿の種子が植えられました。品種は全国コットンサミットから提供されたアメリカのカリフォルニア州やニューメキシコ州で栽培されている「アカラ」。病虫害や対塩性に優れていると言われています。

プロジェクトに参加した荒浜の農家の一人、松木弘治さん（五五歳）は海岸からおよそ七〇〇メートルの地点にあった自宅を津波で失いました。家族とも近くの唯一の「高台」である市立荒浜小学校の四階建ての校舎に駆け上がり九死に一生を得ました。家も田んぼも失った松木さんは「することが何もなくなってしまった。コットンプロジェクトに加わらなかったら、どうにかなりそうだった」と振り返ります。

育ち始めた綿（写真提供：東北コットンプロジェクト）

播種から一カ月経ち、八センチほどに育った綿の間引きと草取りが行われました。東北コットンプロジェクトに参加する企業からおよそ一〇〇名のボランティアが二回にわたって手伝いに訪れました。そして八月、綿は花を咲かせ始めました。

そのままアクシデントがなければ、耕作地一面が白い綿の実で埋まる幻想的な風景が広がるはずでしたが、残念な

純白のコットンボール

大正紡績工場で糸に紡がれた（写真提供：東北コットンプロジェクト）

がらそうはなりませんでした。翌九月に日本をほぼ縦断した大型の台風一五号によって、綿畑の前の水路があふれ、畑全体が水に浸かってしまったのです。排水施設は津波で破壊されているため水抜きもできず、根腐れによる全滅の危機さえありました。しかし、一〇月、何とか持ちこたえた一部の綿が実を付けました。収穫量は予想を大きく下回りましたが、それでも荒浜では目標の一二〇〇キログラムに対して三三キログラム、また、名取では目標の四〇〇キログラムに対して五〇キログラムほどになりました。

収穫されたコットンボールと呼ばれる丸い純白の綿の実は一二月、大正紡績に持ち込まれ、糸に紡がれました。オーガニック・コットンの国際価格は一キロ三〇〇～四〇〇円ですが、「東北コットンプロジェクト」においては復興支援としてしばらくは大正紡績が一キロ一〇〇〇円で全量買い上げるという取り決めになっています。これは稲作をした場合に得られる収入と同等額を提供するという考え方から設定された価格です。近藤さんはその糸の質を高く評価し、「来年はもっとうまくいく」と太鼓判を押します。また、綿栽培によって畑の塩分濃度は着実に下がってきているようです。播種から丸一年を経た二〇一二年六月には、この糸を一〜五％混紡したデニムジーンズやポロシャツ、タオル、ストールが「東北コットンプロジェクト」の参加企業でＬｅｅの指定工場の一つ、東北タクト（宮城県栗原市）から生産され、文字通りメイドイン東北として東京や仙台市内でイベント販売が開始されました。

小さく始まった大きな夢

「東北コットンプロジェクト」が支援のかたちとして指し示すのは、小さく始めることの大切さです。顔の見える、小回りの利く支援がどれほど人々の勇気と希望につながるものであるかは、今回の震災支援の現場でもあらゆる領域で明らかになりました。

ところで、二〇一一年四月一二日、全国農業会議所（農業委員会等に関する法律に基づいて一九五四年に設置された特別民間法人。会員は都道府県農業会議や全国農業協同組合中央会など）は農林水産省に対して次のような要望書を提出しました（「東日本大震災に対する市町村農業委員会からの要望」）。被災地の各農業委員会から出された要望をそのまま列挙する内容でしたが、ここには今回の震災による農業全体への影響を全国農業会議所自身がどうとらえ、今後どのような方向で立て直すべきか、あるいはつくり変えるべきかについての記述はまったく見られません。以下は宮城県名取市農業委員会が提出した主な「要望」の抜粋です。

（２）津波で被害を受けた農地

・がれきの撤去、汚泥堆積、表土流失、砂礫堆積等の対策は国の負担で行って欲しい。

・老朽化した排水機場が水をかぶって使用不能となっているため、早急に新設し、農地の排水が行われるようにして欲しい。

・塩分の除去について、水のかけ流しに多額の経費がかかるので、国の負担で行って欲しい。

・海水の流入した田、畑については、数年間作付けができなくなる恐れがあるので、農家に対する休耕補償政策を打ち出して欲しい。

・被災農地の再圃場整備事業を実施し、農業の規模拡大、作業効率の向上を目指すような施策を講じて欲しい。

（６）津波で被害を受けた農業用施設、設備、機械

・水没したり、流失した農業用施設、設備、機械について、復旧に要する経費の助成措置を講じて欲しい。

（７）農家の就労対策

・海水の流入した農地が数年間作付けできない恐れがあるので、その間、農業収入が全くなくなるので、雇用の創設等の就労対策を講じて欲しい。

このお願いリストそのものは、農業従事者にとっては深刻な死活問題を取り上げたものであり、正当

な要望と言えます。「東北コットンプロジェクト」の取り組みもまさにこうした状況を踏まえつつ、その一つの打開策を提示したものと言えます。しかし、窮状に対する問題認識は共通でも、それをどのような展望からアプローチするかという点で両者は決定的に異なります。「要望」を見る限り、全国農業委員会からは将来に向けての創造的な発想は見られず、すべてを政府に丸投げするかのような姿勢しか浮かび上がってこないのは残念です。「綿が取れるかどうかはわからないが、前に向かってチャレンジしたい」との熱い思いでプロジェクトに参加し、新たな一歩を踏み出した松木さんたちの心意気が輝きます。

チャレンジ精神がその出発点であったとすれば、「東北コットンプロジェクト」に参加する農家が数名規模で始まったことは半ば必然だったとも言えます。「規模は小さくても、リスクを恐れず共感できる人たちが、まず集まってプロジェクトを進める。そしてその成果をまわりの人たちに見せて仲間を増やしていく」と松木さん。プロジェクト二年目の二〇一二年は台風が来る前に収穫できるよう、前年栽培したアカラ種に加えて早生種のサンホーキン種（メキシコ）と新疆《しんきょう》種（中国）を、前年よりも一カ月早く五月に播種しました。荒浜地区では前年より五・八ヘクタール増やした七ヘクタール、名取地区では〇・六ヘクタール拡大した一ヘクタールと栽培面積も広がりました。もっとも、二つの地区の今後の方針は大きく分れます。名取地区では畑の塩分濃度が稲作に適するまで下がると見通される二〇一四年には水田に戻す予定です。他方、排水施設が壊滅的な被害を受けた荒浜地区ではいまだ水田復旧の目処が立たないままです。

生産から紡績、商品化、販売を通じてさまざまな関係性を紡いでいく夢のあるブランド、「東北コットンプロジェクト」のチャレンジはこれからも続きます。

Ⅱ 人助けに理由はいらない

第Ⅱ部扉写真
宮城県山元町
被災家屋に集合したスコップ団有志
（本書第４章より）

僧侶が動く／岩手・宮城・福島沿岸地域

3 大災害に生き合わせた私たち
——寺院と災害ボランティア

三部 義道
（山形 最上町・曹洞宗松林寺住職／社団法人 シャンティ国際ボランティア会副会長）

はじめに

私は、山形県最上町にある松林寺の住職です。また、公益社団法人シャンティ国際ボランティア会（SVA）の副会長も務めています。昨年（二〇一一年）三〇周年を迎えたこの団体は、アジアの子どもの教育支援を中心に活動を行う、曹洞宗寺院が中心となって立ち上げたNGOで、国内外の災害支援にも携わってきました。

地震が発生した三月一一日は、ドイツから留学に来ていた青年と、松林寺で習字をしていました。ドイツの名前を漢字で書いて、うまく書けたと喜んでいたときにグラグラと来ました。

地震の少ないドイツ人にとってはとてもショックだったようで、大きな体で私にしがみついて震えていました。私自身にとっても、これまでに経験がないぐらい大きく長い揺れでした。すぐに停電になりましたので、ラジオのスイッチを入れると、震源地は三陸沖、マグニチュード８・４（のちに９・０と訂正）、最上町の東に隣接する宮城県栗原市で震度7ということでした。これは大変なことが起きたと思いました。

しかし、停電でストーブも止まり、留学生の世話、さらには檀家の不幸の知らせが入るなど身の回りのことに追われ、すぐに被災地に赴くようなことが頭には浮かんできませんでした。

一　被災地の現場に立って

西から東へ

３・11東日本大震災は、青森県から千葉県までと、まさに東日本の太平洋沿岸全体に及ぶ非常に縦長の被災地となりました。

しかも、発災直後のガソリン不足により、南から北への支援は移動に限界があり難しいということがわかりました。南から北へよりも、今回は西から東への支援、つまり、日本海側から太平洋側へ、新潟、山形、秋田が力を発揮すべきだ、今回は私たちが当番なのだ、ということを発災直後から周囲に言い続けてきました。

今日までこの国は、いかに「中央」に早く行けるか、ということで、いわば縦のラインの高速化を重視してきました。

しかし、いざ災害などの場合は、中央からの支援を待つよりも、近距離からの支援のほうが時間的にも効率的であり、長期的に支援を続けるためにも有効と言えます。また、習慣文化面においても近いほうが、被災者とより寄り添えるでしょう。縦長の日本列島には、横のラインの支援こそが重要であるということだと思います。

発災当初の停電が一日半ほどして復旧し、テレビの映像を見ました。ラジオで「仙台市若林区には二〇〇から三〇〇体の遺体が見えます」「陸前高田は壊滅状態です」という報道を耳にしても、それがどういう意味なのかがわかりませんでした。テレビの映像を見て初めて、納得させられました。あまりの衝撃に、虚脱感に襲われ、ぼーっとして何も手に付かない状態でした。

二日後、ＳＶＡ東京本部から緊急救援担当スタッフが被災地に入るという連絡を受け、目が覚めたように我に返り、四日後の三月一五日に現地で落ち合うことにして、山形から宮城県に向かいました。

松林寺檀家の若者が「何か手伝わせて欲しい」と申し出てきたので、二人で、手に入る水や食糧、卓上コンロ、懐中電灯、乾電池などをかき集め出発しました。まず向かったのは気仙沼市本吉地区でした。というのは、前述したように、縦長の被災地であり、ガソリン不足から、被災地の北へ行けば行くほど支援の手が薄いだろうと思ったからです。そこで、宮城県の最北端に位置する気仙沼を目指し、そこから北へ、岩手県へ向かおうと思ったのです。また、ここには知り合いの寺院があったというのも大きな理由です。

宮城県に入り、最大震度7の栗原市を通ったとき、思いの外建物の被害が見られないことに安堵しました。ところが、沿岸部に近づくにつれ、通行止めの箇所が多くなり、迂回を繰り返しながら、県道18号線を通り、本吉地区に入ったとたん、目に瓦礫の山が飛び込んできました。「あー始まった、現実だ

自衛隊が国道確保のため瓦礫撤去中。岩手県陸前高田市／2011年３月15日

ったんだ」と、信じられない光景が現実として胸に突き刺さってきました。

これまでとまるで違う光景

私はこれまで、カンボジア難民支援から関わっているシャンティ国際ボランティア会（ＳＶＡ）のメンバーとして、国内外の被災地を見てきましたが、今回の震災の現場は、その光景がこれまでとはまるで違っていました。

そこにあったはずの集落が忽然と消え去り、生活や人の気配まで根こそぎ奪われて瓦礫の海と化してしまった光景に、胸をえぐられ、言葉さえも失っていました。

地震による被害だけであったならば、たとえ建物が倒れてしまっても、「家」そのものは「そこ」に残っています。寒ければ衣類を、あるいは貴重品や思い出の品を「家」から掘り起こすことはできました。

ところが大津波は、地震におびえる人々から、家族を奪い、家も財産も仕事も奪い、先祖のお位牌やお墓さえも取り上げてしまったのです。さらに、町のコミュニティが破壊され、町そのものが消失してしまいました。

津波の直後に火災に見舞われた気仙沼市湾岸の地区は、真っ黒に焼け爛れた船や家屋、グニャグニャに折れ曲がった鉄骨が重なり、焦げた臭いが漂っていました。その上に冷たい雪が舞い降り、間断なく余震が襲ってきました。「地獄」という言葉が口をついて出ました。

沿岸部ではどこでも、自衛隊が瓦礫を撤去しつつ道路を確保し、流された道路周辺では仮設の工事をしていました。機動隊や消防団員、警察官などが列をつくって遺体の捜索にあたっていました。

自宅があった場所で、瓦礫の中から家族や思い出の品を探す姿が見られました。

車も自転車も失った人々が、荷物を背負いマスクをして、トボトボと黙々と歩道を歩く姿が胸に迫りました。

共助の生き方

そんな厳しい状況の中で、生き残った人々は必死に生きていました。互いに支え合い、励まし合いながら身を寄せ合って生きていました。一人ではとても耐えられない困難も、思いを共感することで何とか耐え忍んでいるようでした。

今回の被災地では、普段の地域のつながりが強いためか、集落ごとに支え合っていたところが多く見られました。

六月はじめ、宮城県・牡鹿半島の折浜地区を訪ねたとき聞いた話では、発災直後から住民約四〇名が寺の本堂に避難して、水以外のライフラインが途絶えた中で生活していたということでした。外からの支援が初めて入ったのは一〇日後の自衛隊だったとのこと。

「一〇日間四〇名が、電気もガスも灯油も食料もない中でどうやって生きていたのですか？」「集落の全部の家から食料をすべて持ち寄り、みんなで調理してみんなで食べてきました」。冷蔵庫の中身も、「どうせ電気が来ないのだから」と持ち寄ったということでした。

おそらくは、他の多くの集落がこのような状況だったのだろうと思われます。

また、発災から一週間後に訪ねた岩手県釜石市の避難所になっている栗林小学校では、三〇〇名が避難していました。代表者に炊き出しは来てますかと尋ねると、「この地区の人々が毎日おにぎりを炊き出ししてくれています」ということでした。「毎日おにぎりですか？」「一人おにぎり一個ずつですが充分です。ありがたいです」「温かい汁物は？」「一回だけカップラーメンをいただきました。感謝しています」。

寒い避難所の中で、一週間冷たいおにぎりを一個ずつ。それでも「感謝しています」という人々の忍耐力と謙虚さに、胸が痛くなりました。

防災の関係では、「自助」「共助」「公助」という言葉が使われます。「自分の安全は自分で守る―自助」、「国や自治体、自衛隊などの公的な支援―公助」、その中間に位置するのが「一人ではできないが、公助が来るまでの間、地域の人々が力を合わせて命を守っていく―共助」。今、この共助の重要性が言われているのですが、今回の震災の被災地では、各地においてその力が発揮されたと思います。

共助は災害が起きたとき急にできるものではありません。常平生の地域のつながりがあればこその賜物です。普段は、煩わしかったり、うっとうしく思われる地域のつきあいを、少しずつ我慢して続けていくことが、いざというときの大きな力になる、という実例だと受け止めるべきでしょう。

二　私たちの支援活動

①　拠点づくり

発災四日後から五日間、被災地を回ってまず行なったのは、被災地のボランティアセンター立ち上げの支援とボランティア受け入れ拠点の確保でした。

ＳＶＡは、阪神・淡路大震災の被災地に二年以上にわたって現地事務所を置いて活動を行ってきた経験があります。その後の災害においても、ボランティアを受け入れての支援活動を行ってきました。そのノウハウを活かして被災地自治体のボランティア受け入れのサポートをするというのが、こういう大規模災害の際には真っ先の支援活動になります。同時に、外部からやって来るボランティアのための宿泊所兼事務所を設置する拠点の確保をしなければなりません。

自治体の公的な施設は、ほとんどが避難所や災害対策本部などに使用されます。次にその候補地として挙がってくるのが寺院です。多くの場合寺院は広い境内を所有し、建物のスペースもあります。

そこで、寺の住職という立場を活かして、寺院への交渉を行うのが私

清涼院（宮城県気仙沼市本吉地区）の境内に建てたプレハブの事務所兼宿泊所

の役割です。飛び込みで寺院を訪ね、拠点としての境内の借用をお願いします。お蔭様で、今回訪れた数カ寺の寺院では、どちらの住職さんも二つ返事で快諾してくれました。

結果として、気仙沼市本吉地区の清涼院の境内にボランティア宿泊所を兼ねた事務所のプレハブを建て、最低二年間の支援活動がスタートしました。

②　炊き出し

最初に現地入りしてから、その様子を踏まえ、また、何度か足を運びながら、その後の支援活動を行なってきました。炊き出しもその一つです。

南相馬市立原町第二中学校（福島県）で芋煮の炊き出し／2011年9月2日

これまでの災害では、炊き出しの必要性が高かったのはせいぜい一週間でした。その間には自衛隊などの供給体制も整い、あるいはライフラインも復旧して、単発的な外部からの炊き出しの必要はなくなるのが常だったからです。

ところがこの度の災害では、自衛隊の力が他の緊急な任務に割かれ、また広範囲であったためか、炊き出しの要請は数カ月後にまで続きました。それでも支援の格差があり、交通の便の悪い小さな避難所などは遅くまで困難を極めたところもあったようです。

気仙沼市小泉地区で避難所になっていた縫製会社「オイカワ」を訪ねた折、避難所の方々に炊き出しについて聞きました。

「何が食べたいですか、喜んでもらえるとこちらがうれしいので、言ってもらうとありがたい、浜の人たちは魚が食べたいのじゃないですか?」「だって刺身は無理でしょ?」。最も簡単な食事がお刺身だという漁師の村なのです。確かに魚の炊き出しというのはあまりありません。

無理だと思っていたら、「カツオのタタキ真空パック」というアイデアが出てきました。これは本当に喜ばれました。

炊き出しの最初のメニューはほとんどが豚汁です。寒い中での温かい豚汁は、栄養バランスも良く最適なメニューです。しかし、三日も続けば誰でも飽きてきます。非常時だからといっても、人間にとって食事は精神的にも大事な命の根源ですから、メニューへの配慮は、炊き出しをする者にとって最も気にかけなければならない事柄です。支援する側の都合よりも被災者の要望にどれだけ応えられるかを心掛けるべきでしょう。

③　遺体搬送

遺体搬送の活動は、これまでおそらくどこも行ってこなかったものだと思います。その必要もなかったということかと思いますが。

今回の大震災による死者行方不明者の数は、二万人近くに上ります。その遺体はそれぞれの自治体で荼毘に付されるわけですが、あまりの多さに、当然通常の火葬では追いつきません。他の自治体へ運ぶにも、搬送手段がない場合が多く、多くの自治体では「仮埋葬」という処置を選択しました。この「仮埋葬」は「土葬」とは違い、一旦、土に埋葬し、数カ月後に掘り起こして火葬するという方法でした。

ところが、遺族は火葬までの間ずーっと、家族の遺体の状態が変化していくことを考え続けることになり、それが苦痛だということがわかりました。

仮埋葬は嫌だ、何とか一日でも早く火葬にしたい、しかし、自分で搬送するための費用も車もない、という叫びを耳にしました。それでは山形から遺体と遺族を迎えに行って、山形県新庄市の火葬場で荼毘に付し、帰りには最上町の温泉につかってもらおう、という活動を始めました。

新庄市の葬儀社の全面協力を得て、最上郡内の青年僧侶の皆さんとともに、岩手県大槌町から三体、宮城県石巻市から二体の遺体を搬送しました。

その後大槌町では、仮埋葬への反発が多いことから、すべての遺体の搬送について、その経費を町が全額補助するという決定を下したため、私たちへ要請はなくなり、結局搬送した遺体は五体だけに留まりましたが、もっと早期に組織的に活動ができれば、おそらくは一体も仮埋葬せずに四九日目までにすべて火葬することができたのではないかと思っています。

④ まけない！タオル

お坊さんは、作業するときによく頭にタオルを巻きます。今回何度となく山形と被災地を往復する車の中でもそうでした。

被災地の惨状を見るにつけ、そこで暮らす人々に、「どんなにつらくても、どうか、負けないで！」という思いを強くしながらハンドルを握っていました。

あるとき、「負けないで」という思いと、頭に「巻いていた」タオルが、頭の中で結びつきました。そして、災害に負けない、頭にも巻けない「まけない！タオル」というフレーズが浮かんできました。

頭に巻けない短いサイズのタオルを作って被災地に届けたら、少しはクスッと笑ってくれるのではないだろうか。被災地にもユーモアは必要だと思っていた頃でした。

そこで、ブログを使ってこのアイデアを呼びかけたところ、好意的な反応が多数返ってきました。タオル業者の知り合いを紹介してくれる人も現れて、話が急に動き出しました。

タオルのサイズは自分の頭と首に巻いてみて、巻けないサイズ五〇センチとしました。するとタオル業者からは、「首にも巻けへんようなタオルは使われへんからダメや」と大阪弁で反対されました。「だけど、まけたらだめでしょう」と、説得して作ってくれるようになりました。

当初一万枚を作ることにして、その制作費の支援を呼びかけたところ、多くの方から賛同をいただきました。一〇〇〇円以上支援してくれた方には、その方にもタオル一枚を送ることにしたところ、賛同と「支縁」の輪はどんどんすごい勢いで広まっていきました。途中にはテーマソングもでき、さらに輪が大きくなっていきました。支援金をいただいてはタオルを作り、被災地に届けました。現在まで六万枚を作り、被災地と支援者をつないでいます。

長さ50センチの「まけない！タオル」。

⑤ 漁師のハンモック

津波で船を流され、漁具を失った漁師さんたちは、漁師を続けられるのか、やめるべきかの選択を迫られていました。しかし、多くの漁師さんたちは「漁師は山では暮らしていけないっちゃ」と、なんとか浜で生きることに望みをかけていました。

そんな漁師さんたちを応援する方法はないものかと考えていたとこ

ろ、夏に浜の掃除のボランティアに来ていたサーファーの中から、漁師の網を編む技術を使ってハンモックを作ったらどうかというアイデアがあって、漁師さんが試作品を作っているという情報が寄せられました。

「それはおもしろい」とすぐに飛びつきました。しかし、「それはいつできて、どうやって売るんだ」と問い合わせてもなかなか返事が返ってきません。ハンモックは秋風が吹いてからでは売れないだろうと思い、「どんどん作ってください、私が責任もって売りましょう」と請け合うことにしました。

ハンモックなど、日本の家屋で使うには難しく、当初ほとんど売れませんでした。それでも、漁師さんたちが自分の力で未来を切り開こうとする、新しい形の支援だと、新聞に取り上げられたところから反響は大きくなり（『河北新報』二〇一一年八月一七日付）、注文が殺到し、結果的に

ハンモックを編む漁師。気仙沼市本吉地区／2011年7月

「漁師のハンモック」は一〇〇〇張りを売り上げ、生活支援の一助になったと思います。

⑥　今後は福島

さて、これまで述べてきたことは、岩手、宮城の津波災害の現場での活動と言えます。もう一つの大

きな被災地である福島県については触れてきませんでした。もちろん、炊き出しや「まけない！タオル」の配布で福島県にも足を運びました。しかし、他の二県と福島県では、こちらの受け止め方が違っていました。

放射能被害についてはわからないことが多く、どのように対処すればいいのか難しいと思われました。

「近づき難い」という感情があったことは否めません。

しかし、福島県だけを見て見ぬふりするわけにはいきません。震災から半年以上も経ってから、積極的に知ろうと努めました。福島県の知人に話を聞き、現地にも少しずつ入りました。

そして、すぐ隣りの県にいて、半年以上も経過しているのに、あまりにも福島県の人々の苦しみを知らなかったと気づかされました。

「福島県の人はみんなウツ状態だ」と訴えた知人の言葉が、事の重大さを表してしていると思いました。

それなのに、国やマスコミの様子は、すでに福島の被災は解決したかのような態度に見受けられます。何か大きな意図をもって、福島を見せようとしない、忘れさせようとしているかの如くにも感じられます。それだけに、福島に住む人々の状況は深刻です。

この度の大震災により避難生活を余儀なくされている人数は、全国で三三万人に上ります。その中で福島県は一六万人（内、県外避難が六万人）と最大です（二〇一一年一一月二八日、福島県発表）。この多くの人々が、ふるさとを追われ、家族が引き離され、農業や漁業は再生の希望さえ持ち得ないような状況に追い込まれているのです。忘れられるはずがありません。

また、福島県の被災の原因が、原発という人間が作り出したモノの事故にあることがさらに深刻さを深めています。

天災と違って人災には、恨みの対象となる人間がいるということで、復興への足取りを複雑にし難くしています。かといって、周囲の人間が遠巻きに傍観するわけにもいきません。

ということで、今後は福島を中心に関わっていきたいと思います。とりあえずは、福島を見捨てない、忘れないために、福島に生きる人々の生の声と状況を伝えていきます。

三　支援活動からの学び

寺院ができること

この度の大震災では、寺院が各方面において積極的な支援活動を行いました。

被災を免れた被災地の寺院では、地震直後から避難所となって多くの被災者を受け入れたり、または遺体安置所に、あるいは支援物資や炊き出しの拠点となって活躍しました。

普段はお寺に足を運ぶ機会がなかった人たちも、「お寺に助けられた」と、寺院の存在を再認識されたように伺いました。

また、「町を復興するには、まず、亡くなった方々をちゃんとした場所に安置して供養してからでないと」と、寺院の復興を願う言葉も聞かれました。それは、岩手県大槌町江岸寺でのことで、震災の年の七月、この寺の復興について話をしていたときに寺の総代と役員さんが語った言葉です。江岸寺は、津波とその後四日間燃え続けた火災によって、寺に避難していた五〇名余りが犠牲になり、寺は灰燼に帰しました。

命を守る救いの場、そして心を安らかにする祈りの場としての、災害時における寺院の役割を改めて教えられたような気がします。

被災地外から駆けつけた僧侶の活動としては、炊き出し、瓦礫片付け、物資支援、火葬場での読経、足湯、避難所・仮設住宅での茶話会、傾聴などなど、それぞれが持てる力とアイデアを出し合いながら活動を行ってきました。その活動は現在も続いています。

特に若い僧侶の方々が、ボランティアとして現地に入り、悲しみ苦しむ人々の側に身を置くことによって得られる体験は、宗教者としての必須の修行だと言ってもいいかもしれません。きっと心の痛みの分かる僧侶になってくれると期待しています。

全国には郵便局が二万四〇〇〇局、コンビニが三万四〇〇〇店あるのに対して、寺院の数は実質約六万カ寺あると言われています。

阪神・淡路大震災をきっかけに、全国の寺院が社会活動に目覚めはじめ、その後の災害において経験を蓄積し、連携を広げる方向に向かってきたと思います。

今回の大災害ではこの寺院のネットワークが、より迅速に、より広範囲に活かされましたが、今後もさらに強化されていく必要を感じます。

災害初期の段階では、現地の正確な情報が何より大事なのですが、今回、ツイッターなどの活用によって、リアルタイムに多くの人に情報を提供できることを知りました。これらを活用して、たとえば、「災害支援寺院ネットワーク」のようなものを構築し、現地からの正確な情報を元に、全国の寺院が必要なものを必要な所へ迅速に届ける体制をとることは可能だと思われます。

寺院が、地域の中心として活き活きと活動し（それが本来の姿ですが）、さらに全国各地の寺院と連携することができれば、災害時においても、また自殺などの社会苦と言われる問題に対しても、大きな力を発揮することは間違いないと思われます。また、そのことなくしては、寺院の存在意義が認知されることもないだろうと考えます。

まずは一歩を踏み出す

「ボランティア」の語源は、「自発性、自主性」にあります。自らの意思で行動するという意味です。災害や紛争や飢餓、あるいは社会的に弱い立場に立たされた人々の困窮を知り、その悲しみや苦しみに共感し何とかしたいというやむに止まれぬ強い思い、それが地中のマグマのように膨れ上がり、噴火のように外に表れた行動をボランティアと呼びます。

しかし、マグマの状態のまま噴火しないで終わってしまう場合もあるでしょう。そのことが何度か続けば、表面の岩盤は硬くなり、ますます噴火を妨げてしまうかもしれません。休火山です。そのうちマグマが沸くことさえなくなるでしょう。死火山ですね。死火山は活火山を笑うかもしれません、「バカな奴だ」と。人は、自分がやろうと思ってできなかったとき、やがて、それを実行する人をねたんだり、批判したりしたくなるものです。本当はやりたい気持ちがあるのに、その熱意を自ら押さえ込んでしまうのです。

でも反対に、行動を起こす人が起こさない人を批判するのも間違いです。人には色々な事情があり、ボランティアなど、動きたくても動けない状況の中で生きているのが常だとも言えます。

動かない人が動く人をねたむこともなく、動く人が動かない人を批判することもなく、それぞれが自発的に行動することを認め合うことが大事です。

ただ、勇気がなくて行動できないのだとすれば、それは残念なことです。ボランティアの第一歩を踏み出すには勇気が要ります。誰しも躊躇するものです。「自分が行って役に立つのだろうか」「かえって迷惑になるのではないだろうか」「ええ格好しいと思われないだろうか」。でも、その謙虚さは必要なのです。慣れすぎて善人ぶるよりはずっと大事な心です。そのうえで、少しの勇気を出して、あるいは誰かに背中を押されて、第一歩を踏み出すことができたなら、第二歩は簡単に出ます。それは、災害ボランティアだけでなく、何でも同じです。

私がこうやってボランティア活動に関わるようになったきっかけはカンボジア難民支援活動に参加したことでした。そして、そういう目で世界を見れば、問題はカンボジアばかりではないことに気づきました。日本にも問題はありました。自殺問題しかり、環境問題しかりです。そういう苦悩が目に入ったとき、第二歩目三歩目は簡単に踏み出せるものなのです。活火山となりました。

第一歩目は何でもいいのです。沸々と沸いてくるマグマがあるのなら、押さえ込まずに噴火させてみましょう。死火山になる前に。自分を自分で笑うようになる前に。

未来に試される今

今被災地は、歴史に残る大災害に立ち向かい、困難に耐えながら何とか生きています。しかし、被災地の力だけではとても乗り切ることのできない、大きな問題を抱えていることも事実です。

天災と人災の違いもあり、何をしたらいいかわからないというもどかしさを感じますが、せめて言えることは、見捨てない、忘れない、風化させない、そして共に乗り越えていこうという気持ちを大切にし、自分にできることは何かを「常に考える」ことだと思います。

五〇年後一〇〇年後、私たちの子孫から、「あのときの私たちの先祖は偉かった、大災害をよく乗り越えられた」と誇りに思われるか、それとも、「何と情けなかった、子孫として恥ずかしい」と思われるか、今の私たちの行動が未来から試されているのだと思います。

将来、この大災害をみんなで力を合わせて見事に乗り越えることができたとき、日本は世界から尊敬される存在になるでしょうし、もし被災地を見て見ぬふりをしてやり過ごすならば、私たちの子孫は、おそらく今よりももっと重いつけを負わされているだろうと予測されます。

今私たちがこの大災害に「生き合わせた」のは、それなりの命題に立ち向かわねばならない使命だと受け止め、そのことにしっかりと向き合って生きてゆきたいと思います。

この度、編者の方とのご縁をいただき、こうやって思いの丈を述べる機会をいただきました。この雑文に読者の方々が少しでも共感を覚えてくださったならば何より幸甚に思います。

家屋清掃に込めたもの／宮城　山元町

4 死者と生者への祈り
――「スコップ団」が掘り起こす

取材・報告　三好亜矢子

人助けに理由はいらない

「二〇一一年一月一五日、午前九時、山下駅前集合」――スコップ団団長ブログに書き込まれた〝呼びかけ〟はごくシンプル。現地集合、現地解散。事前申し込みもなければ受付もなし。ブログを見て自由に参加するスタイルだ。参加した人はその場で「団員」となる。活動の内容は被災した家々の清掃とその後方支援だ。しかし、それは単なる汚れを落とす作業ではない。その家の住人が大切にしていたであろう品々も丁寧に掘り返す。家の持ち主の希望、願いを聞き入れて、依頼された〝宝物〟や思い出の品を探し届けることもある。「自分の家をきれいにするときよりも、もう一つ上のレベルを目指して」丁寧に清掃する。全半壊で住めなくなった家も例外ではない。あくまで持ち主の気持ちになって掃除をする。

資料　スコップ団からの“呼びかけ”文

（SCHOP DAN スコップ団 ホームページより）


スコップ団は「ボランティア」という言葉が好きじゃない。

友達が困っているのを助けに行くことが「ボランティア」って言う？

まだ友達じゃなくても、これまでのお宅のじいちゃんとか、ばあちゃんは、皆、「また来い！」って言ってくれる。

メンドクサイから、行かないと思う。

でも、いつか行きたいとも思う。

名前もポーズもださいけど、アホにしかできねえ事がある。

仲間が死んで、家族が死んで。俺たちはもう、泣き疲れたからな。

力いっぱい、スコッピング！

Yes！　ナイスコップ！

死んだ仲間の分、
瓦礫という字に【オモイデ】ってルビを振って頑張るよ。

出動要請もドンドン来い！

ちくしょう。

早く終わらせてやろうぜ。

こんなこと。

くだらねえ。

指示がないのがルール

必要なものって、スゲー地味に見える。
贅沢が、俺たちを貧しくしている。
そんな事を、知れて良かったとも思う。
ただ、代償がでかかった。

無駄にしちゃいけない。

若い俺たちがやる意味がある。


お金で買えないものの方が、大切だったりする。

それを知った。


たったひとつ、あればいい。

俺が今日も生きていて、君を好きだったことをちゃんと伝えること。

それ以外の運命だのなんだのは、もう分からねえよ。

一緒にどうかね。

みんなドヤドヤとおしかけて、
こんな感じのお宅から大切そうなモノを取り出して、
パッと見ただけでもキレイにすんの。

参加にあたっては年齢、性別、国籍ほかボランティアを選別する条件などまるでない。震災後、社会福祉協議会などの行政関連団体や市民グループがとってきたボランティア募集に関する一般的な手順は次のようなものだった。まずは受け入れ現地と連絡を取り、受け入れ態勢を確認する。次にボランティア向けに説明会を催し、それとなく応募者自らの適性を確認させる。その上でバスを仕立てて現地に送り込む——。こうした「周到さ」に比べると、スコップ団には一人ひとりの力を信用する姿勢が徹底していた。これは次章で紹介する「不良ボランティアを集める会」にも共通するものだ。「一人が畳一枚分、きれいにする。それを大勢でやればいい」。この柔軟な発想に魅力を感じて私も活動現場を訪れ、スコップを手にすることにした。

内陸迂回が決まったJR山下駅のホーム

二〇一二年一月一五日。仙台駅からJR常磐線で南へ三〇分、宮城県亘理町の亘理駅で代行バスに乗り換えてさらに南へ三〇分、山元町役場に到着した。集合場所の山下駅はそこから海に向かって車で五分ほど坂を下ったところにあった。駅を見下ろす山あいには前日の雪が光っていた。震災前この駅は仙台までJR常磐線一本で通じていたが、震災の影響で軌道や橋脚が崩壊するなど壊滅的な被害を受けたこの路線は、今も亘理—相馬駅間で不通が続いている（二〇一二年三月初め、宮城県や福島県、関係自治体、JR東日本などが常磐線相馬—亘理駅間の線路を内陸に迂回させることに合意した。新コースでは山元町内の坂元—山下駅間は内陸に一キロ移動することになる）。

澄み切った青空が広がる朝の八時五〇分、集合時間一〇分前、駅前にはすでに七〇～八〇人が集まっていた。二〇～三〇代の男性が目立つ。頭に手ぬぐいを巻き、ピンクや紫など思い思いの色鮮やかなアノラックに身を包み、長靴で足元を固めている。顔見知り同士がおしゃべりをしているものの、全体としては静かな雰囲気に包まれている。近くには二〇台近くの車がずらりと並んでいた。仙台ナンバーの乗用車に混じって沼津、滋賀、神戸、福岡からの車もあった。駅舎の窓にはベニヤ板が打ち付けられ、立ち入り禁止。列車の通らない線路には草が生えていた。

定刻数分過ぎに、スコップ団団長の平了さん（三四歳、仙台市在住）がダンプトラックで颯爽と登場。黒のつなぎと白のタオルの鉢巻きがいつものスタイルだ。荷台にはケルヒャー（高圧洗浄機）や工事用の一輪車四～五台が積み込まれ、二ダースほどのスコップが丸鉄棒に串焼きのように吊されている。

「おはようございます。これから現場に向かいます。ケガに注意してください。車で来ていない方は適当に乗せてもらってください。以上」。あっさりと平さんが挨拶する。私も早速、隣りの丸森町からやって来たという三〇代の男性の車に乗せられ移動開始。十数台の車列が駅から海岸線に平行して南に向かって走り出す。

どの家屋を清掃するかは、毎回、地元協力者が間に入り、住民からの直接依頼で決まる。

スコップ団のモットーは「困っている人の助けになる。泣いている人がいれば、そばにいる。人助けに理由はいらない」である。だから、自らの活動をボランティアとは定義しない。平さんの親友は津波に遭って命を落とした。親友の子どもたちにしてやれることは何かと考えた。「自分たちにできることをとにかく何でもやろう。人のためなら頑張れる」と友人二人に呼びかけて震災一カ月後の四月中旬にスコップ団を結成した。当初は山元町だけでなく、県内の石巻市、女川町、名取市閖上などでも同様の活動を行っていたが、その後、山元町への全国からの支援が手薄なことを知り、同町の家屋を集中的に清掃することとなった。福島県内での活動も試みたが、厳しい立ち入り制限のために諦めざるを得なかった。

平さんのブログに共鳴して全国から集まった有志たちは、震災二カ月を過ぎた五月中旬には二〇人に増え、事務局を担当するスコップ団レディースもできた。多いときには五〇～一〇〇人が集まった。毎週、土曜日と日曜日、必ずどこかで活動をする。その数は延べ二七〇〇人を超えた。現地を後方支援する有志も現れ、カンパや中古スコップを現地に送り届けるなどの活動に参加した。そのほとんどが「ボランティア」初心者だ。

FUCK SAIGAI　Tシャツ（写真提供：スコップ団）

「これまでボランティア活動をやってきた人たちはそちらの方でどうぞ。俺たちが呼びかけるのは選挙でいえば浮動票」――スコップ団は、かっこいいことが大好きな二〇代から四〇代の人たちの心に響く言葉にこだわる。その一つが「FUCK　SAIGAI」（災害野郎！　ただじゃおかないぞ！　というニュアンスか）のキャッチフレーズだ。この文字を背中にプリントしたTシャツ、パーカー、つなぎも作った。これらのおしゃれな作業着はデザイナーである平さん自身が手がけた。特にTシャツの人気が高い。紺をバックに白抜きでプリントしたこの文字の下にはぶっ違いのスコップ。一枚一五〇〇円のカンパで二〇〇〇枚を売り上げ、団の貴重な活動費となった。

立ち入り禁止区域にも入る

実際の作業の様子を報告する前に、ここで山元町の被災状況とスコップ団の活動のもう一つの特長を紹介しておきたい。

山元町は震災の年の八月末まで、津波で被災した沿岸地域を「ボランティア立ち入り禁止区域」に指定していた。この山元町一帯を襲った地震の震度は6強だったが、今回の大震災の特徴の一つは、明治以降、これまで比較的津波が少なかった仙台平野の南部も甚大な被害を受けたことだ。山元町沿岸の堤防も全壊破堤し海岸線が大きく後退した。津波は沿岸から三～四キロ先にまで達し、常磐線の線路を越えて、かさ上げされていた国道6号線（旧・陸前浜街道）の手前でかろうじて止まった。沿岸部は同町の名産品であるホッキ貝の養殖や漁業、イチゴ栽培などを営む人々の生業の場であったとともに、穏やかな自然環境に惹かれて仙台近郊から移り住んだ人々のベッドタウンでもあった。山元町の人口は二〇一〇年一〇月一日の国勢調査によれば一万六七一一人（五二三三世帯）。今回の津波で亡くなった方は二〇一二年三月一〇日現在、行方不明者一九名を含めて六九〇名。全半壊は三二九六棟。浸水被害に遭った世帯は二九一三と全世帯の半数を超えた。

津波と電柱に押しつぶされた山元町の家屋／2011年4月23日

山元町は、常磐線をはさんだ海側を避難指示区域に指定し、許可証を持つ住民や工事関係者以外は立ち入り禁止とした（二〇一一年九月一日解除）。同町ボランティアセンターは「また津波が来たときに責任が取れない」として同区域へのボランティア派遣を行わなかった。同様の被害を受けた隣接する亘理町では「避難指示区域内でも、ラジオを持ち、避難のための移動手段が確保されていれば立ち入りは大丈夫」としていた。同じ避難指示区域でも対応は異なっていた。

このような状況の中で、公的ボランティアセンターの隙間を埋めるために入ってきた数少ない市民グループの一つがスコップ団である。家財の片付け、泥かきなど、被災した家々の人たちでは到底手に負えない作業を黙って見ているわけにはいかない。その思いがスコップ団の有志たちを動かした。

解除前の避難指示区域内で活動していたとき、ある団員の一人は他のボランティアグループ関係者から思わぬ詰問をされた。「誰の許可を得て避難指示区域内で活動しているのか」。

これが今、大多数の「ボランティア精神」を支配している空気である。人助けの精神はみな同じでも、行政からの指示に無条件に従うことを是とするかのようなその発言は、「ボランティアは「官」の手の平の上でしか踊れない」との告白ともとれる。

国や行政は今日の貧困・格差社会の問題を、「健全な市場競争社会」に参加する自由な個人の「自己責任」の問題として片付ける傾向が強い。多数の「負け組」によって成り立つ社会が健全であろうはずもないが、この「自己責任」の論理が今回の国や行政主導のボランティア政策においても形を変えて登場することとなった。「被災地の方々に迷惑をかけないように装備も移動も宿泊も「自己完結」型で」というルールだ（本書序章三二頁参照）。これがボランティアの自主性を制限し、官による管理と民による自己規制を強化する方向へと作用した。そして被災地の方々の都合ではなく、国や行政の意向に配慮する不自由な個人を前提とした「自己責任」論を蔓延させてしまった。そこで見過ごされ、放置されたのは、実際に被害に遭って助けを求めている人々の生の声である。こうした状況はボランティアに参加した多くの人々が意図するところでは全くなかったはずだ。

上から下への垂直的な支援から、タテ・ヨコ・ナナメとあらゆる関係性をつなぐ全方向性の「支縁」に軸足を移していくこと。その柔軟性を育むものこそ、私たち市民一人ひとりの自由意志にほかならない。行政の指示とは相容れなくても活動を展開すること、このはみ出し部分がＮＧＯ・ＮＰＯをはじめとする市民グループの真骨頂ではなかったか。スコップ団の団員たちは、その価値のもとに集まった自由な個人のグループだったのである。彼・彼女らは「友人の家に手伝いに行く」と言って規制の網をゲリラ的にかいくぐり、立ち入り禁止区域とされた被災者の家屋にも足を踏み入れ活動を続けた。

大切なものを掘り起こす

さて、一月一五日の朝、山下駅から現場に向かった私たちは、約一〇分で目的地に到着。今日の清掃目標は、建坪三〇坪の大きな二階家の屋内とその外回りを昼前までに完了させること。二〜三年で築五〇年ほどになる古い家だ。

団員の多くはすでに手慣れたもので、誰がどこを担当し何をするかといった指示や説明は一切受けず、思い思いに持ち場を決めて散っていく。一階の台所、居間、客間、二階の寝室へと入るや、家財をどんどん外に運び出し、燃やせるもの、リサイクルできる紙類・プラスチック類・びん類などに分別する。これらを一輪車や人力で庭の隅まで運ぶ。分別ごとに山が築かれていく。それをさらに大きなビニール袋に詰めては、ひもで縛る。細かな作業をしているグループには女性が多い。福島県二本松市からやって来た三〇代の女性は、当初からスコップ団に参加していた妹に誘われての初参加。「被災した人たちのために何かしたくて仕方がなかったのですが、何をすればよいかと思い悩んでいました。来てよかったです」と笑みをこぼす。

手作業による清掃はもちろんのこと、スコップでは取りにくい乾いたヘドロ状の汚れは高圧洗浄機できれいさっぱり洗い落とす。三時間少しで作業終了。終始見守っていたその家の主は、「もう住めないので解体して新築するしかないのですが、でも家を最後にきれいにしてやれて本当によかったです」と穏やかに話す。玄関先では平さんたちが作業で汚れた玄関口や庭先を改めて箒で掃き清めている。最後まで心を込めての丁寧な作業だ。最終的に解体する家でも、こうしてきれいにしてもらうことで心の区切りがつき、前を向けたと話す住民は少なくないという。

最後まで手を抜かない平さん（右から二人目）

作業を終えての解散スタイルもごくシンプルだ。「本日はこれで終了です。昼は駅前で亘理町の仲間がトン汁を用意してくれています。ではよろしく」と平さん。

「ボランティア用語」で言えば、これらの一連の作業は「がれき処理支援」と一言で括られてしまうだろう。ショベルカーにしろ人力にしろ、大方のがれき処理の作業では、家の中に残されたものはすべて「ごみ」。ボランティアは家という汚れた箱の中を効率的にきれいに空っぽにすることに没頭しがちだ。しかし、スコップ団の活動は他とは大きく異なっている。団員たちはごみのように見える残骸の中に、それまであったはずの日常を重ねながら、その家の住人にとっての大切な〝宝物〟、思い出の品を拾い集め、持ち主の元に届けることを最終目標とする。

丁寧に時間と労力をかけてスコップで掘り出していく。時計やアクセサリー、家訓を記した掛け軸、位牌などが現れる。ホテルの調理長だった人の家屋からは、チーフになった記念に会社から贈られた砥石を見つけ出し、喜ばれた。

二〇一二年三月一〇日の花火

平さんの友人である藤田侑希さん（二六歳）は県内のバス会社に勤務する。スコップ団の結成と同時に、ほぼ毎回、活動に参加している。「仕事や日常もあるので正直、大変」と言いつつも、「その家の人にとって大事なものは何か、自分の目から見れば価値がないように見えても、そうでないかもしれない。見落としはないか、作業が惰性に流れていないか。いつもそこに一番、神経を使っています」と話す。

「赤ん坊も探した」と藤田侑希さん

震災から四カ月が過ぎた七月、生後八カ月（震災当時）の赤ちゃんを探してほしいという依頼があったときには頭を抱えた。〈すでに赤ちゃん以外の家族の遺体は見つかったが、一緒にいたはずの赤ちゃんが捜しても捜しても見つからない、何とか見つけ出してほしい…〉。この依頼に応えようと、団長ブログで人手を呼びかけたところ、過去最高の一一〇人の有志が集結した。藤田さんは、「見つからないのも辛いが、本当に見つかったらどうしよう」との複雑な思いに駆られ、苦しくてたまらなかったという。当日、現場に向かうダンプの助手席には赤ちゃんをくるむ新品の白いシーツが用意された。「生きている人だけでなく、死者をも大切にするスコップ団の姿勢に誇りを感じた」と藤田さんは振り返る。赤ちゃんは結局、見つからなかった。しかし、一一〇人の団員たちが懸命になって探し出そうとしたその行為は、遺された人たちを励まし、救いを感じさせたに違いない。

この幻のスコップ団は二〇一二年三月一〇日をもって活動を休止した。死者と遺された人たちへの思いはこの日の夜六時、「『天国にぶっ放せ！』打ち上げ花火イベント」に凝縮された。人生や社会、いろいろあっても皆がなんとか暮らしていた泣き笑いの日常、「皆と過ごしたそんな〝三月一〇日〟が永遠に続きますように」と、そして「『僕たちは元気だぜ‼』って、天国に伝えたい」と雨天決行で前年の年末より準備を進めてきた。資金はスコップ団を中心とする実行委員会が三〇〇〇万円の募金を集めた。

当日は、犠牲になられた方々の数に等しい二万発の鎮魂の花火が、仙台市西部・泉ヶ岳スキー場の夜空を染め上げた。小雪が舞う中、遺族、被災者の方々二〇〇〇人が招待された。団長の平さんも友人の子である〝二代目団長〟を肩車に乗せ、鮮やかな光を静かにみつめた。

開催前後には募金はより有意義な目的に使うべきとの批判もあったが、花火一発の値段は献花とさして変わらない。「二万人規模の大災害が一件起きたのではなく、二万件の悲しい事件が起きたのだ。死者一人ひとりに一発の花火を」。天国の死者一人ひとりに「あなたのことを忘れていない」とのメッセージを込めて打ち上げられた追悼の二万発は、近親者や友を失った人々のそれぞれの一歩を励ます、天国からの轟きでもあった。

仙台一高時代には応援団長をつとめたというスコップ団団長、平了さん。今後も何らかのかたちで被災地支援を続けていくという。

夜空を染める二万発の鎮魂の花火。宮城県仙台市泉ヶ岳スキー場／2012年3月10日（写真提供：河北新報社）

追記：その後この幻のスコップ団は、2012年7月に一般財団法人として再結成され、自然災害の救援活動を資金面でサポートする新たな活動を開始することとなった。

「素人は来るな?」神戸―東北

5 ボランティアに求められる型破り

――不良ボランティアを集める会の眼差し

尾澤良平
(不良ボランティアを集める会代表)

不良ボランティアを集める会、代表の尾澤良平です。この会は、その辺にごろごろいそうな、そして実際に社会の中で暗中模索しながらごろごろしていた若者三人が、今度の震災を機に神戸で勝手に立ち上げた団体です。

私たちは震災後に、バスの運転免許を取り、バスをチャーターし、ボランティア希望者を募り、そして集まった人たちを被災地まで運ぶという活動を行っています。気持ちのある方には誰にでも乗っていただき、乗車における条件は一切つけていません。愛称は「まごころ便」です。震災から二カ月後の五月二四日に岩手行きの第一便が出発して以降、現在も神戸―東北間を月一回程度運行しています。

大地震が発生したとき、私たちは「何もできないんやろか?」と神戸の地で仲間たちと話していました。今回の大震災は巨大すぎました。原発事故による放射能飛散や、津波によるアクセス網・ガソリン供給網の切断など、支援をめぐっては負の要素がずらりと並びました。テレビや新聞等では過度の自粛論が広がり、ボランティアの出鼻は完全にくじかれました。特に、福島第一原子力発電所から煙が立ち昇ったとき、体の細胞一つひとつが「何もできない」と言っているような感覚すら覚えました。

悩みに悩んだあげく、私たちはボランティアの裾野を広げる活動、つまり「ボランティアをしたいけど迷っている人に寄り添う活動」をすることに決めました。

何かをしたいと思っている人は多いはず。ボランティアバスを通して、その気持ちをできるだけ運びたい。でも運べる人数は限られているので、私たちの活動そのものを見ることによって「少し動けば、私にも何かできるかも！」と思っていただけるようなシンボル的活動にしたい。そして、「何もできないかもしれないから、何でもできる」ということを、多くの方に伝えたい。これが私たちの団体が考えた支援のかたちでした。

ボランティアバス「まごころ便」

実際にボランティアを募集してみると、いろんな方から参加申し込みがありました。最も多かったのはボランティア初心者の方。「特別に何かできるわけではないけど、とにかく現地に行って何かしたい」と思う方たちです。そして体力に自信のない方。「持病があり、休憩を多くとらないといけない」と申し込み時に伝えてくださった方たちです。さらに体が不自由な方もいらっしゃいました。いずれの方々に対しても、「～ができません」としっかり自己判断できる方はそれだけで参加可能と判断させていただきました。スタッフや同乗したボランティアの人たちがともにケアをし合うという原則を成立させました。

属性にとらわれず自由意志の参加を歓迎する「まごころ便」。

神戸から岩手県までは車で一二時間以上かかります。自己紹介と簡単な事務連絡は出発して間もなく車内で行います。私たちから言うことは、「それぞれの気持ちで動いてください、わからないことがあれば聞いてください」ということだけです。団体としての言動を求めるミーティングやツアー的なお膳立ては行いません。

被災地に着いても、参加者の判断で動いてもらうようにしています。ボランティアセンターで情報をチェックしてから動き出す人もいれば、独自に行動する人もいます。スタッフも、各参加者の居場所だけを確認し、後はそれぞれの判断で活動するなり休憩するなりしています。

バラバラなようで、なお一緒の「まごころ便」。活動後や帰路の車内では、それぞれの活動を共有したり、今後の活動について討論したりしている風景がよく見られます。意外にもかなり仲良くなって帰ってくるのです。「同窓会」と「見送り隊」の活動がそのことをよく表しています。降車後も交流を保ちたいと思う参加者が、神戸で同窓会を立ち上げてくれたことは何度もありました。過去に乗った全員に連絡をとり、一大同窓会をしてくれた方たちもいます。「まごころ便」の出発時には、これまでに参加してくれた方が見送りにきて、手作り弁当の差し入れをしたり、これから乗車する参加者にアドバイスをしたりと、私たち若者スタッフには到底できそうもないことを自発的にやってくださることも多々あります。気がつけば私たちの活動自体も多くの方との協力の上に成り立っていたということです。

神戸の夜、あたかも「通りすがりの人」のように全便を見送るボランティアの神山日出男さん。

阪神・淡路大震災のボランティアから学ぶ

私が災害ボランティアと関わり出したのは、神戸で大学生活を始めた九年前からです。当時でさえ、その八年前に起きた阪神・淡路大震災など遠い昔のことのように感じていました。しかし、神戸で生活するようになるとそうはいきませんでした。耳にすることの大半は悲しい内容です。家屋の下敷きや火災で亡くなられた方々の話、経済的に甚大な被害が出た話、仮設・復興住宅での孤独死の話、これから起こる借上公営住宅問題の話…。山や港の観光地、あるいは神戸空港や長田区の再開発地域などをただ巡っただけでは、そのような裏話に出会うことはありません。人と出会い、触れ合うことで、やっと膿のように出てくるのが震災の傷というものなのかもしれません。

そのような辛い話を聞く中で私が希望に感じたこと、それが被災地・神戸に駆けつけた一三〇万人以上に上るボランティアの物語です。その半数以上が初めてボランティアに参加した人たちであったことには驚きました。発災直後の緊急救援から始まり、避難所運営、仮設住宅のケア、自治会コミュニティ支援、復興住宅支援に至るまで、さまざまな段階ごとにボランティア活動が行われました。「ボランティアセンター」「ニーズ票」「マッチング」など、制度・システムによる枠組みありきではなく、「被災地に寄り添いたい」「何かできないか？」「困っている方は多いに違いない」といった純粋な気持ちが自然発生的に膨れ上がり、それぞれの現場に見合ったやり方で支援のかたちができ上がっていったということらしいのです。あれほど巨大な災害においては、既存の制度・システムを当てはめるだけでは対処の仕様がなかったのでしょう。

被災地の状況と被災者の生の声に、試行錯誤しながら誠実に対応していく――このような一七年前のボランティアの姿には学ぶべき点がたくさんあります。東日本の被災地の復興や地域づくりには欠かせない、大事な点です。

実際に神戸で支援活動を行い、その後現在に至るまでこの大事な視点を片時も忘れずに各地の災害現場に寄り添ってきた団体があります。大学卒業後から私もお世話になっている「被災地NGO恊働センター」（神戸）です。代表の村井雅清氏と数名のスタッフを筆頭に、多くの市民が手弁当で携わる災害復興支援団体です。今回の東日本大震災においても「まけないぞう」（手芸を通して生きがいと仕事づくりを行う事業）や「足湯」（被災者の方と触れ合いながら寄り添う活動）などを通して、被災地のみならず県外避難者の支援も継続的に行っています。私たちが立ち上げた団体名称の一部である「不良ボランティア」という言葉は、実はこの村井氏が生み出したものです。氏の思いはいくつかの書籍になっているので、ぜひ読んでみてください（村井雅清『災害ボランティアの心構え』ソフトバンク新書、二〇一一や被災地ＮＧＯ協働センター編『不良ボランティアが社会を変える』〔村井氏講演録〕被災地ＮＧＯ協働センター、二〇一〇ほか）。私は氏の思いを、若者なりのやり方で実践してみようと考えました。

以下では、私たち「不良ボランティアを集める会」自身が思い描いてきた「不良ボランティア」像を今回の震災支援と絡めながら語ってみたいと思います。

不良ボランティアの三大要件――多様性・自発性・素人性

「不良ボランティア」という言葉だけでは何のことやら、理解に苦しむ方が多いと思いますが、これといった定義があるわけではありません。

ただ少なくとも、個々のボランティア活動やそれに携わる個人に対して良し悪しを云々するために名づけたものでは決してありません。この言葉は、制度や管理が蔓延しすぎた現代社会への、ある種の風刺表現として使っている程度にすぎません。そのため、「まごころ便」に参加してくださった方々に対しても、「不良ボランティア」の説明をしたことは一度もありません。もっとも、参加者への説明会や講座を開くようなこともないので、説明を求められることもありません。

当然、被災地において「俺たちは不良ボランティアだ」と意思表示することもありません。むしろ私たちは、「ボランティア」という言葉を一定の枠に収めて説明すること自体に問題があると考えています。つまり、「ボランティアとはこうあるべきだ」という型枠があふれる最近の風潮に、私たちは大いに疑問を持っているということです。

市民によるボランティアは多様性・自発性・素人性という三つの要件を特徴とします。これらの要件は、「痛みの共感」が生まれた瞬間から、多くの人々の内に自然に生まれるものです。

一方、行政や制度・システムによる支援はこれとは異なり、効率的な組織運営のため、一貫性・制度性・専門性を必要とします。

市民によるボランティアと行政や制度・システムに基づく支援とが車の両輪としてうまく機能するならこれ以上のことはないはずですが、実際はそうではありません。昨今では「ボランティアはこうあるべきだ」というマニュアル（内閣府『防災ボランティアの「お作法」集』二〇〇五など）まで作られており、ボランティアの画一化や制度化、専門化が過度に進んでいるのが実情です（本書序章二四頁参照）。

指針や管理は一切不要、とまでは言えませんが、画一化や制度化、専門化によってボランティアの持つ潜在的な力が奪われてしまうと、目の前にいる被災した方々への支援それ自体に直接的な悪影響を与えてしまうこともあります。制度・システム先行でボランティアと被災者は置いてけぼり――そのような場面を多くの被災地で見てきました。

たとえば、岩手宮城内陸地震（二〇〇八年）の復興支援に参加した際、被災者の生業支援として、復旧工事関係者のための屋台レストランを企画しました。復旧工事に携わる方たちが毎朝コンビニで弁当を買っているのを見て、仮設住宅に暮らす料理人の方が「ぜひ温かいものを」と思い立ったのがきっかけです。準備が整い、早速営業を開始。好評でした。しかし、人気が出たのも束の間、すぐに地元自治体から中止の指示が入りました。住民に認められていた被災地への日中のみの立ち入り許可は、あくまで事務所や自宅の整理に対するものであり、営業行為までを認めたものではない、ということでした。仮設住宅の敷地内から細々と始められたこの生業行為は、結局実を結ばず、くらしは振り出しに戻りました。

今回の震災支援も例外ではありません。あるボランティアの若者が仮設住宅の方々に寄り添い続ける中で、越冬するための衣類や寝具が不足している状況に直面しました。彼は災害ボランティアセンターに余っている大量の関係物資を仮設住宅に直接運ぶことを決め、すぐに活動を始めました。一人で仮設住宅を何十カ所と周り、物資を配り続け、多くの方に喜ばれていました。ところが、配布方法をめぐってセンター側から異なる意見が入り、活動中止に追い込まれてしまったのです。方法論の食い違いで、仮設住宅の方々の求めにあれほど応えてきた活動が中止になるとは、大変な驚きでした。

もちろん、ここに見られるような事例はそれぞれの支援主体がベストを尽くしての結果だったかもしれないし、情報の齟齬や意図のすれ違いから発生したものも少なくないと思われます。しかし、みんなが好き勝手に活動すればよいというわけではありませんが、せめて、ボランティアに内包されているはずのこの三大要件を常に確認し合えるような支援のかたちだけは最低限保持するべきではないかと思われます。

「不良ボランティア」の特徴は、型破りかもしれないが、この三大要件を大事にして目前にある課題にストレートに接近していくところにあるのだと言えます。

人間はついつい大きな制度に依存し、そこに取り込まれがちですが、残念ながらボランティア活動にもそのような傾向が見られます。そこから脱却するには、やはり多様性・自発性・素人性の価値を見直す必要があると思います。その見直しの中で、現代人が忘れかけた「支え合い」の社会を作りたい。私たちの「まごころ便」はこの目的のために運行を始めました。

次に三大要件のそれぞれについて、私なりの考えを述べてみます。

多様性――何でもあり

今回の震災で巷に流れた言説――「素人が行くと却って迷惑になる」「プロに任せろ」。ボランティア募集の広告でよく見かけたもの――「体力に自信のある方」「自己完結できる方」。

ボランティアには資格が必要なのでしょうか？　その資格はスーパーマンだけに与えられるものなのでしょうか？　選ばれたスーパーマンさえいれば十分対処できるとでも言うのでしょうか？　無理です。「一人ひとりにできることが被災地にはたくさんあります」。そういうキャンペーンを当初から張るべきでした。

現地に行けば一人ひとりが持っている多種多様な知恵や経験、特性がいろいろな場面でたくさん求められてきます。被災地や被災者の方々との支え合いの活動においては、立派な資格や経歴が邪魔する場面の方がむしろ多いくらいです。体力に自信のない人だからこそ、避難所生活の厳しさがわかる。女性だからこそ、女性のケアの不足がわかる。食物アレルギー体質の方だからこそ、画一的な食事の辛さがわかる。障がいのある人だからこそ、障がい者の置かれた不便な状況がわかる。中学生や高校生、若者だからこそ、同年代の被災者と共に笑える…。これは立派な資格や経歴とは無関係に働く心の動きです。この心の動き方こそ、被災地では最も求められているのです。私たちの活動もこの多様性を第一の価値に据えました。

もちろん多様性に重心を置くことで生じる問題も少なからずあります。私たちの場合も、スタッフ間や参加者、被災された方との間でいろいろと問題は発生しました。活動方針やスケジュールの食い違い、ちょっとした言い争いや根本的な価値観の違い。あるとき、参加者間で或る問題が発生し、代表の私が穏便に事を済まそうとしたことがありました。問題が解決するまで納得しない参加者もいれば、怒り出

スタッフ大畠光貴（最前列右から二人目）はムードメーカー。仮設住宅でも人気者。岩手県釜石市の仮設談話室にて／2012年１月

す参加者、一切関わろうとしない参加者もいます。しかしこのとき、スタッフの一人が「人と人が出会ってるんやから、笑いもあれば問題もある。ええ具合に進んでる証拠や」と口にし、別の解決方法を模索し始めたのです。問題課題はあって当然。その壁に正面からぶつかり、どう乗り越えるかが大事だと、私自身、自分の拙速な対応について大いに反省させられました。助言をくれたこのスタッフも揉め事の絶えないかなりの「問題児」でしたが、今となっては尊敬すべき「不良ボランティア」の一人です。

多様性を認めるとは、決して問題なく綺麗に棲み分けができる状態を作り出すことではありません。現場や被災者一人ひとりの状況にしっかりと向き合えば、当然さまざまな困難にぶつかります。意見の食い違いによって摩擦も対立も生じます。そうしたことにも真摯に向き合う姿勢こそが多様性の尊重へとつながる——そのことを私たちは便を重ねるごとに学んでいきました。

被災地や被災者の状況は個々さまざまです。ボランティアも被災者も十人十色、そして一人十色です。多様な

価値観を認め合い、それぞれの創造性を思いのままに、いかんなく発揮しなければなりません。そこから生まれる豊かな関係性こそが、被災地や被災者の方々へと奥深くしみ込んでいきます。行政や制度・システムによる画一的な支援とは異なり、きめ細やかな支援を可能にするのがボランティアです。

私たちのバスに乗車条件を一切つけず、参加者の活動内容にも一切口を挟まなかったのは、ボランティアが持つ多様性を最大限に生かしたかったからに他なりません。

自発性――言われてもしない、言われなくてもする

一般にボランティアバスと言えば、すでに活動内容がコーディネートされていたり、やることが決まっていたりするのが普通だと思います。人手がたくさん必要なところに効率的に多くの人員を運ぶという支援。これは今回のような甚大なケースではもちろん当然有効です。しかし、私たちは現地とのコーディネートをほとんどしませんでした。

参加したボランティアの方々がどのような気持ちや技術、運命を持って現地に行くかなど、私たち若輩者のスタッフにわかるはずもありませんし、いちいちチェックする事柄でもありません。「まごころ便」には老若男女さまざまな人たちが参加しています。現場で何を感じ、何をするかは各自の判断に委ねました。自分の大事なお金と時間を使って被災地に来るくらいですから、そのような方々には多かれ少なかれ、すでに自らをコーディネートする力が備わっている。それは専従で支援を行っている私たち以上の力量だと思います。ボランティアは自主独立。自分が思い描いていたはずの支援のかたちを誰かの指示に委ね、せっかくの想いが千切れてしまってはもったいない。

とにかく私たちの役割はボランティアの方々を逸速く現地まで運び、戻られる方を安全に神戸まで送

筆者（左端）とスタッフ高木悠太（左から四人目）、そして第１便の参加者四名。当初の「遠野まごころネット」前で／2011年5月

り届けることです。参加者たちは、現地では思い思いに動き回ります。現場をこの目で見たい方は、瓦礫撤去を。ボランティアセンター内がパンク状態にあると感じた方は、事務を。ボランティアが疲れていると感じた方は、マッサージを。小学校の子どもたちとつながりたいと思う方は、直接学校訪問を。挙げれば切りがありませんし、実際私たちのバスに乗った方々が現地で何をしたかはほとんど把握していません。現地では私たちスタッフ自身も、同じように自由に活動していたからです（ちなみに私は、山間部の遠野で田んぼの世話をしていました）。

　もっとも、私たちがこのような自由度の高い活動を行えた背景には、ボランティアの自発性を最大限に受け入れてくれる場所があったことも忘れてはなりません。遠野市のボランティア団体「遠野まごころネット」です（二〇一一年三月二八日、遠野市内の民間団体や遠野市社会福祉協議会によって組織。同年七月、ＮＰＯ法人。以降、それを母体に全国の六〇以上のＮＧＯ、ＮＰＯ、財団等も加わって活動中）。「遠野まごころネット」の特徴は「ボランティアを管理しない管理方法」を採ったところにあります。ここもまた、ボランティアの自発性に大きな価値を置いていたのです。たとえば、毎日行われているミーティングでの有名なやりとり――「～すべきだと思います」「ではそうして下さい。以上」。ＮｏではなくＹｅｓ、これを標語に「遠野まごころネット」はスタートしました。この方針がこれからも継続し、他の被災地でも同様の雰囲気づくりが広がることを願っています。ボランティアセンターやボランティアコーディネーターがうまく機能するかどうかは、ボランティアの自発性をどこまで引き出せるかにかかっているのですから。

素人性――あーでもない、こーでもない

ある個人、集団、地域において自力ではなかなか解決し得ない問題が生じたときに、そうした方々のために少しでも役立ちたいという気持ちで始まるのがボランティアだと思います。お金のため、名誉のためという動機でボランティアを始める人はまずいないでしょう。特に大災害時には、多くの人にこの気持ちが生まれ、それが災害ボランティアとして大きなうねりとなっていきます。たとえ何らかの資格や経歴を持つ人でも、被災地の「いま・ここ」に初めて身を置くときには、誰もが初心者、素人であるべきです。私たちはこの素人性こそが本来の支援の出発点だと思っています。

同じ災害はありません。似たような災害でも地理的条件や住環境、文化の違いにより、被災状況はまったく異なってきます。同じ地域内の災害でも、個々の被災者の境遇はさまざまです。だから「被災地」「被災者」と一つの言葉で支援対象を表現することは本来的には不可能です。支援の基本は、とにかく現地に行き、できる限りの情報を収集し、そして素直に対処することです。これがボランティアの王道です。何かすでに支援網や制度が整っていて、そのお手伝いをすることが災害ボランティアだと認識してしまったなら、行動が二歩も三歩も遅れるばかりか、自分で自分の判断を制限し、現場の多様な状況にも応えられなくなってしまいます。災害の規模が大きければ大きいほど、一人ひとりの感性と経

験を重視した取り組みが求められてきます。これが、制度的に動く必要のないボランティアが担える一番の役割です。制度用語としての「被災地」「被災者」からは見えてこない、目の前の個々の小さな現実に向き合えてこそ、被災した方々の求める個々の具体的な要望を知ることができ、それに応えていくことができるのです。

　専門家や支援のプロは、現場のことを無視して「あーだ、こーだ」とすべてを把握しているかのようなマニュアル的態度をとってしまいがちです。成功ばかりが求められ、不純なプレッシャーの中で活動している場合も少なくありません。よくあるのが、多額の助成金や補助金を引っ張ってきて、大きなプロジェクトを立ち上げはしたものの、現場と直接結びつかず、気がつけば宙に浮いたような制度・システムをつくって終わってしまい、本来の支援目的から乖離するようなケースです。今回の震災では「想定外」という言葉が少なからぬ場面で免罪符のように使われました。原発事故対応にしろ、物資供給体制にしろ、被災した人たちへのケアにしろ、マニュアル通りの対応が生み出した問題への根本的な反省はあまり聞かれません。まるで大惨事が免罪符になっていると言わんばかりの態度です。

　素人ボランティアで大事になるのは試行錯誤の精神です。素人ボランティアの活動では、想定外は常に想定内。マニュアルなどないので、最初から「あーだ、こーだ」と言える立場にはありません。現場の声に頼るしかありませんから、可能な限り被災した方々と触れ合い、結果としての失敗を繰り返します。しかし、だからこそ現場に合った支援のかたちが見えてくるのだとも言えます。

　事前に問題を発見できる神はいません。いまでは全国的にも有名な「足湯活動」を神戸から広めた「ＣＯＤＥ海外災害援助市民センター」の吉椿雅道さんは、「愚かさの共有」ということをよく言われます。「人間や社会は常に間違う。そのたびに軌道修正する。失敗し悩むことの繰り返しだ。そのことが支援においてもしっかりと前提にならなければいけない」。これはまさにボランティアの実像を的確に表現している言葉ではないでしょうか。この認識を支援や復興の大きな軸に据えれば、市民の力は最大限に発揮されていくものと思います。

これからは、専門家と素人の価値観の逆転現象がさまざまな場面で現れてくるでしょう。もちろん制度・システムそれ自体は悪いものではありません。しかし制度もシステムも不良を伴っているからこそ、改善されていくのです。

復興へ向けて、持続的な循環性——何もできないかもしれないから、何でもできる

では、以上述べたような認識に立って、私たち「不良ボランティア」はどのような復興を支援していくのか。

それは一言で済みます。「支え合い」の社会を地元の人たちと少しずつ作っていくことです。現代社会において、「自立」とは多くの場合経済的自立を指します。ほとんどの人々はこの「自立」を半ば強制されていると言ってもよいでしょう。しかし、この「自立」が決して持続可能なものでないことは、火を見るより明らかです。国内総生産（GDP）や所得という経済的指標が個々の生活者の幸福感とは比例していないことも、もはや私たちは直感的に認識しています。

私たちのバスが呼びかけた「何もできないかもしれないから、何でもできる」という考え方は、このような「自立」観とは対極にある「支え合い」の社会を作るための第一歩になるものです。私たちは、すべてを分断する原発事故・放射能汚染によって「人間の愚かさ」を、そしてどんな堤防をも破壊する大津波によって「自然の恐ろしさ」を、目の当たりにすることになりました。この大震災によって私たちは人間が忘れかけていたこの大事なことがら、「自然への畏敬の念」と吉椿さんの言う「愚かさの共有」を肌で感じとったに違いありません。だから多くの人たちは「何もできないかもしれないけれど」という謙虚な気持ちとともに、ボランティアとして思い思いに動き出したのではないでしょうか。また、そうした気持ちで出発したからこそ、人との関係性、自然との関係性を改めて見直すことになったのではないでしょうか。

「お金さえあれば何とかなる」「自然はコントロールできる」、そんな思い上がった考え方で進められるヴィジョンなき支援や復興政策は間違いなく破綻します。人との「支え合い」、自然との「支え合い」――これなくして、もはや一歩も先には進めない。そのことを今回の大震災は教えてくれたのだと思います。

今回の被災地支援をめぐる最大の課題は、こうした市民の発意をどれだけ被災地の人々と共有できるかにあります。真の復興には補助金や国債増発のような一時的な手当てではなく、何よりもいのちとくらしを大切にする基本的ヴィジョンに基づいた、持続的な「支え合い」を軸とする仕組みづくりが必要だと思います。食やエネルギーだけでなく、人間の生そのものもまた一つの循環性の中に存在します。持続的な「支え合い」とは自然や人との「支え合い」の循環に他なりません。その「支え合い」を成り立たせる主体はそこに住む地域の人たちすべてです。

被災地支援のあり方も、そうした持続的な「支え合い」の基盤を決して揺るがしてはなりません。持続的な循環性への視点を欠いた支援は、たとえ被災地支援を謳っていても長続きはしないでしょうし、何か別の目的のためになされている事業だと言わざるを得ません。国や自治体は増税・復興大事業といった安易な路線ではなく、まずは減税によって市民による自発性のスペースを広げ、たとえば市民が地域の組合やNPO・NGOに持続的に寄付できるような環境づくり、市民ファンドやコミュニティビジネスの支援、フリースペースや市民農園の設置など、被災地の人たちによる直接的な社会参加機会を増やしていくべきでしょう。小さな地域、コミュニティ単位での取り組みこそが大事にされるべきなのです。

中央集権的な機関の官僚や専門家が決めた難解な法律、大規模な支援制度を、事情も環境も異にする個々の地域にそのまま一律に適用させようとしてもうまくいくはずがありません。ましてや外から一方的に押しつけられたものを個々の住民が責任を持って使えるはずもありません。それなのにこの国では、国民主権を是とする民主主義国家でありながら、制度と主権者の乖離はますます進み、市民が担うべき「公共」の実質的な主権はある少数のエリートたちの手に委ねられているというのが実情です。政治や復興・まちづくりには市民の参加が欠かせないと政治家、専門家、マスコミは簡単に言いますが、このような状態では「本当に何もできない、できる気がしない」と言うほかありません。今回の被災地の支援においてもこうした問題が徐々に顕になってくるのではないかと危惧されます。

これまで先輩方が必死になって作り上げてきた中央集権・大規模・経済的自立という社会の前提は、今となってはもはや時代遅れです。それは支援のかたちを作る上でも同様です。

ではどうすればよいでしょうか。「不良ボランティアを集める会」では現状とは逆向きの方向をとることにしました。まず、民主主義は小さな単位で実現していく必要がある。ものごとは小さなところから決めていけばいいということです。個人で無理なら家族、家族で無理なら地区単位、地区単位で無理なら自治体、自治体で無理なら国家、国家で無理なら国連…という順番です。このような補完性原理をさまざまな場面に具体的なかたちで適用していく。なぜなら「支え合い」は小さな単位であればあるほど働きやすいからです。

「不良ボランティア」はその最小単位に位置づけられます。「不良ボランティア」を出発点に、地域主権を進める。そして、「支え合い」による食とエネルギーの協同自治を目指していく。いのちとくらしを守る最低限の公共圏が各地域内において持続的な循環性を保てるようになれば、それと逆行する巨大産業の分業化やマネー中心の金融資本体制も初めて世界的な上限を持つことになるでしょう。持続的な循環性を備えた「支え合い」の社会は、私たち一人ひとりが少しずつ、しかし確かな手応えの中で実現していくべきものだと信じます。

ボランティアには持続性がないとよく言われます。しかし「支え合い」の社会は持続的な循環性がなければ成り立ちませんので、ボランティアもまた常に回帰されるものでなければなりません。その意味でも、やはり、言われなくても出てくるのがボランティアでなければなりません。

ただし、「愚かさの共有」と「自然への畏敬の念」を脇に追いやってしまったら、「支え合い」はおろか、地域社会を維持することさえ困難になるかもしれません。逆に言えば、「支え合い」の社会は常に内側から芽生えるものですから、その流れを止めてしまう構造や思考をどのように封じ込めるかです。

「何もできないかもしれないから、何でもできる」という発想は、それに対抗するためのキャッチフレーズです。復興やまちづくりの段階に入っていく被災地で、どこまでこのことをお伝えできるか。これが、私たち「不良ボランティアを集める会」の究極的な課題なのだと思っています。

資料　不良ボランティアを集める会からの"呼びかけ"文
（不良ボランティアを集める会 ホームページより）

不良ボランティア？

①ボランティアはおしかけていい

東日本大震災被災地でのボランティア活動は、どれだけあっても足りない。各方面から、人手不足の声が挙がっている。さまざまな学生団体や実績のあるＮＰＯ、社協、財団などがボランティアを募ったりコーディネイトしたりすることにより、被災地と彼らの間に立って日々一生懸命活動している。しかし、ニーズ調査だけを前提に運営したり、ボランティアをただの人手として派遣したりしてしまえば、ボランティアの本質を見失ってしまう。駆けつけたいくらいの気持ちを持ったボランティアが制度・組織のボランティア像からはみ出してしまい、自宅のテレビの前でじっとしてしまっている。押しかけたいくらいの気持ちのボランティアを一方的に絞り込み、選別する必要はまったくない。もちろん、ある程度の効率や実務を保つためには、調整や情報収集を統括するボランティアセンターは必要不可欠だろう。しかし、そのセンターそのものが以下に書くようなボランティアの本質を、その中軸に置いていなければ、未来を見据えた復興は不可能だ。

②なんでもありや

ボランティアは十人十色である。各人が持つ才能や感覚は、多様なボランティア活動を生む。さらにボランティアは一人十色でもある。ボランティアの立場、被災者の立場など超え、人と人が出会い、そこから生み出される多様な関係性は、ボランティアがただ一人の痛みの共感を持った人間である場合にのみ、発生する。それは、「～ができる！」という気持ちでいく専門ボランティアよりも、まさにきめ細かい被災者のニーズに対応することができる可能性がある。このようなボランティアは、重要な役割を担っている。プロ集団や専門ボランティアばかりが叫ばれる風潮の中で、あえてそのような人を不良ボランティアと呼ぶ。彼らが自分の感覚を信じて、自分が思う自己完結で自発的に動く限り、間違いなく被災地において有用な動きをする。まさに何でもありやの精神。つまり、彼らは、積極的な意味での、型破りの行動ができるということだ。

③何もできないかもしれないから、何でもできる

逆に言えば、何もできないと思いながらも、被災地への思いを片時も忘れない人がまだまだ大勢いると思う。そのような方に、私たちは声をかけたい。そんなあなただからこそ、被災地や地元で何でもできるチャンスがあるのだと。不良ボランティアは効率や経済性、システム、組織等にはあまり縁がないかもしれない。しかしながら、人間としてのまごころから行動することは、自然とのつながり、人とのつながり、地域とのつながりを大切にしたくらしを営むための最低条件である。自分は何もできないかも、と迷うのはまごころそのものだと思う。私たち、不良ボランティアを集める会は、まさしく不良ボランティアが始めた会である。何か特別なことができるわけではない。しかし、そのことを考えた上でも何かできないかと思い悩んでいる。今でもそうだ。

④ともに東日本へ、よりよい未来へ

そこで、私たちは、日本に多数いる不良ボランティアとつながり、ともに行動したい。私たちの被災地での活動は本当に一部のものにしかならないが、私たちの活動がボランティアの裾野を広げ、一人でも多くの人が思いを行動に移していただき、そのことが一人でも多くの被災者のためになることを切に願う。このことが、自然と共生した災害に強い復興のために、また地域の防災力を持つために、必要不可欠であると強く信じる。このような大災害をただの惨事で終わらせてはいけない。犠牲になった多くの方々のためにも、よりよい未来へ一歩踏み出さないといけない。ひいては、いかなる立場や環境、出自、性、年齢の人も公共を担う責任と能力があることが前提となる、よりよい市民社会を目指すものである。多くの方々の支援、協力、理解、参加を待つ。

2011年４月
不良ボランティアを集める会
代表　尾澤良平

Ⅲ 寄り添う

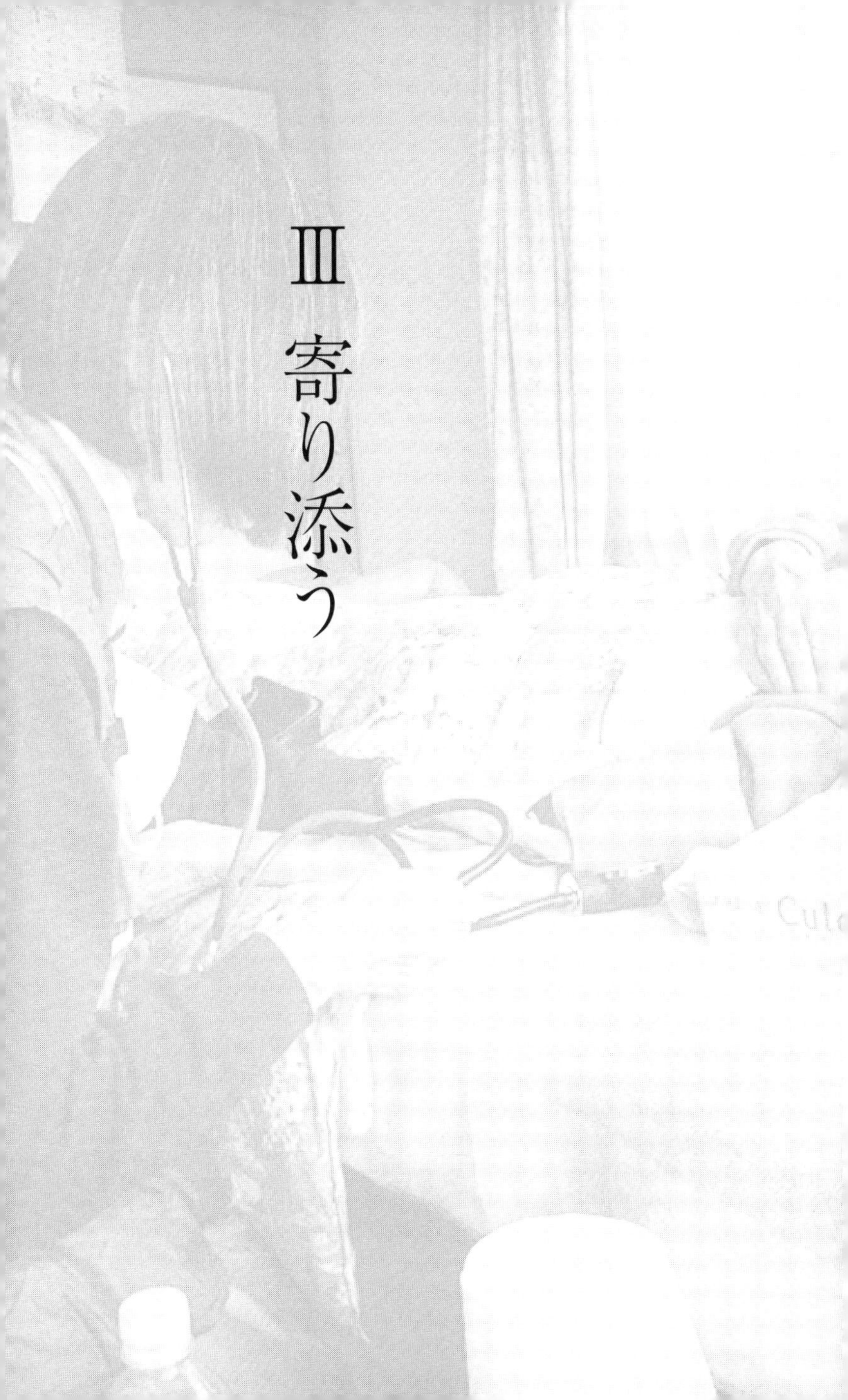

第Ⅲ部扉写真

宮城県気仙沼市
神戸の支援グループによる在宅医療活動
（本書第８章より）

あらゆる立場を超えて／福島市渡利地区

6 子どもたちを守るために

――渡利の子どもたちを守る会の取り組みと課題

照沼かほる
（渡利の子どもたちを守る会／福島大学教員）

東日本大震災、そして東京電力福島第一原子力発電所の事故から一年以上が過ぎたが、福島市では多くの人々が依然として放射能への不安を抱きながら日々を送っている。放射能からの防護の原則は、放射線を浴びないよう放射性物質から離れることだ。低年齢ほど感受性が高いと言われているため、子どもには特に優先的防護が望まれる。だが、福島市が子どもたちのために行ってきたことは、「校庭の表土改善」、「ガラスバッジ（外部被曝の積算線量計）の配布」（事故の年の二学期中の三カ月間のみ）、限定的な「夏の保養キャンプ」、そして一年近く経ってようやく始まった「内部被曝検査」である。子どもを守るために「自主避難」をした、あるいはしたいと願う家族への支援は行われておらず、考慮もされていない。「除染」をするから避難は不要というわけだ。

福島市渡利地区は、JR福島駅から東に約一キロメートルの住宅街で、約六七〇〇世帯・一万六四〇〇〇人が暮らしている。福島第一原発から六〇キロメートルほど離れているが、放射能プルームが通過した際、地形的・天候的な事情から多くの放射性物質が降下した。そして、放射線量の数値の高いホットスポット地域として、メディアでも早くから取り上げられることとなった。放射性物質が多く留まっている山々が隣接するこの地域では、雨や雪が降るたびに放射性物質が上から下へと移動するため、住宅街での放射線量の自然減少は望めず、また個人やグループ、そして福島市による「除染」作業によっても、大きな効果は得られていない。

地域全体としてだけでなく、局所的にも高線量のホットスポットが生活の場に数多く存在する状況の中で、未来ある子どもたちを守るためにはどうしたらいいのか――「渡利の子どもたちを守る会」（Save Watari Kids／セーブわたりキッズ）は、渡利に住み、小中学生の子どもをもつ保護者たちが、放射能から子どもたちを守るために集まったグループである。現在は、保護者に限らずに「子どもを守る」という目的の下で住民からの協力も得ながら活動を行っているが、職業柄あるいは立場上、さまざまな（時に対立する）考えを持つ人々がいる中での活動には、困難と限界が生じているのが実情である。この章では、渡利の子どもたちを守る会の発足の経緯とこれまでの取り組みを、福島市の状況と一住民としての私自身の経験とともに最初の一年間を中心に振り返り、今後の活動の課題について述べたい。

一　渡利の子どもたちを守る会ができるまで――二〇一一年五月までの福島市の状況

混乱の中の一カ月

二〇一一年三月一一日、福島県内の老朽化原発の存在に無頓着だった我が家では、事故の危険性に気づけず、翌一二日から始まった断水の心配と飲料・食料の確保にばかり気が向いていた。福島市にも危険が及んでいると知った時にはすでに、高速道路は通行止め、東北新幹線は不通、ガソリンスタンドからはガソリンが消えて、避難の手段が断たれていた。福島県のホームページ内のファイル資料「県内七方部　環境放射能測定結果」によれば、福島市内に放射性物質が到着したのは一五日の午後だった。一五・一六日は、脅えながら、小学四年生の子どもと家に籠もり（小学校は休校で、学童保育からもなるべく自宅待機をと呼びかけられ、私も仕事に行けない状態だった）、インターネットで調べた原発事故時の対処法をできる限り実践して、防護するしかなかった。

一七日、ようやく東北新幹線が那須塩原駅まで復旧したのに合わせて、埼玉在住の夫(1)に那須塩原まで迎えに来てもらい、福島からそこまでは勤務先の同僚とそのお子さんとともにタクシーで向かった。子どもたちを夫に託し、無事埼玉の家に避難させることができたものの、私と同僚は仕事（主に学生対応）のために福島に残った。身の危険を感じながらも、心配する対象が自分だけになったことで、また使命感をもって懸命に働く同僚たちとともにいたことで、精神安定を保つことができた。一方、子どもは、春休み中の父親のもとで、時に実家（埼玉）にも頼りながら、「計画停電」の中、緊張した日々を過ごすこととなった。小学校からは何度か連絡網で、卒業式・終業式の中止などの知らせが来て、それを通じてクラスの何名かが県外に避難しているのを知った。

三月末、大学での在学生・新入生への対応の方向性が定まった頃、この異常時に、市内の小学校が平

（1）夫と私の勤務先の都合で、我が家には家が二つある。原発事故以前は、夫が週末に福島の家に来る生活スタイルだったが、子どもの避難後は、私が週末に埼玉の家に行くことになった。

常通りの日程で新学期を始めるという発表を、市や小学校からの連絡ではなく、ラジオのウェブサイトで知った。これが、多くの保護者たちの頭を悩ませることとなる小学校問題の始まりだった。驚いた私は、まずは子どもをもつ同僚たちと情報交換し、市教委・県教委に問い合わせ、この状況で学校を始めることの危険性と不安を訴えた。だが、市教委に尋ねると、県全体の方針なので市では何ともできないと言い、県教委はといえば、小中学校は市の管轄だから県ではわからないと言う。また子どもの通う小学校にも出向き、授業再開に対する不安を述べて、三月末に市内の有志グループが測定した小中学校の校庭の線量測定結果の資料（七カ所のサンプルのうち一番数値が高かったのが、子どもの通う渡利小学校と判明）を手渡したが、学校側は不安があっても末端組織なので教育委員会の指示に従わざるを得ないと述べるばかりだった。

不安が募る二カ月目

四月六日、高線量の中、予定通りに始業式が行われ、子どもたちは連絡網での指示通りにマスクと帽子と長袖長ズボンを身につけて登校した。我が家でも、夫の仕事が始まれば子どもの面倒はこれまでのようには見られなくなるため、ひとまず様子を窺うことにして、五日の夜、子どもを福島の家に戻してしまった。六日にクラスメイトがかなり減っていれば、平常通りに授業を行うことに問題提起できるだろうという考えもあった。ところが、我が子のクラスでは一人も減ることなく、むしろ原発事故の難を逃れて「浜通り」（県沿岸部地域）から転校してきた新入生が加わり、人数は増えていた。他のクラスもほぼ同様の状況とのことだった。

その後は、「被曝量の低減」のために当時知りえた情報から、できる限りのことをした。子どもには玄関前でジャケットから放射性物質を含んでいるであろう埃をはらわせ、玄関に入ると服を脱いでシャワーに直行させた。飲料水はミネラルウォーター、食材は県外のなるべく遠い地域のものを選び、夫が福島に来る時にはそれらを埼玉で調達してきてもらった。週末は子どもと埼玉の家に戻るようにもした。室内では、いつもより頻繁に床を水拭きし、大型連休前には、通販で購入した高圧洗浄機で、当時はまだほとんど行われていなかった家の外側と敷地の「除染」も行った。

渡利が高線量地域であることを住民はいつ知ったのか…人によってだいぶ差があったようだ。福島県のホームページで公表される福島市内の線量測定は数カ所だけで、それらの地点から遠い場所については憶測するしかなかった。そもそも局所的に数値の高い「ホットスポット」の存在もまだ知られておらず、どの地域が危険であるかは、このホームページの情報だけではわからなかった。自分で線量計を持たず、またインターネットを使わない人々は、五月の「ふくしま市政だより」に載った、より細かい地点での測定結果を見て、初めて渡利が危険な場所であることを知ることになった(2)。

私は、四月の初めには、個人で入手した線量計で周辺地域の線量を自発的に測った人がブログやツイッターで公表してくれたデータを毎日チェックして、渡利の、特に山の麓やトンネル付近が他よりも線量が高いらしいことを知っていた。我が家でも、夫が四月に通販で注文した放射線量計が五月に届いて以降、室内の線量を測っては、数値の低い場所で過ごすことを心掛け、外出時に持参しては、線量の高

(2)「ふくしま市政だより」は毎月一回発行であるが、四月と五月には、緊急版や簡易版が何度か発行された。五月二一日発行のNo.739によれば、渡利支所の放射線量は二・六〇（五月二日）、二・八七（六日）、二・七五（一一日）であった（単位はマイクロシーベルト／時）。これは、後にコメの放射線量が規制値を大幅に超えたことで話題になった大波地区の数値とほぼ同じである。

い場所を避けように神経を尖らせることになった。

四月二三日、小学校でＰＴＡ総会が開かれた。夫も仕事を休んで駆けつけ、私たち夫婦は、毎年恒例の校内清掃の代わりに校舎の「除染」を行うことを提案した。また他の保護者からも、校内の空間線量測定の結果公開の要望などが出され、同じ地域の保護者の中にも私たちと同様の不安を抱いている人々がいることを初めて認識できた。奇妙なことだが、周囲の誰が何をどう考えているのか、私たちはわからないでいた。福島の人々が「我慢強くておとなしい」せいもあったであろうが、市や県の「安全」キャンペーンを信じる者とそうでない者との間にすでに溝が生じていて、不満や不安を声に出しにくい雰囲気ができあがっていたのだった。

「除染」は当時まだ広く知られてはおらず、その後小学校から方法についての問い合わせを受けた。私たちは郡山市の橘小学校の実践例などを紹介しながら提案を続けることになったが、作業の際の被曝の問題、水・汚泥・ごみの処理方法、対象範囲など、実際にはわからないことだらけだった。

勤務先では、同僚の一人が小中学校の放射線リスクに関するプロジェクトの立ち上げを提案してくれて、小学生の子どもをもつ五名で大学へ申請し、実施できることになった。まずは各々の子どもの通う学校が子どもを守るためにまずどのような努力を始めているのか、またどのような方針を立てているのかを、把握することから始めた。

同じ頃、子どもたちへの放射能の影響を案じる福島市内外の保護者らが一堂に集う場が設けられた。渡利在住・在職の中手聖一さん（後の、子どもたちを放射能から守る福島ネットワークの代表）と有志の方々が、福島の子どもたちを守るための情報提供と話し合いを目的に準備した集会である。中手さんらは、前述のように、すでに三月の段階で市内各地の土壌の放射線量を測定し、非常に危険な高数値であることを公表して、新学期の開始に異議を申し立てていた。

四月二五日に行われたこの準備会には、行政やメディアからの情報に不安を抱き、じっとしていられない人々が大勢会場に集まった。そして続く五月一日の集会には約二五〇名が集い、子どもたちを放射能から守る福島ネットワーク（通称、子ども福島）が正式に発足した。私は翌二日に行われた政府交渉（年間二〇ミリシーベルト被曝許容を子どもたちに適用したことへの抗議）への参加をはじめ、子ども福島による各種講演会、健康相談会、生活村[3]の運営、抗議デモなどに関わることとなった。どれも初めての経験だったが、とにかく必死だった。同時に、「子どもを守る」という共通の目的を持って、ともに助け合い協力し合い、そして全国からの支援の力も感じることができたのは、活動の大きな励みにもなった。

二　渡利の子どもたちを守る会の発足とその取り組み

きっかけは校庭除染の説明会

子ども福島をはじめとする多くの団体・個人による「二〇ミリシーベルト撤回」の要請が一部功を奏し、五月二七日、文部科学省はそれまで固持してきた方針と基準を変更し、学校内での被曝は年間一ミリシーベルト以下を目指すと発表した。この頃福島市は、その変更以前の被曝基準「年間二〇ミリシー

（3）放射線防護、線量測定・除染、避難などについての情報や相談会、映画上映を提供する場として、六月二六日に第一回が開催された。その後八月、一〇月、一二月にその時々の需要を考慮した形で開かれ、現在は、常設されている「野菜カフェ」がその役割を引き継いでいる（子ども福島のウェブサイト「野菜カフェ」のページを参照）。

ベルト」を超える、高線量の小中学校の校庭の表土改善を行う計画を進めていて、その工事に関する説明会が各地で開催されることになっていた。すでに高線量であることが広く知られていた渡利地区の説明会は、最初期の五月二五日に行われた。

この説明会は、渡利とその隣りの南向台地区内にある保育所、幼稚園、小学校二校、中学校の校庭の表土改善（つまり校庭除染）を行うにあたり、地域住民に理解と協力を求めるためもので、保護者は各学校から、その他の住民は町会等から連絡を受け、希望者が参加するという体裁だった。それは学校に関する説明会であると同時に、福島市が住民に対して、原発事故以来初めて直接話し合う場ともなった。満員の会場では、校庭除染に関する質問以上に、行政の遅すぎる対応への不満と不信がフロアから溢れ出た。

長時間に及んだこの説明会の後、我が子の身を案じる五名の保護者が集まり、放射能の恐怖と不安の中で子どもたちを守るためにできることはないかと語り合った。その後、その中の一人が、子ども福島の中手さんに相談し、それを基に後日仲間を募って集会を開くことになった。最初の集会は六月一〇日の夕方で、子ども福島のメーリングリストや口コミ、ツイッターなどでの呼びかけに、渡利以外の他市からも多くの人々が集まり、小さな会議室に入りきれないほどだった。それぞれが持ちよった情報・意見交換で予定時間はあっという間に過ぎた。連絡先を預かった方々には次の会合を後日知らせることになったが、渡利地区での活動を早急に始める必要性から、会合の呼びかけは渡利の住民にひとまず限定し、他地区の人々には自分の地区での活動を優先してもらいながら情報交換をしていきたい旨を伝えた。二回目の会合では、渡利からの参加者のメーリングリストの作成が決まり、その名称として提案された“Save Watari Kids”を、会名にも用いることにした。

Save Watari Kids の活動開始

会合はおよそ一週間に一度行った。子どもたちを放射能から守るためにできること、すべきことについて意見を出し合い、すぐにできること、他への協力要請が必要なこと、緊急性の高いもの、長い見通しが必要なものなどを整理していった。そして早急に必要なこととして、子どもたちの通学路の放射線量を細かく測定して、危険な地点を子どもたちに周知することをまずは目指した。また、福島市と市教育委員会に、子どもたちの環境改善のための要望書を提出することを決め、その作成に取りかかった。

休日を中心に、各自が仕事の合間を縫って、通学路に沿って、地上から一センチメートル、五〇センチメートル、一メートルの高さで線量測定を行った。測定器は、緊急を要していたこともあり、メンバーが調達できるものを集め、その中から比較的信用度の高い機種を用いた。新聞とテレビの取材陣も駆けつけた。側溝の中、特に泥が滞っている場所や、植物の生えている場所、雨水が溜まる場所などの数値が非常に高かったが、その影響を受けて、道全体が危険な通学路もあることがわかった(4)。汚染の度合いがすぐにわかるよう色分けし、測定値を地上からの高さで分けた三種類の線量マップを完成させ、七月八日の午後に予定された小学校の授業参観と懇談会に合わせて、同日午前にこの線量マップを校長に提出し、児童への配布を要望した。線量の高い場所に子どもたちが近寄らないように、このマップを活用してもらうための要望だったが、「不安を煽るので学校としてはできない」と断られてしまった。

線量マップは、その後、地上五〇センチメートルで測定した版を三〇〇〇枚カラー印刷し（勤務先で立ち上げたプロジェクトの予算を使用）、メンバーが手分けして配布したり、地域内の医院や施設に置

(4)　地上一センチメートルで三〇マイクロシーベルトを超える場所もあった。

かせてもらったり、イベント等で紹介したりと、なるべく多くの渡利住民に行き渡るよう努めた。

一方、市への要望書には、以下の七項目を要請することを決め、七月一二日に提出した。線量マップも添付し、市災害対策本部との懇談も行った（要望書提出時から、わかりやすさを配慮して、会名として「渡利の子どもたちを守る会」も用い始めた）。

一　九月からの児童・生徒の集団疎開
二　市内の除染、特に危険な地区の除染の早急な実施
三　子どもたちの健康調査の早急な実施
四　給食で用いる食材の一層の配慮
五　保養・一時避難を市長及び市教委が率先して勧めること
六　夏休み期間中の小学校の校舎開放
七　すでに福島市を離れた家庭への支援

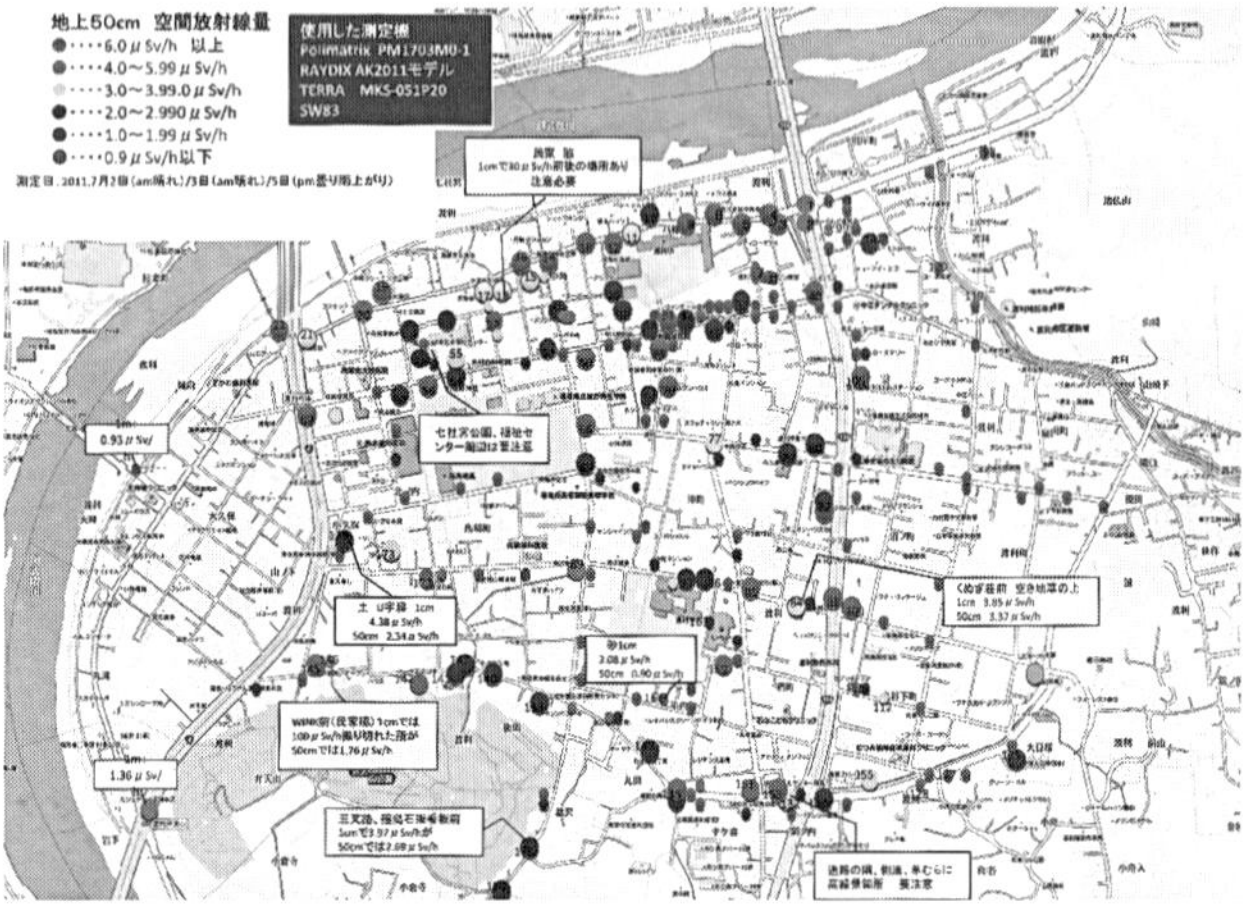

通学路を意識して測定した７月作成の地上50㎝高の線量マップ。

一の「集団疎開」については、すでに子ども福島から福島県に要望が出されていたが、一向に聞き入

れられる気配がなかった。それでも、渡利のような高線量の場所にいながら避難できずに大半の子どもたちが留まっている状況では、これが最も効果的な手段であると思われた。集団での移動であれば、仲間と離れ離れになることもない。学校単位では難しくとも、学年単位、クラス単位でなら行えるのではないか。県外が望ましいが、県内でもあるいは市内でも、線量の低い場所であれば、子どもたちの被曝量は低減できると考え、集団疎開を第一の要望とした。しかしながら、市では二の「除染」の準備に力を入れていて八月には「大規模除染」を行う予定であるので、「疎開」も「避難」も必要とは考えていない、同様の理由で要望五の「保養・一時避難」についても、夏のキャンプ等以外で市が勧めることはできないし、要望七についても、規定がないので難しい、というのが市の返答だった。

三の「健康調査」については、準備中との返事だった（市は県と国の対応のタイミングに合わせて指示待ちしていた結果、実施までに時間がかかったということが後にわかった）。要望四の「給食」の対応については、各学校や給食センターに任せているとのことだった（そのため、自校給食の小学校では、食材に関する保護者の要望が比較的通りやすい一方で、給食センター利用の小学校の場合は、保護者の不安をよそに地産地消が継続されやすいという問題が生じた）。

六の「校舎開放」だけが唯一通った要望となった。多くの家庭が住む木造家屋の室内線量は、コンクリート造りのマンションなどに比べて高い場合が多かった。そのため、学校の敷地の除染後、コンクリート造りの校舎は地域内で最も安全な場所になっていた。夏休みは長い。キャンプや保養プログラムなどで渡利を離れられる機会はあっても、短期間であったり、そもそも抽選に漏れてしまったりと、十分な被曝低減策が望めない状況において、「校舎開放」は、少しでも子どもたちを守ることができる方策の一つだと考えられた。そして、相談を持ちかけた我が家の属する町会の会長が市教委に同様の要望を出してくれたおかげもあって、許可を得ることができた。その通知が夏休み直前であったために、子どもたちにも保護者にもこの行事のことを十分に周知することができなかったのが非常に残念であったが、それでも、学校実施の体育館開放の日程に合わせながら、八月中の二〇日間、午前中に「夏休み教室」を実施し、宿題等の学習のほか、クッキング体験や茶道教室、英会話教室といったイベントも小規模ながら行い、参加した子どもたちには好評であった。

一方、市が宣言した「八月の大規模除染」は、八月に入っても実施はおろか計画も発表されず、我が家では、夏休み開始と同時に埼玉の家で夫と過ごしていた子どもを、そのまま転校させることを決めた。

協力団体との出会い

九月上旬、渡利の子どもたちを守る会は、再び通学路の線量測定を行った。その結果、七月二四日に行われた市の「モデル除染事業」（といっても、市内清掃の変形版のような作業内容で、集めた汚泥を何日間も通学路に放置したままという驚くほど杜撰なものだった）や夏までに住民たちが自主的に行った除染活動の後も、線量が下がっておらず、むしろ上がった場所が方々にあることが判明した。その主な原因が、周辺の山から降雨の度に流れ落ちてくる放射性物質にあるということを、後に国際環境NGO FoE Japanと福島老朽原発を考える会（フクロウの会）が実施した調査で知ることとなる。(5)

FoE Japanとフクロウの会は、六月に独自に行った渡利での調査結果を非常に深刻に受け止め、子ども福島と連携して、渡利を中心に全三回の連続講座（九月五日、一〇日、一四日）を開催した。内容は、チェルノブイリの状況との比較、「特定避難勧奨地点」の指定方法をめぐる問題、除染と避難の両立、内部被曝の問題などについてであった。この集会の初回に、主催者と話し合う機会が持てたことで、渡利の子どもたちを守る会と両団体との共同活動の模索が始まった。

九月二〇日の東京での両団体による報告会の後、九月下旬から、両団体と集会で知り合ったメンバーが集まり（会のメンバーだけでなく、複数の町会からも町会長を含む積極的な参加があった）、市や県、国への要請について意見交換を行った。特に、「特定避難勧奨地点に指定しない」という説明会が同市の大波地区に続いて渡利でも開かれそうだという懸念が強まっていたため、その対策について話し合った。(6)

一〇月五日、渡利住民有志は、福島市長と国の現地対策本部長に対して、「渡利の子どもたちを放射能から守るために：渡利地区の特定避難勧奨地点指定および賠償に関する要望書」を提出した。要望の内容は以下の六点である。

1　渡利地区の特定避難勧奨地点は世帯ごとでなく地区全体として指定すること

(5)　九月一四日、フクロウの会とFoE Japanの依頼で、神戸大学教授の山内知也氏が行った調査。夏の除染活動が行われた後の九月になっても、渡利では依然として三マイクロシーベルト／時以上（他市であれば特定避難勧奨地点に指定される数値）の箇所が多数見つかった。また同時に行われた土壌調査によって、五カ所中三カ所の土壌が、埋設が許されない焼却灰のレベルをはるかに超える数値であること、さらに六月の調査の時点よりも高い数値の場所があることが判明した（詳細は、「避難の権利」ブログのアーカイブおよび報告書に詳しい）。

(6)　渡利では、除染や避難区域に関する説明会が開かれるらしいという話が七月中頃からすでに広まっていたが、結局、住民対象の説明会は、八月も九月も行われなかった。そのような中で、九月三日に福島市大波地区で行われた特定避難勧奨地点に関する説明会では、勧奨地点に指定しないことを前提にして説明会が行われたことが報道され（たとえば、九月四日付「福島民報」の記事）、福島市はあくまでも「指定しない」方針、除染をするから避難は不要という方針であることを印象付けた。

渡利小学校の通学路で放射線量を測定／2011年9月14日（写真提供：FoE Japan）

2　指定のための詳細調査を一部の地域だけでなく渡利全域で再度行うこと

3　子ども・妊婦のいる世帯には伊達市や南相馬市のように一般よりも厳しい基準を設けること

4　積算線量にも避難勧奨の指定にも内部被曝と土壌汚染の程度を加えて考慮すること

5　自主避難者への補償および残った者への補償と行政による費用の立替え払いの実施

6　説明会は、決定を通知するのではなく住民の意見を徴収する場とすること

市への要望の場には災害対策本部長と次長が、国への要望の場には現地対策本部長が出席し、それぞれ一時間ほど会談を行った。しかし、どちらの場でも、曖昧な回答しか返されず、「検討中」「今の制度では難しい」という言葉が繰り返されるばかりだった。会談とその後の記者会見に関する報告会においても、参加者から市や国の対応に対する不満の声が寄せられた。

福島市は県庁所在地であるためか県や国の顔色をうかがって身動きが取れない、という落胆混じりの声は早くから聞かれていた。同じ「中通り」（県中央部地域）でも郡山市や二本松市は早くから独自の判断で対策を始めていたことも、福島市民を苛立たせていた。そしてこの度の会談では、福島市では一部たりとも「避難区域」にはしない、という市の態度が露わになった。

我慢していた渡利住民の怒りが爆発する機会がやってきた。一〇月八日に開かれた福島市および国の現地対策本部主催の説明会である。当初、この説明会に呼ばれていたのは、国の最初の調査で特に線量が高かったために八月下旬に再調査が行われた渡利の一部の地区の世帯だけであり、大多数の渡利住民には知らされていなかった。それに異議を唱える有志が急遽参加を呼びかけた結果、当日は会場の小学校の体育館に席が足りなくなるほど多数の住民が集まった。夜七時に始まった説明会は五時間以上も続いたが、住民からの厳しい質問や意見を前に、市は国に、国は市に責任を押しつけ合うばかりで、結局何の進展もなく、むしろ行政の決定や方針の矛盾点を浮き彫りにして終了した。市の測定では非常に高い数値を認めて公表しながら、「国」の測定ではないために指定の基準として考慮されないという奇妙な行政の認識には唖然としたが、最も納得し難かったのは、「国」が測り基準値以上の数値が計測された場所があったにもかかわらず、そこの住民が避難を望まなかったという理由で指定を見送ったとする説明だった。

その後の活動の展開については、フクロウの会とFoE Japanのウェブサイトおよび両団体が運営する「避難の権利」ブログに詳しいので、そちらをご覧いただくことを期待し（章末リスト参照）、ここでは簡単にまとめたい。市と国に提出した要望への賛同署名は短期間ながら全国から一万以上も集まった。一〇月二六日の渡利での市民集会に続き、二八日に行われた東京での原子力災害対策本部との交渉には渡利住民もバスをチャーターして一五名ほど出席した。この交渉では、特定避難勧奨地点の決め方の矛盾について問いただし、渡利全域での線量測定の再調査を要望したが、ここでも国側は最後まで曖昧な回答を続け、時間切れとなった。

三　「わたり土湯ぽかぽかプロジェクト」

プロジェクト誕生の経緯

従来の避難地域指定方法では、どのようにしても渡利の住民を守ることはできない、しかも行政は新しい制度を作ろうとしない――一一月の会合では、渡利あるいは市の独自の安全基準を作れないものか、その新たな基準による「選択的避難地域」の指定を呼びかけてはどうか、という意見が交わされた。除染をするから避難は不要というのであれば、せめて除染が終わるまでの間、ローテーションによる子どもたちの「避難移転」を、たとえば市内でも線量のかなり低い温泉地域で実施できないか（依然として苦境にある観光業の助成にもなるので一石二鳥である）、併せて自主避難者への支援と、渡利に留まり生活する人々への補償も要望すべきである、といった話し合いも進め、新たな要望書を作成し、併せて署名活動も再び行った。それでもなお、市も国も反応は鈍かった。

一二月、行政の反応を待っていては子どもたちの被曝が進む一方であるという現実を深刻に受け止め、私たちはせめて子どもたちの「避難移転」だけでも自分たちで実現できないかと模索を始めた。まず、市内の土湯温泉旅館事業協同組合に相談をもちかけた。土湯温泉は、渡利と比べるとかなり放射線量が低く（場所によっては一〇分の一）、避難移転の効果が十分に期待できる。また、渡利から車で三〇分ほどの距離にあり、移動の負担も少ない。他方、土湯温泉は地震によって施設に被害を受けながら、避難所として被災者を受け入れたこともあり、半年ほど通常営業を行えない状態が続いたが、避難所としての役割が終わってからも、いわゆる「風評被害」で利用者が減り、経営困難に陥ったり廃業を余儀なくされた旅館もあった。それゆえ、土湯温泉への避難移転が実現すれば温泉施設側にもプラスになるのではないかと思われた。相談の結果、複数の旅館から賛同と協力を得ることができた。次の課題は資金だった。福島県が行っていた「ふくしまっ子体験活動応援事業」の一部利用も検討し、県に問い合わせたが、趣旨の違い（「保養」や「一時避難」が目的ではない）や細かい利用規定（参加人数や申込み方法など）があるために、利用は難しいことがわかった。そこで、ＦｏＥ Ｊａｐａｎとフクロウの会の提案により、両団体のネットワークとノウハウに助けられながら、全国から寄付を募ることにした。東京の集会での呼びかけ、ウェブサイトでの広報、メーリングリストでの周知と協力依頼などを行ってもらったところ、すぐに反響があり、全国の多くの個人・団体に支えられていくこととなった。

二〇一二年一月七日、「わたり土湯ぽかぽかプロジェクト」の説明会が渡利にて行われた。対象は渡利および隣接する小倉寺・南向台に住む子どもまたは妊婦のいる家族であること、目的は、土湯温泉および土湯峠温泉郷の旅館に滞在して放射性物質から遠ざかることで、被曝量を低減し、被曝による心身のダメージを修復するための「保養」であることを紹介した。当該地区への周知は主に案内チラシの配布によって行った。ポスティング業者に配布を依頼し、業者がカバーしていない地域にはメンバーが直接配布した。説明会には多数の参加者が集い、その場で申し込みをする家族もあった。また説明会翌日から、次々と問い合わせや申し込みが入り、渡利住民のプロジェクトへの期待を十分に感じることができた。

プロジェクトの成果と課題

一月二七日、全国からの財政支援とスタッフの努力のもと、わたり土湯ぽかぽかプロジェクトは始ま

土湯でのそり滑りで羽根をのばす子どもたち／2012年1月28日（写真提供：FoE Japan）

った。二八日には土湯温泉にて開会式を行い、メディアでも紹介された。

参加費用は、小学生以下の子どもと妊婦は無料で、中高生は一泊一五〇〇円（平日は一〇〇〇～一五〇〇円）、大人は三〇〇〇円（平日は二〇〇〇～三〇〇〇円）とし、差額（旅館へは、子ども五〇〇〇円、大人七〇〇〇円を支払った）は寄付金で賄った。プロジェクトの趣旨に賛同し、協力を申し出てくれた旅館は、土湯温泉の川上温泉、野地温泉、山根屋温泉、土湯峠温泉郷の鷲倉温泉、相模屋旅館の五施設である。土湯峠の旅館は、積雪のために通常二～三月は閉館時期なのだが、このプロジェクトのために特別に週末だけ営業を行ってくれた。

被曝量の低減のためには欠かせない食の安全も考慮され、支援者の厚意による食材の差し入れも実現した。熊本県産や和歌山県産などのお米や有機野菜が届き、旅館の協力のもと活用してもらうことができた。

平日プランへの参加者がある程度見込めれば、旅館からスクールバスを出して集団で子どもたちが学校に通えるようにするという便宜も検討されたが、雪の季節の土湯からの移動（通勤など）には時間的にも天候的にも困難が伴うためか、平日プランの参加者、特に長期間の参加者は少なく、実現には至らなかった。他方、休日プランには多くの家族が参加した。子どもたちはそり滑りなど渡利では制限されている外遊びも楽しみながら、自由に遊ぶ時間をもち、大人もまた温泉や食事を楽しみ、リラックスした。本プロジェクトによって、家族みなで被曝リスクへの不安から解放され、体を休めてゆったりと過ごす機会を提供することができた。

　土曜日を中心に、イベントも開催された。子ども向けのイベントには、フクロウの会とＦｏＥ　Ｊａｐａｎのスタッフが東京から駆けつけてくれて、折り紙教室やマジックショー、実験教室などを開き、子どもたちを楽しませてくれた。大人向けのイベントでは、座談会を開催し、本プロジェクトに関する感想をはじめ、放射能による生活上の悩みを聞いたり、渡利の置かれた状況について話し合うことで、参加者の日頃のストレスが解消されるように努め、またプロジェクト改善のための意見も自由に出してもらえるよう心がけた。

紙パックを利用したギター、マラカスづくりに子どもたちも夢中／2012年３月６日（写真提供：FoE Japan）

　プロジェクトの参加者は、一月二七日から三月三一日までの六五日間で、延べ一六四〇名（内、小学生以下は七一七名）、家族数は延べ三五五（平日一二二、休日二三三）となった。ＦｏＥ　Ｊａｐａｎとフクロウの会が中心となって行われた呼びかけに、全国から支援が寄せられ、寄付金は目標額（一千万円）に達し、無事にプロジェクトを終えることができた。

　このように、わたり土湯ぽかぽかプロジェクトは、企画から実施まで全てが専門でない人々によって手探りで実施されてきた。市が先行して行った大波地区の除染作業が効果の不十分なまま終了時期も遅れ、その影響で真冬にようやく始まった渡利地区での除染作業もさらに難航する中で、子どもたちを守るための要望を自分たちの手で実現し、一時避難が困難な人に保養の効果と重要性を普及できたことには、大きな意味があったと考えられる。

一方、実施していく中で明らかになった課題もある。まず、参加者からの問い合わせ・申し込み・キャンセルの対応、旅館とのやりとり、資金の出納管理、交通手段の手配、情報処理・管理、支援者への対応などの膨大な事務仕事で、担当スタッフに多大な負担を強いてしまった。また、複数の旅館を利用したために参加者が分散し、イベント参加の呼びかけが難しい場合があったり、スタッフと別の旅館に宿泊した参加者と十分に話をする機会が持てない場合もあった。さらには、「保養」のためのプロジェクトという趣旨が十分理解されないまま（安く温泉旅館に泊まれてお得なプランというような認識で）参加する人も出てしまった。全国からの善意の寄付とボランティアによって運営されていること、特に子どもと妊婦の被曝リスクの低減のために企画されたプロジェクトであることを、もっと意識してもらうための工夫が必要であった。

渡利の一住民として感じる課題もある。渡利では市内の他の地域と同様、小学校も中学校も平常時のスケジュールで動いており、平日はもちろんのこと、週末も部活動などがあるため、そちらの活動を優先すると（実際多くの子どもたちはそうするのだが）、子どもたちは週末も渡利を離れることができない。休日プランは、旅館からの通学が難しいために参加者が少なめだった平日プランに比べて非常に需要が高かったわけだが、その休日プランでさえ都合をつけられずに諦めざるを得ない家族がいる。子どもたちの被曝リスクを低減すること、すなわち子どもたちの健康を守ることは、学校の関心事でもあるはずだ。依然として高線量地域であるにもかかわらず、「安全」であると連呼されるだけでは、住民は「安心」などできない。その意味で、わたり土湯ぽかぽかプロジェクトのような活動に対しても、学校や行政の理解と協力は必要である。働きかけては断られ、残念な結果に落胆するばかりの一年であったが、これからも諦めずに要望は続けていかなければならない。

「福島ぽかぽかプロジェクト」

わたり土湯ぽかぽかプロジェクトは三月三一日で終了したが、主催四団体（ＦｏＥ Ｊａｐａｎ、フクロウの会、子ども福島、渡利の子どもたちを守る会）は、子どもと妊婦の被曝リスク低減のための保養を継続すること・普及することの重要性を再確認し、是非続けてほしいという参加者からの声にも後押しされて、プロジェクトの第二期を実施することを決めた。二〇一二年四月に第一期の総括（課題の整理や成果の公表、支援者への報告など）と第二期の準備（方針の確認、事務仕事の合理化、旅館側との相談など）を行い、五月の連休明けから「福島ぽかぽかプロジェクト」と名を改めて再開した。第一期と同様に全国に支援を呼びかけて寄付を募る一方、ＦｏＥ Ｊａｐａｎとフクロウの会が応募してくれた各種財団からの助成金にも助けられながら、運営を行っている。

第一期での反省や参加者からの要望などから、第二期では主に三つの点を変更した。まずプロジェクト名にも表れているように、渡利周辺と同様に線量の高い地区の住民も参加できるように、福島市・伊達市・伊達郡を対象地区とした。次に、事務体制の見直しと第一期の需要から判断して、休日プランのみとした。三つめは、低線量被曝・内部被曝のリスク、健康管理、避難の権利などに関するセミナーを開催し、そこで本プロジェクトを紹介することで、趣旨をより意識してもらうための機会を設けたことである。セミナーに参加した人にはプロジェクトに優先的に申し込めるようにしたのも、第一期の課題を考慮してのことである。

四　福島市の状況と、渡利の子どもたちを守る会の今後の課題

できる人が、できるときに、できることを

渡利の子どもたちを守る会では、発足当時から、一〇人ほどの主要メンバーで活動を進めながら、仲間を募ってきた。線量測定、署名集め、資料の作成や配布、イベントへの参加など、その都度活動の趣旨に賛同し、協力してくれる方々によって助けられてきたが、会のメンバーは減少してきており、活動の継続は難しい状況を迎えている。まず、初期のメンバーたちは我が子を守るために、二〇一一年の夏以降県外に「自主避難」していった。元々、渡利で子どもを育て続けていいのか、守るためにはどうすべきかと案じた保護者たちが集まって生まれた会であるので、市や県、国への要望が何も通らずに落胆する中、危険地帯から離れることは当然の、望ましいものである。「週末避難」という形で対応するメンバーもいる。私自身も、子どもを「自主避難」で埼玉に転校させてから、週末を埼玉の家で過ごすことが多くなり、福島での活動に参加する機会がだいぶ減ってしまった。

しかしながら、渡利を離れたメンバーたちも、渡利の子どもたちを守るために、各地での働きかけに尽力してくれている。また、ＦｏＥ Ｊａｐａｎやフクロウの会と協力体制を取るようになってからは、集会に参加してこの会の存在を知り、仲間として中心的な活動をしてくれているメンバーもいる。だがそれぞれ仕事をこなし、子どもの身を案じ、そして子どもを守る自分自身の健康も案じながら暮らす中

での少人数の活動には、やはり限界がある。

わたり土湯ぽかぽかプロジェクトが始まってからは、渡利に残ったメンバーはほとんどこの運営にかかりきりで、会独自の活動は休止状態となっている。[7] それでも、プロジェクトに関わることで、これまでは出会うことのなかった同じ地区の住民たちとも知り合うことができ、この地区が抱える問題について、より具体的に認識を深めることができた。とりわけ、情報格差の問題（情報を得る手段の格差、町会ごとの対応の格差、世代間の格差など）、そして職業や子どもの年齢によって分かれた各グループ間での交流の機会がないという問題（職業による言動の制約、学校内・園内の状況が地域全体には周知されないことなど）が、改めて見えてきた。今後は、プロジェクトで得たつながりを、渡利の子どもたちを守るための活動――それは住民全体を守るための活動でもある――に生かしていけるよう、より多くの人々の理解と協力を得ながら、進んでいけることを願っている。そのためにも、世代や地区、職業、子どもの年齢、子どもの有無などによって情報格差や意思疎通の機会の差が生じることのないよう、努めていかなければならない。できる人が、できる時に、できることを。

子どもたちを守るために

渡利の子どもたちを守る会が二〇一一年七月に福島市に要望書を提出した際、市の担当者は、夏以降の大規模除染計画について誇らしげに語っていた。だが「大規模除染」が渡利で始まったのは、ようや

（7）その一方で、会のウェブサイトは管理者の尽力で充実してきており、会合での意見や要望を基に、避難・保養の情報提供、自主避難者の体験談、渡利関連の報道記事の紹介などを積極的に行っている。

く二〇一二年の二月になってからだった。場所によって四期に分けられた除染計画が全て終わるのは今年の一二月末の予定であるという。しかし、最も線量が高い地区対象の、三月末に終了するはずだった第一期の除染は、雪の降り積もる中遅々として進まず（予定期間内に四分の一以下）、その後六月末の終了を目指すと発表されたが、それにも間に合わず、結局七月末でようやく目処が立ってきたという(8)。第二期以降の計画もずれ込んでいる。真冬に始まる計画で、他の季節と同じペース配分が可能と想定したのがそもそも誤りであったと思うが、季節を問わず、作業が捗らない最大の要因は、除染で生じた土壌などの汚染物質の保管場所、いわゆる仮置き場がないことである。各家庭の敷地内に「現場保管」――この方法で、子どもたちが安心して暮らせる環境が作れるだろうか。他にも、作業の手法（基本的に高圧洗浄機で洗い流すという方法）、流した水に含まれる放射性物質の処理方法、作業員の質と量の確保、作業中の周囲への配慮（子どもが除染作業中の家屋のすぐ側を通れるようになっていることや作業中の家に滞在することの問題）など、不安な点は尽きない。

原発事故から一年近く過ぎてからの、さらに一年以上かけての「大規模除染」に、果たしてどれほどの効果が期待できるのか。自主避難した人々は、除染後に渡利に帰ってこられるのか。渡利に残る人々は、除染後に安全な暮らしを取り戻せるのか。そもそも除染作業中の地域で住民が生活を続けていてよいのか。

除染作業が終わるまでの間だけでも子どもたちを集団で避難移転させてほしいという私たちの要望は通らず、ならばせめて短期間、希望者だけでも、子どもたちを避難させてほしい――そういう思いから、わたり土湯ぽかぽかプロジェクトは始まった。しかし、本プロジェクトによって守ることができるのは残念ながらごく一部だ。除染作業を待つ間と除染が終わるまでの間、渡利に留まることになる子どもたちの被曝リスクを少しでも減らすために、会としては、被曝した体を休めるための保養の重要性を本プロジェクトによって普及するとともに、外部被曝のみならず内部被曝からの防護の重要性も周知していきたいと考えている。行政は、外部被曝を中心に考える方針を一向に変えず、内部被曝の危険性を軽視し、単位もベクレルではなくシーベルトを用いて計算方法も外部被曝と同等に扱っている(9)。外部からの放射線と違い、体内に入ってしまった放射性物質が放つ放射線は、長期にわたって特定の細胞を攻撃し続けると言われている。放射性物質をできる限り体内に取り込まない防護の重要性を、もっと伝えていかなければならない。

そのためにも情報提供の工夫が必要である。先述したように、インターネットを日常的に活用している人とそうでない人とでは、得られる情報の質・量・速度に大きな差が生じている。テレビや新聞の情報だけでは頼りないことは、震災後に、何度も痛感してきたことでもある。各種の保養プログラムやプロジェクトを知る機会も、インターネットの利用の有無で格段に変わる。私たちの活動についても、ホームページでの呼びかけはもちろん不可欠だが、紙媒体の配布や口コミによる周知も重視している。また各施設や団体への協力の呼びかけもさらに進めていかなければならない。

将来を担う大切な子どもたち一人一人を守るために、私たちは今一度、あらゆる立場を超えて協力していかなければならない時を迎えている。子どもたちを守ること、それは全国の人々の理解と支えがあってこそ実現するものである。渡利という一地域だけの、さらには福島市・福島県だけの問題ではなく、日本全体の行く末に関わる問題であるのだから。

（8）七月・八月に福島市が渡利地区で行った町会別除染説明会より。
（9）ベクレル（Bq）は放射性物質が放射線を出す能力を表す単位で、物質の放射能汚染の度合いを示すもの、シーベルト（Sv）は放射線が人体に当たった場合の影響度を表す単位で、空間放射線量を示すもの。

（付記）本章には、私が共同執筆した論文「『放射性物質・被ばくリスク問題』における『保養』の役割と課題」の「3-2　わたり土湯ぽかぽかプロジェクト」と内容が重複する部分があります。

ＦｏＥ Ｊａｐａｎとフクロウの会の方々には、活動に関する資料を提供いただきましたことを心よりお礼申し上げます。

参考文献・URL

西崎伸子・照沼かほる「『放射性物質・被ばくリスク問題』における『保養』の役割と課題―保養プロジェクトの立ち上げ経緯と二〇一一年度の活動より」『行政社会論集』第25巻・第1号、福島大学行政社会学会、二〇一二、一～三七頁。

放射能汚染が及ぼす「生活リスク」に関する研究チーム「放射能汚染が及ぼす『生活リスク』に関する研究―小中学校および保護者の意識・行動調査を中心に」『福島大学研究年報』別冊、二〇一一。

国際環境NGO ＦｏＥ Ｊａｐａｎ　http://www.foejapan.org/

子どもたちを放射能から守る福島ネットワーク　http://kodomofukushuma.net/

土湯温泉旅館事業協同組合　http://www.tcy.jp/kumiai/

福島県ホームページ　http://wwwcms.pref.fukushima.jp/

福島市ホームページ　http://www.city.fukushima.fukushima.jp/

福島老朽原発を考える会（フクロウの会）　http://fukurou.txt-nifty.com/

放射線モニタリング情報（文部科学省）　http://radioactivity.mext.go.jp/map/ja/

「わたり土湯ぽかぽかプロジェクト」／「福島ぽかぽかプロジェクト」（「避難の権利」ブログ内）http://hinan-kenri.cocolog-nifty.com/blog/

渡利の子どもたちを守る会（Save Watari Kids）　http://save-watari-kids.jimdo.com/

歩く保健師たち／岩手 陸前高田市

7 私たちは一方的に支援するのではない
――「治す治療」から「地域包括ケア」へ

中村 順子
（日本赤十字秋田看護大学教員／NPO法人 福祉フォーラム東北代表）

その日、私たち日本赤十字秋田看護大学の地域看護学の教員四名は、本学が短大から四年制大学になって初めて迎える、三年次生の実習年度に向けて会議を行っていました。私は秋田出身ですが東京で看護師となり、二〇〇七年の一〇月にこの大学に赴任するまでは東京で訪問看護やケアマネジャーなど在宅領域で実践活動をしていました。また、地域看護学の同僚教員の一人、佐々木亮平助教は前年の三月まで岩手県陸前高田市で保健師として勤務していました。彼はもともと岩手県大船渡保健所の職員でしたが陸前高田市に出向となって三年間保健師活動をした後、本学に看護教員として赴任していました。

秋田でも、その揺れはただごとではないことを感じさせました。市内各地が停電となり、学生や教職員は何とか自宅までたどり着きましたが、翌日の夕方に通電するまでは自宅待機を余儀なくされました。まっさきにテレビをつけた私の眼の中に飛び込んだのは、あの津波の映像でした。まるで映画の一シーンを見せられているかのような妙に現実感のない画面の出来事は、でもまさしく東北の人々に起きた出来事なのだと少しずつ実感となって迫ってきました。テレビからはアナウンサーの「陸前高田市…」という音声が流れます。「陸前高田…佐々木の働いていたところだ」と気づくのに少し時間がかかりました。

その頃佐々木は、陸前高田の惨状を知るにつけ、こうしてはいられない、何とか現地に赴きたいという思いを強くしていました。

同僚である佐々木が陸前高田の保健師だったこと、私たちと陸前高田とのつながりはこのような縁により始まりました。

一　在宅看護――被災地の人たちといかに関わっていくべきか

出発まで

通常であれば一市民である佐々木が発災直後の混乱した被災地に単独で入ることなど難しかったと思います。今考えても意味ある偶然のように思われるのは、本学の隣には秋田赤十字病院（秋田日赤）があるのですが、発災後数時間で秋田を出発した同病院の救護班が支援の拠点としたところは陸前高田市の市立第一中学校だったということです。佐々木がこの秋田日赤の救護班に加わり現地に入ったのは三月一六日のことでした。

すべての行政機能が破綻していた当時の現地に彼は一週間滞在しました。九名いた佐々木の元同僚の保健師のうち六名が津波の犠牲となっており、残されたわずか三名の方々も皆被災者です。茫然自失の状態だったと思われます。佐々木は全国から派遣された保健師の調整役として彼・彼女らを大船渡保健所に入ってもらうようにすることや、全国から続々と入ってくる医療チームの調整対応など、とりあえずの対応を行って一旦秋田に戻りました。このとき佐々木は私にぜひ現地に行って看てほしいと言いました。私の専門は在宅看護領域です。現地を見てきた佐々木は、今回の震災は阪神・淡路大震災（一九九五年）や中越地震（二〇〇四年）のときと違い、DMAT（Disaster Medical Assistance Team, 災害派遣医療チーム）などの必要性はすでにあまりなく、在宅医療の視点がなければならないことを感じていたせいだと思います。佐々木が当初からこの役割を担ったことが、その後新たに立ち上がり私たちが関わることになったNPO法人「福祉フォーラム東北」（後述）の理念・原点となる、「被災地の人たちといかに関わっていくべきか」をめぐるさまざまな問いを私の中に生まれさせました。

秋田に残っていた私自身もこのたびの震災による被災状況は違うと感じていました。津波ですべてを流されてしまった方々の中には高齢者、慢性疾患を持っている人たちも多くいるはず、薬がなくなれば症状は不安定になるに違いない、あの避難所でケアを必要とする方々はどのように日々を過ごしているのだろう…。避難所の様子を映し出すテレビ画面からは高齢者が日中でも布団にくるまっているように見えます。せっかく避難ができたのにこのままでは寝たきりになってしまうのではないか、トイレに行くのを我慢して水分摂取を制限していないか、認知症の高齢者は？　私が気になるのは、被災地の方々の最低限の生活ぶりでした。

佐々木と入れ替わりに私は現地に入りました。出発は三月二四日でした。

当初の思いと混乱

私が出発する前日の説明会で、秋田日赤の医師からは「医療はすでに充実している」という話がありました。医師の言う「医療」とは「急性期の症状に対する治療」と「慢性疾患に対する必要な薬の手当て」という意味だったと思います。私は「ケアニーズや生活が気になる」と話しました。医師は「気持ちはわかるけど生活のことを心配するのはまだまだ先」と言います。多くの災害支援を経験してきた医師の言葉は今振り返れば確かにそうだったと思わされることもあります。医師の言う「医療」とは「治す医療」であり、「生活」とはまさしく「衣食住が足りること」であったのでしょう。しかし、当時の私の思いは、「医療は足りた？　でもケアが必要な方はどうなっているのだろう。そのような方はいつ、どういう支援を受ければよいの？」というものでした。私が使った「生活」という言葉には「生活を支える医療・ケア」が含まれており、彼の言う「生活」とはたぶんかけ離れていたのです。

この「生活を支える医療・ケア」が実際どれだけ必要な概念だったか、日本中の多くの人たちはその後知らされることになったのではないでしょうか。私の言う「ケアニーズ」とは、一般的な医療に限らず身体的にも精神的にも、緊急的にも予防的にも、介護の面でも福祉の面でもさまざまなケアに関わるいわば包括的な概念でした。在宅で長い間活動してきたせいか、私には「医療は生活を支えるもの」という考え方がしみついていたのかもしれません。

まずは介護や看護が必要な方を調べる

さて、そのような思いを抱きながら私が陸前高田市立第一中学校に着いたのは三月二四日の昼過ぎでした。市街地はまだ発災直後の生々しい姿で私の目に飛び込んできました。私は何も考えることができませんでした。このような光景をどう理解したらよいのかわからなかったのです。

第一中学校の二階の教室では毎日朝夕の二回、災害救助法により全国の自治体から派遣されてきた保健師たちを中心にミーティングが開かれており、私も到着した日の夕方からこれに参加しました。保健師たちは地区を分担して巡回し、医療ニーズの高い方々の情報を聞き取り把握し、巡回医療につないでいました。秋田赤十字病院をはじめいくつかの医療チームとともに巡回医療を行っていました。しかし保健師たちの報告からはなかなか「ケアニーズ」の高い方の話題は出てきません。保健師たちの視点にケアニーズの把握がなかったとは思われませんが、予めＤＭＡＴ的発想（緊急医療の介入）に基づく指令を受けたからでしょうか、保健師たちからはこれに関する報告はあまり声が上がりませんでした。

3月24日のミーティング。陸前高田市立第一中学校にて

そこで私は保健師たちがもっと具体的にケアニーズについてイメージできるように表１（次頁）のように要援助者を分類し、再度投げかけました。二六日の朝投げかけると夕方のミーティングには表２（次頁）のように多くの要援助者が各避難所や自宅で生活していることがわかりました。

ではこれからこのような方々にどのようなケアを提供するかです。二七日には震災後初めての医療・福祉・保健・

表1　ケアニーズ調査表

看護や介護のニーズ調査について

3月27日（日）に今後の包括的なケア提供に関する会議が予定されています。つきましては、保健師の皆様の今までの活動で把握されている情報（申し送られた内容も含みます）についてお聞きしたいと思います。ご協力よろしくお願いいたします。数字は大体でも結構です。各項目内要は重複可です。

所属機関	担当地域	
	避難所名と人数を記入してください。	在宅の人数を記入してください。
1. 身体的介護を必要とする高齢者・障がい者（食事・清潔・移動など）		
2. 生活支援を必要とする高齢者・障がい者（買い物・配食・掃除など）		
3. 介護予防が必要な高齢者（ADLや認知面が低下しそうな方）		
4. ケアが必要な認知症の方		
5. 看護ニーズが高いと思う方（高齢者とは限らずHOT、難病、寝たきり、医療依存の高い方など）		

ご協力ありがとうございました

注：ADL（activity of Daily Living，日常における基本的生活動作）
　　HOT（Home Oxygen Therapy，在宅酸素療法）

表２　ケアニーズ調査結果

看護や介護のニーズ調査結果（陸前高田市）　　2011. 3. 26現在：日本赤十字秋田看護大学

	気仙町長部地区 避難所名 人数	在宅人数	矢作地区 避難所名 人数	在宅人数	竹駒地区 避難所名 人数	在宅人数	米崎地区 避難所名 人数	在宅人数	高田町内 避難所名 人数	在宅人数	小友・広田地区 避難所名 人数	在宅人数	高田一中 避難所名 人数	避難所合計	在宅合計	総合計
1．身体的介護を必要とする高齢者・障がい者（食事・清潔・移動など）	二日市避難所 2 双六地区 1	1	矢作コミセン 5 第６区公民館 0 第７区公民館 0	4	上細根公民館 1 仲ノ沢公民館 1 西部デイサービスセンター 30	2	和方公民館 0 米崎小 0 自然休養村 0		希望ヶ丘病院 7 上浜田公民館 1 高寿園 1	4	柳沢公民館 1	2	体育館 0 視聴覚室 13	63	13	76
2．生活支援を必要とする高齢者・障がい者（買い物・配食・掃除など）	二日市避難所 2 双六地区 1	1	未						希望ヶ丘病院 1	4	小袖地区 0 新田および川宅 1 小友地区 1	8	体育館 2 視聴覚室 13	21	13	34
3．介護予防が必要な高齢者（ADLや認知面が低下しそうな方）	上長部地区 2	2	矢作コミセン 1 （認知症）	2	中野宅 1 アマタケ 1 上細根 3	1			小泉公民館 2 公民館近く宅 1 中田地区 1	1	モリビア 30 広田小（閉じこもり高齢者多い）		体育館 4 視聴覚室 13	59	6	65
4．ケアが必要な認知症の方	上長部地区 1	1	矢作コミセン 1 （認知症）	1	西部デイサービスセンター 1 下沢公民館 2 上細根公民館 1								体育館 0 視聴覚室 4	10	2	12
5．看護ニーズが高いと思う方（高齢者とは限らずHOT、難病、寝たきり、医療依存の高い方など）			0	0	仲ノ沢公民館 0	1		2	希望ヶ丘病院 2	3	小友地区 2	2	体育館 0 視聴覚室 1	5	8	13
合計	9	5	7	7	41	4	0	2	16	12	35	12	50	158	42	200

障害包括ケア会議（医療・福祉・保健の各担当者、事業所の職員などが一堂に会する）が第一中学校を会場に開かれる予定になっていました。ミーティングで陸前高田市包括支援センターの職員であったケアマネジャーの佐藤咲江さんにお会いしたので、会議について尋ねましたが、彼女も家を流され避難所におり、いったい誰が集まれるのか何を話し合うことができるのかまったく事情が把握できていないとのことでした。

私は保健師たちが集めてくれたこのデータを無駄にすることはできないと考えていました。当時の時点では事業所単位でケアを提供することは不可能、すなわち介護保険という仕組みではものを動かせない状況です。要介護度別に、契約事業所からケアを提供するという考え方も無意味です。それでもケアが必要な方はいる。今までケアを提供する側であったケアマネジャーや事業所も被災者です。介護保険の仕組みの中での「ケアを提供する人」「ケアを受ける人」という枠組みで思考しても事は進みません。「支援が必要な方へ必要な支援を」というスタンスのもとで、今後全国から多数駆けつけるであろうボランティアの人たちとともに最初の数カ月を乗り切ることはできないか、そのように考えた私が会議の前日夜に作成したのが図1「今後のケア提供の枠組み（案）」でした。

包括的支援を阻む介護保険——見えたこと、提案したこと、聞こえてくること

二七日の会議には岩手県立高田病院院長の石木幹人先生、各介護保険事業所の担当者、障害福祉関係事業所の担当者、社会福祉協議会や行政の関係者、ケアマネジャーなど約五〇名が集まりました。みなそれぞれの安否を確認し再会を喜び、犠牲者を悼みました。身内や同僚の行方がいまだにわからない方もいました。各事業所の被害状況の報告を聞くにつけ、私たちが災害時を想定しマニュアルとして持っ

図１　今後のケア提供の枠組み（案）

2011年３月27日　日本赤十字秋田看護大学　中村

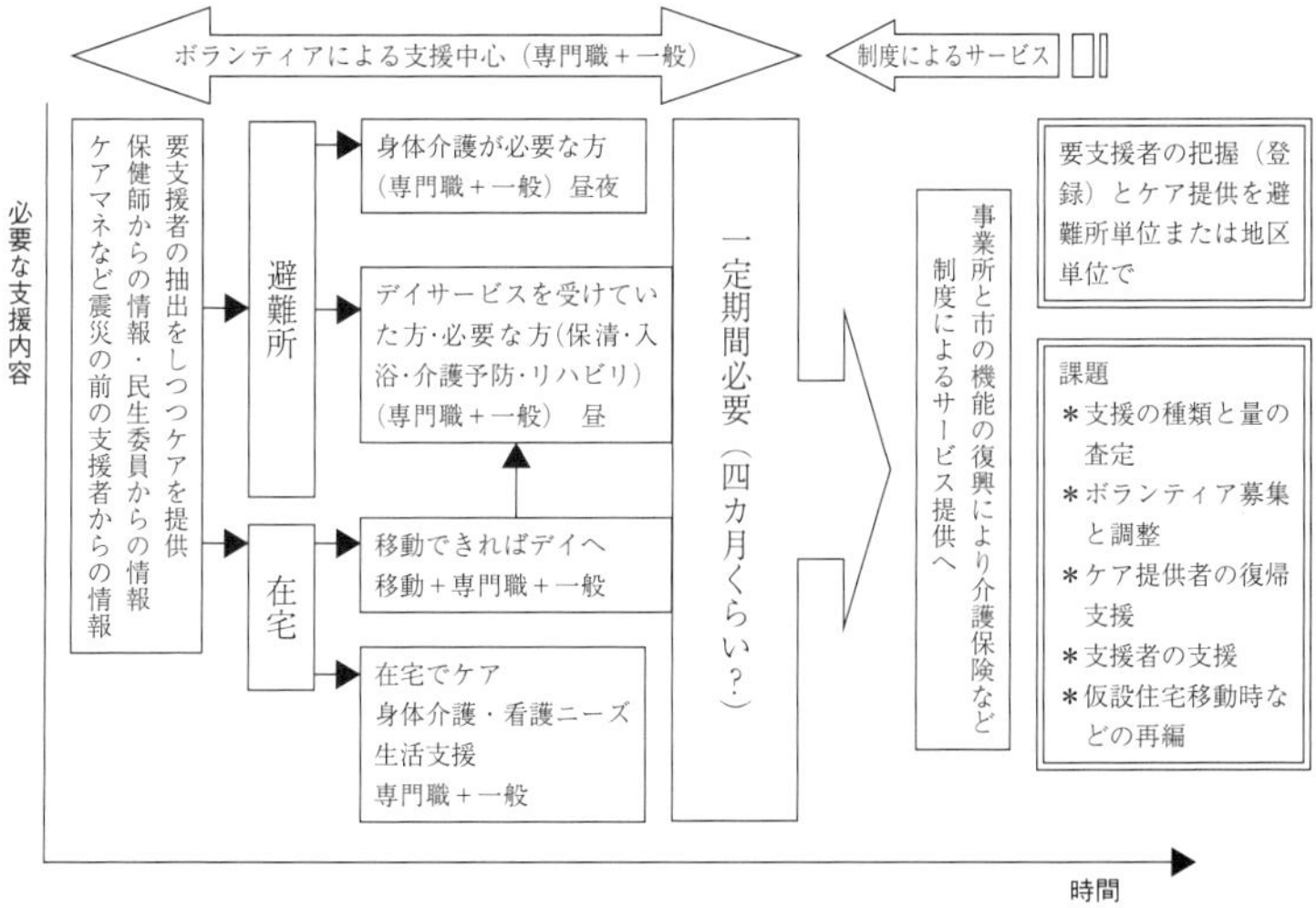

ていたケア提供者の対応では、役に立たないことが実感されました。ケアマネジャーもデイサービスの担当者も自身が被災者でありながら、ケア利用者の安否確認に奔走していました。しかし移動のための足も情報もなく、困窮を極めていました。何よりケアマネジャー自身が犠牲者となってしまったなら担当利用者の安否確認さえ滞ってしまうのです。阪神・淡路大震災を機にＤＭＡＴ派遣の仕組みはできましたが、私はこのとき「ケアＤＭＡＴ」派遣の仕組みも作らなければならないことを痛感しました（ケアＤＭＡＴはおかしい、ＤＣＡＴ［Disaster Care Assistance Team, 災害時ケア提供チーム］がよいのでは、と後日指摘されましたが）。

しかし結果的に私の提案が実現することはありませんでした。介護保険の枠組みで動いてきた事業所や行政担当の方々に突然これまでとは違った枠組みを実行していただくには、強力なリーダーシップが必要です。国側も「今は介護

3月27日の包括ケア会議。陸前高田市第一中学校にて

保険の仕組みでなくてもよい。このように動いてよい。お金のことは心配しなくてよい」など関係者がはっきりとわかる形で特別措置を示す必要がありますし、それを推し進める部署や人材も必要です。県、保険者である市町村も同様です。今回国はそれなりに柔軟な対応を認める通達を出していましたが、現場にはあまり届かなかったようです。通達の文言の問題（こんなときにお役所言葉すぎました）もあったと思います。包括ケア会議に出席した介護保険担当の方は「結局今まで通りということなんだよね」と言い、別の方からは「国が言っても県が」との言葉も聞かれました。施行一〇年目になる介護保険の枠組みはあまりにも強く関係者の間に浸透し、逆に壁となって立ちはだかっていたように感じました。震災三カ月後に行われたシンポジウムで「介護保険の功罪」という言い方をした厚労省の課長さんがいましたが（六月九日、日本医業経営コンサルタント学会）、まさしくそのとおりだと感じます。

四月二日に二回目の包括ケア会議が開かれましたが、すでにそのときには介護保険は事業所単位で動くという方向になっており、今までの利用者の安否確認と所在確認を行いながら、これを利用につなげるにはどうするべきかという議論がされていました。パソコンもなく、利用者の情報も失われたままなのに、福祉用具関係の事業所から「提供表を送ってくれ」と言われたことに憤慨するケアマネジャーが印象的でした。介護保険の枠組みがあまりにも強く関係者に浸透していると私は改めて感じたのです。

このとき感じた「支援が必要な方へ必要な支援を」という包括的支援の必要性が、後に立ち上げる私たちのＮＰＯ「福祉フォーラム東北」の一つの理念となりました。

医療を受ける人は病院に来るもの？

さて、私はその後継続的な支援活動にはなかなか関われず、せめて包括ケア会議には参加し続けたいと四月以降ほぼ月一回行われる同会議に参加させていただく形となりました。一方、佐々木は大学からの派遣という形を取って毎週陸前高田に出向くことになりました。私は佐々木の学内の職務に対する支援（後方支援）という形で被災地支援を行うことにしました。直接支援でないことに後ろめたさを感じることがありましたが、支援する人を支援するという多重構造の支援も必要だと感じました。いずれにせよ自分ができることをしようと考えました。

佐々木からはほぼ毎週のように報告を受けていましたから、現地で何が起きているかを知ることができました。彼は行政側の立場で、落下傘のように舞い降りてくるさまざまな支援活動の調整を行う役回りとなり、それに翻弄されることになります。そこから垣間見えるのは「自分たちはこのようなことができるからそれをしたい。これができるところを探してほしい」という立ち位置のボランティアが医療側に多いということでした。あの被災直後においてさえ、「この大学の医学部が入りたいと言っている。拠点はどうする、探してほしい」「あの医療法人がチームで来たいと言っている。何とか連れて行ってほしい」というような話が数多く聞かれました。被災直後の住民には医療（狭い意味での医学モデル型の医療）が必要と信じて疑わない従来の医療者は、自分たちが役立つことを確信しています。そのような医療の必要性を否定するつもりはまったくありません。もちろんそれが絶対的に必要だった局面も確かにありましたが、混乱した地元の関係者に平気で外から調整をさせるその態度には一種の医療パターナリズムの匂いがしていました。

実際に被災地に入った医療チームのスタンスもやはり「医療中心の医学モデル」が主流であったように思います（すべての方がそうだったとは思いませんが）。救護班の置かれた第一中学校は非常に急な高台にありました。少し脆弱な高齢者はとてもそこに通うことなどできません。ところがせっかく地域に出てきてくれた巡回診療でも薬が足りなければ「中学校にいらっしゃい」と簡単に言ってしまう。また、形状が異なる血糖降下剤を「成分は同じだから」と渡したケースでは、普段と違う薬だったために服用する時間を間違ってしまい、低血糖になったという話も聞きました。医療を受ける人は病院に来るものという考え方、生活の中に医療がなじんでいるかという視点を欠いた対応、このようなことに出会う度に現代の医療の一面を見せられたような気がしました。

私は、こうした現実に直面することで、「したいことをする支援ではなく、相手が必要とする支援」でなければ意味がないとはっきりと確信しました。

二　支援のスタンスを決める——新たなNPO設立のきっかけ

包括ケアと「ニーズベースド」の重要性

私は秋田で仕事を始める以前より「三〇年後の医療の姿を考える会」という任意の集まりに参加していました。医療や福祉の関係者だけでなく、さまざまな職種・領域の方々が集まり、これからの医療やケアのあり方を近視眼的ではなく少し先を見ながら語り合おうというもので、二〇〇七年から毎年二月にシンポジウムを開催しています。ここで多くの方々を知り、私の視野はだいぶ広がったと感じています。陸前高田市でほぼ月一回開かれる包括ケア会議にはここからのつながりの方々（東京白十字訪問看護ステーションの秋山正子さん、東京・国立市の新田一夫医師など）が徐々に出席するようになりました。中村—秋山さん—新田さん—東京の北多摩医師会という連鎖が陸前高田の在宅ケアに対する支援の輪になっていきました。

包括ケア会議に参加してだんだんわかってきたのは、陸前高田市の発災以前の在宅ケア事情や住民のケアニーズがなかなか見えてこない状況でした。

陸前高田市は発災前人口約二万四〇〇〇人の小都市で県立病院が一つありますが、いわゆる在宅医療活動をしていたのも同県立病院の医師が中心でした。したがって、かかりつけ医である地域の開業医と入院を引き受ける病院の連携、すなわち病診連携という形をあまり取る必要がなかったようです。市内に訪問看護ステーションは二カ所ありますが、訪問看護も病院の看護師が行くことが多く、訪問看護ステーションとの連携はあまり密接ではないと感じられました。介護分野としては比較的大きな社会福祉法人が二つあり、施設サービスと在宅サービス、地域密着型サービス（介護保険者である陸前高田市に住む要支援・介護者に対するサービス、デイサービスとショートステイを一緒にした小規模多機能サービスなどがある）を提供していました。このような地域では「何かあったら病院へ。重介護になったら施設へ」というスタイルになる傾向が強いでしょうし、それ自体にあまり疑問を持つこともなかったと思われます。また、どこの行政にもよくある〝縦割り〟によるニーズの把握・対応も見られました。保健は保健、介護は介護、医療は医療という感じです。佐々木によれば「これまでも関係者による会議の場はあったが、立場を越えて地域全体を見るような包括的な集まりが行えたのは今回の震災でのものが初めてだった」とのことです。

今挙げたような事情が徐々にわかってくると、在宅医療や在宅ケアの実践者である私たちは、時として会議での話し合いの内容を歯がゆく感じることもありましたが、現地で必死にがんばっている関係者の方々を支援しなければ住民の方々を支援することにはならないという視点に立ち返り立ち返りしながら、「自分たちは何をすべきか」を模索してきたと言えます。そしてその中で確認してきたことは医療・福祉・保健の垣根をなくした「包括ケア」であり、ニーズベースド（現地のニーズをベースに支援を提供する）の考え方の重要性だったのです。この考え方は「私たちはこれができるからこれをしたい」という考え方とは対極にあると思います。もちろん先に述べたように、「私たちにはこれができる。お手伝いできることはありませんか」というスタンスもある局面では十分活かされましたし重要でありますが。

出向いてきちんと人や地域を見ること

ところで、私たちの予想とは反対にその後も住民のケアニーズはなかなか上がってきませんでした。震災から二カ月後の五月に行った全戸調査でもその後の保健師たちの巡回でもそうした傾向は続きました。私が最初に現地に訪れたときには、移動手段を持たなかったので徒歩で避難所周辺を回りました。三日間で五軒のお宅を訪問しましたが、わずかそれだけでも障害のある方、老々介護の方、在宅酸素療法で療養中なのに訪問看護は入っていなかった方（その必要性は十分あると思われましたが）などに出会っていたのです。私にはケアニーズがない、上がらないということが信じられませんでした。

被災後一年を経て、ようやく認知症の方のこと、独居の方のこと、そうした方々の身体状況の変化のことなどが話題に上るようになりました。潜在的にケアニーズはあったのだということがわかります。

発信しにくい事情があったのか、それとも単に把握しきれなかったのか。

これについては被災後一年目の二〇一二年三月に開催された第一八回目の包括ケア会議でも取り上げられました。そしてそこで語られたのは、ニーズの把握や対応については当初は避難所、次に仮設住宅にばかり目が向いていたのではないか、ということでした。むしろ在宅にとどまった方々にかなりニーズはあったに違いない、それに気付かなかったことが、反省点として初めて認識されたのです。今後この教訓はぜひ活かさなければなりません。

余談ですが、被災直後からしばらくの期間は全国の自治体から派遣された保健師が地域を巡回しケアニーズの把握はもちろん、健康相談や健康教育を行っていました。この度の震災ほど保健師の役割が見直されたことはありませんし、もしまた同種の災害が起きたら先ほどのＤＣＡＴも含め保健師に頼らざるを得ないと思われます。もちろん医療・介護などを含むケアニーズをよりこまめに把握できるという点では訪問看護師やケアマネジャーに軍配が上がると私は思っているのですが、マンパワーの問題や小規模事業所という環境ゆえにスタッフを派遣する余裕などない現状では、法律で派遣できる行政保健師がその役割を補完できる最適任者です（保健師は資格の一つで、保健師助産師看護師法［保助看法］では保健師という名称を用いて保健指導を業とすると定められています。行政に所属するほかには企業や学校において健康管理をします）。だから私は行政保健師が直接住民と出会って初期のケアニーズの把握ができること、アセスメントができることを職能として確実に保持していかなければならないと思います。しかし、現在行政の保健師はなかなか家庭訪問にも行けず（行かず）所内業務が多いと言われています。企画力や政策立案能力が求められている昨今、保健師の中でも役割の分担は必要だと思いますが、基本的な保健師の能力として、出向いてきちんと人や家族や地域を見ること、アセスメントできることの維持とその力が発揮できるような通常の業務体制の確立が、災害時にも必ず役に立つと信じています。

さて、「二〇年後の医療の姿を考える会」のつながりで出会った新田医師はNPO法人「福祉フォーラムジャパン」の理事でもありました。包括ケア会議への参加などを通じて、在宅ケアや自分たちの役割に対する問題意識の共有などを図ってきました。そして「包括ケアの必要性」や「ニーズベースドの考え方」、さらに今後の長期間の支援の必要性などが共通認識になった頃、「福祉フォーラムジャパン」の中から、被災地支援に特化した新たなNPO法人設立の動きが湧き上がりました。発災から約半年たった九月頃のことです。

ここまでの流れや関わりから新田医師はその代表に私を推薦しました。自分に何ができるかさまざま思い悩みました。しかし、地元の住民や在宅ケア関係の方々に対して抱いてきた思いが、思いを共有する仲間たちとともにこのNPOによって一つの形になるのであれば、とても嬉しいことです。私には分不相応だと思いつつもそれを引き受けることにしました。今後の支援の方向性と足場がようやく定まったと思いました。

三　NPO法人「福祉フォーラム東北」の活動

いずれは運営を地元の方に移譲

このたびのNPO「福祉フォーラム東北」の代表は思わぬ形で私に降りかかってきました。しかし引き受けた以上は、何とか皆の思いを結実したいものだと思っています。「包括ケアの提供」「ニーズに応える支援」「継続的な支援」、これらが当NPOの理念です。また、当然のことですが継続的な活動の中には現地の雇用の創出も含まれますし、いずれ地元の方に当NPOの運営を移譲していくことも視野に入れています。活動内容は看護・介護などの専門職派遣が中心ですが、NPOの維持のためには事業として成り立たせる必要もあるでしょう。しかし現地の事業所と競合するつもりはなく、現行制度ではなかなか細やかなケアができない方々を対象に支援を行いたいと考えています。

私たちの最初の活動となったのは二〇一一年一一月に行われた保健師による全戸調査への派遣でした。まだNPO法人としての認可はされていませんでしたが、新聞などメディアを通じて緊急に募集をかけ、集まってくれた保健師たちのアレンジと交通費補助などを行いました。またその時期からボランティアの登録も呼びかけました。登録者が多いほどニーズに応えられるので、今後もさらに広く声をかけようと思っています。

派遣は、福祉施設職員のレスパイト（休息）の提供のためにも必要だと考えています。職員数としては定員に充ちていても、疲弊して休息が必要な職員は多いと思います。すでに派遣の要請が来ています。できるだけそのような現場の要請、ニーズに対応していきたいと思っています。

しかし、目下の課題はやはり現地専任スタッフの確保です。専任スタッフがいないために派遣の細やかな調整やニーズの把握が不足しています。今は「福祉フォーラムジャパン」から出向する形で現地の調整役として、アビリティーズ・ケアネット株式会社（東京・福祉用具販売などのケア専門企業）の佐藤一仁さんに活動していただいていますが、佐藤さんは本業がありますし、いつまでこのNPOのために時間が使えるかわかりません。現地コーディネーターを早く採用したいというのが私たちの願いです。

今後の支援活動

陸前高田市には発災直後から名古屋市が全面的な支援を申し出ました。保健分野では一年間にわたり保健師二人と事務職一人を市の健康推進課に派遣しました。しかし二〇一二年四月には保健師一人だけの派遣となりました。健診や予防接種など行政として最低限行わなければならないことを優先すると、市の保健師による地域の巡回はまだまだ難しい状態と言えます。

私たちは行政や他の団体と連携して一定地域での巡回をぜひ担って参りたいと考えています。またプレハブではありますがボランティア拠点を同年四月に確保しましたので、ボランティアの宿泊は可能となっています。ボランティアが宿泊しないときにはサロンとしての活用なども考えられるでしょう。今後も可能な限り理念に沿って柔軟な活動を行いたいと考えているところです。

おわりに――支援する・されるの立場を超えて

思わぬ形でNPOの活動を始めることになりましたが、関わり続けてきた私の、そして仲間の思い――迷いや悩みや無力感なども含めて――、被災地復興への願い、何より陸前高田の住民の皆さんの幸せなどを思い、ようやくこの形で今から長く協働できることを嬉しく思います。「支援活動から協働活動へ」と同僚の佐々木が毎月連載している『月刊地域保健』での最終回に書いていたことは印象的でした。

その意味ではこの一年半は短かったようで、とても長く感じられます。発災当初から「早くケアニーズのある方を探し出さねば、ケアの提供をしなければ」という思いが焦燥感とともに私に迫っていましたが、やはり時間はかかるのだと今改めて感じています。「気持ちはわかるけど生活の心配はまだ先」というあの医師の言葉はもしかしたら正しかったのかもしれません。しかし医療と生活を切り離しての意味であれば、やはり違うと言わざるを得ません。

今回感じた大きなことは「地域包括ケア」の概念は医療者にはまだまだ浸透していなかったということでした。私たちが考える「地域包括ケア」とは、介護保険で言うところの「地域包括ケア＝地域包括支援センターが行っているケア」よりもっと大きな概念です。「ケアが必要な如何なる世代、状況、ニーズに対しても必要なケアを提供する」という「地域包括ケア」の目標はＱＯＬ（生活の質）の向上です。治すことだけを目標としない、ＱＯＬの向上をめざす医療、包括ケアの一パートを担う医療という視点は二一世紀にはどうしても必要な視点と考えます。

そして忘れてならないのは私たちは一方的に「支援」するのではないということです。人間の間に起こることはすべて相互作用です。支援しようとして逆に励まされる、学ぶ、生かされるということを私たちはよく知っています。

長い間医療従事者は対象を患者と認識し、治す人と治される人という一つの立場を作ってきました。しかし、ようやくＱＯＬが重要であると認識できる時代になって改めて実感するのは、私たちにはすべてに「自分力」があるということです。病気があるという側面だけから対象を見ず、それぞれに人生の物語を持ちながら生きているという当たり前の見方に立って人間としてお互いを認め合うことは、とても重要なことだと思います。この一年半を乗り越えてこられた地元の方々にも、関わる私たちにも、それぞれ「自分力」があるのです。

支援者同士だけではなく、住民の方々ともお互いの力を信じ協働していくこと、そして「自分力」が発揮し切れていない方に少しのお手伝いやきっかけを提供すること、そのことでお互いが生かされる社会・地域づくりをこれから始めていきたいと思います。

8 住民とともに暮らしながら
――避難所・仮設住宅、看護師二四時間サポート

黒田裕子
（NPO法人 阪神高齢者・障害者支援ネットワーク理事長）

はじめに

筆者は阪神・淡路大震災の被災者の一人です。あの日・あの時、辛うじていのちが助かったため、今ここに生ききっている一人です。

阪神・淡路大震災の後、避難所にて一カ月間二四時間体制で医療職としての支援活動を行いました。その時は、宝塚市の職員として看護師でした。震災当日から体育館において救護センターを立ち上げましたが、そこには、負傷者だけではなく、死者四七名の搬入もありました。その夕方には、避難所として、一五〇〇人の人々が避難してこられました。三つの機能を果たしている体育館は混乱してはいまし

たが、まず助かったいのちを無駄にすることなく二次災害を出さないようにすることに専念しました。
筆者も早朝四時に起床していなければ箪笥の下あるいは本箱の下になって死んでいましたが、何とかいのちが助かったので、看護師をやめ、今では看護師は一つの道具として活用しながらボランティア活動をしています。

この度の3・11においても、宮城県とわかった時にすぐに体が動き出しました。そして、もう一方では岩手県大船渡市のことが頭をよぎりました。この二つの県・市は人材育成として筆者が六年間通ったところです。その日に自宅を出て福井の友人とともに三人で被災地を目指し、あくる日には、宮城県看護協会に到着、その足で、宮城県庁の対策本部の医療関係のところに行きました。その時、県内の一般と福祉避難所を見て歩いて欲しいといわれたのですが、全部を回ることができず、同県最北部の気仙沼市までは行くことができなくなりました。そこには改めて日を設定して行くことにしました。そして、気仙沼の対策本部の人から、五月以降人が少なくなりどうしようかと思っているとお聞きしたため、その一言が気仙沼で活動をするきっかけとなりました。気仙沼の避難所で六カ月、その後そのまま仮設住宅に移動しました。そこでの活動が現在まで継続しています。その仮設住宅で何をしているのか、何の目的を持って実践しているか、避難所で行った活動を含めて述べてみたいと思います。

一　3・11の活動の始まり

先に述べたように、三月一一日、その日から活動をするために車で新潟に入り、福島から宮城へと向かいました。町がなくなっている状況を見た時には、胸が痛くなったと同時に「ここで何かをしなくては」との思いも強く感じました。筆者は阪神・淡路大震災の被災者の一人であると申しましたように、初動の時には多くの人が支援に来てくれるが、中長期になると誰も来てくれないどころか徐々に忘れ去られてしまうということを身をもって体験しました。このような経験をしている者にしかわからない何かをその時肌で感じました。また、その風景を見た時には、ここには復旧・復興がいつの日に実現するのだろうかと思いました。だから「何かをしなければ」と思ったのです。

「気仙沼市に行ったら避難所を見て欲しい」と県の対策本部から依頼されました。そこでまず一番大きな避難所に向かいました。三時間ほどしたところで電話が入り「二四時間体制」で活動してくださるようであれば、いま地元の保健師が二四時間体制で避難所で支援しているが、一度も帰らせていないので、そこを一緒に手伝ってくれないか」と再び依頼がありました。私たちは場所がどこであれ、そこには病んでいる被災者がいらっしゃるわけですから、すぐに移動することになりました。

その避難所は気仙沼市面瀬中学校体育館でした。三月一四日、その日から、この中学校での避難所支援の生活が始まりました。

二　面瀬中学校避難所での二四時間体制の活動

避難所での活動は、五月から支援者がいなくなった後のことを想定し、その際の支援体制を組むために看護師四名で現状を把握することから始まりました。そして移動したその日から避難所の中での活動を開始することになりました。現状把握のための期間は、はじめ筆者は一週間のつもりでしたが、結果的に一〇日間の滞在とし、以後は支援ナースを派遣することで切れ目のない支援体制を組んでいくことにしました。

避難所での活動

私たち神戸の支援グループは被災地へ県外から看護師、介護福祉の専門家を派遣していたため、医療と福祉とが連動した理想的な取り組みを実施することができました。避難所の中には要援護者もいました。お風呂に入れず紙おむつをしてお尻がただれて大変な状態になっている人、歩くこともせずに寝たきりになっている人、さまざまな方々がいらっしゃいました。

避難所にダンボールハウスをつくって遊ぶ子どもたち／2011年5月

そんな中でまず初めに取りかかったのは、とにかく避難所の居住環境を快適にするための空間づくりでした。同時に、日々の危機管理をしながら避難所の安全を図り、お散歩、時間を決めての体操、お茶会、健康相談、なんでも相談、等も開始しました。また、お風呂に入れない方々については、一つのお部屋をつくり、そこで体を拭くようにして、気持ちがすっきりできるような工夫もしました。

健康相談については、日中は外に出てがれき撤去をしていらっしゃる方、また、勤務先が辛うじて存続し、働きに出ていらっしゃる方などさまざまであったため、夜の九時まで受付をし、そうした方々の健康も守るようにしました。

「避難所に帰って来ても、看護師さんたちがいつでも受け入れてくれる。そのことが明日の活力になる」ととても喜んでくださいました。避難所で一緒に生活していることで、筆者たちも一つの家族となり、それが皆様の安心感につながっているようでした。

避難所の中では、市の職員、他府県から応援に来ていた職員、保健師さんたちとの連携の中でこれらを実践することができました。

避難所での自治会立ち上げ

発災から二週間もすると、避難所への人の出入りは落ち着いてきました。避難所の中にも住民一人ひとりの生活があります。避難者の方々にとって、避難所は、たとえ一時的であれ、自分たちの大切なまちであり自宅であったりするわけですから、その中で生活することの意味を考えたならば、みんなの生活はみんなの手で共同して守り続けた方が良いのではないかと考え、自治会づくりを提案しました。

阪神・淡路大震災の時も避難所の中に自治会を立ち上げることで共同生活がとてもスムーズにできた記憶があります。皆様が快適に過ごすためにも必要と思い、今回もその体制づくりの一端を手助けさせていただきました。これがとてもよく機能することとなり、配食・お掃除までも手分けして行われるようになりました。避難生活も二週間過ぎれば、無理のないようにそれぞれができることを役割分担していくのが大切であると、改めて実感しました。そして、被災者の足りないところを手助けしていくことが大切です。避難所の皆さんは役割を担うことで活き活きとされていました。

こんな事例があります。

Mさん、八〇歳、男性。脳梗塞を起こした後、不便な生活を余儀なくされていましたが、この度の震災によってさらに不便な避難所生活となり、制約の多い狭い空間の中で何かと不自由をされていました。

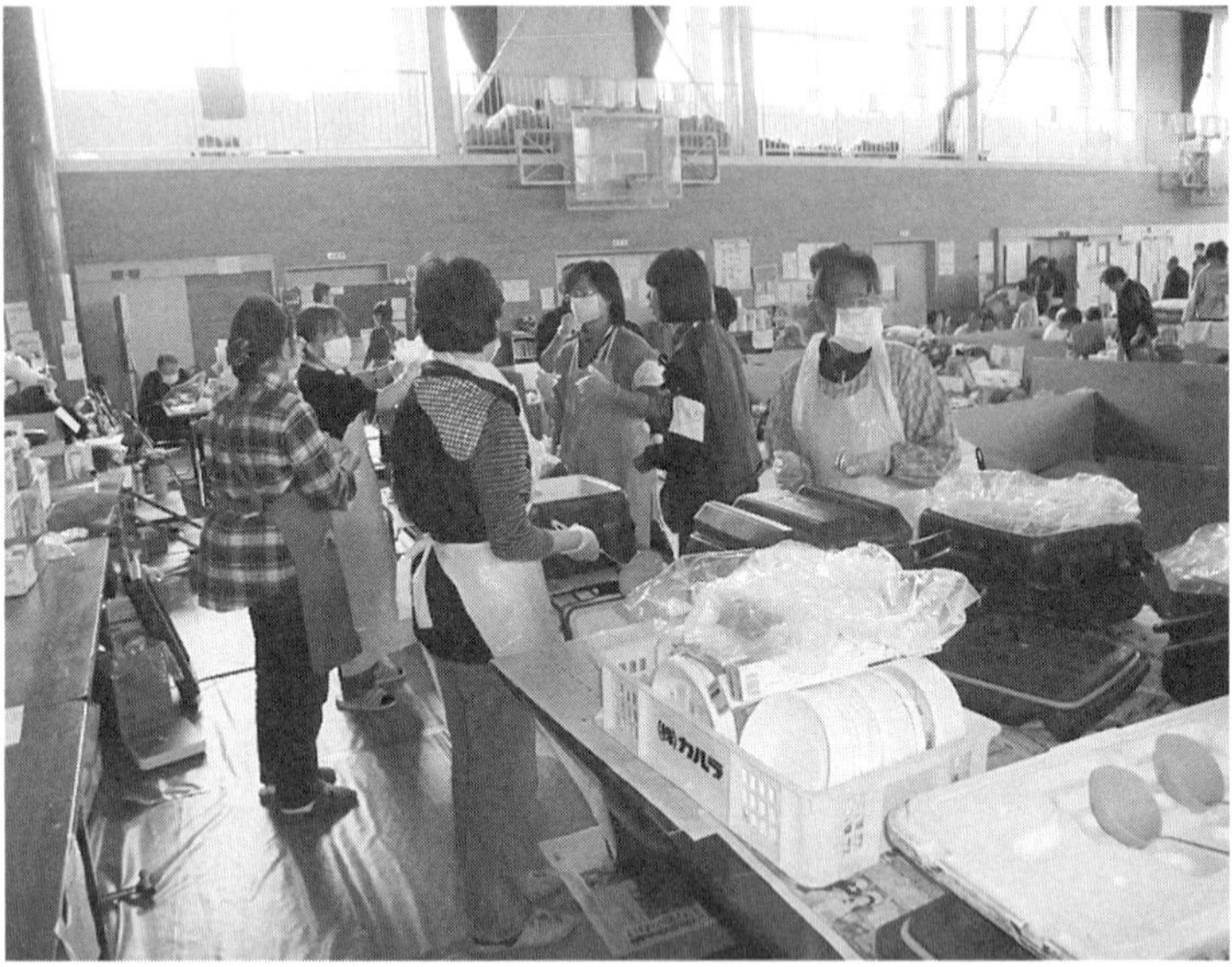

避難所での配食風景。スタッフと被災者の方々が一緒に／2011年5月

そんなMさんにも役割を担っていただきました。それは、お掃除する際に埃取りとして使う新聞紙を千切っていただくことでした。Mさんはこの新聞が毎日のお掃除の時に役に立っていると実感することによって元気が出るようになり、一人で散歩するようにまでなられました。みんな感動しました。人間は、生きている限り誰かの役に立ちたいという気持ちをしっかりと持っている、このことを忘れないようにすることが大事です。

避難所生活も九月一三日で閉鎖の時を迎えることになりました。そのため、筆者たちも六カ月間の避難所支援に終止符を打ち、避難所の方々とともに仮設住宅へと移ることになりました。

三　仮設住宅での二四時間サポート隊として

筆者たちが仮設住宅に入った目的は、阪神・淡路大震災の教訓を活かすためでした。その目的は次の三点にありました。

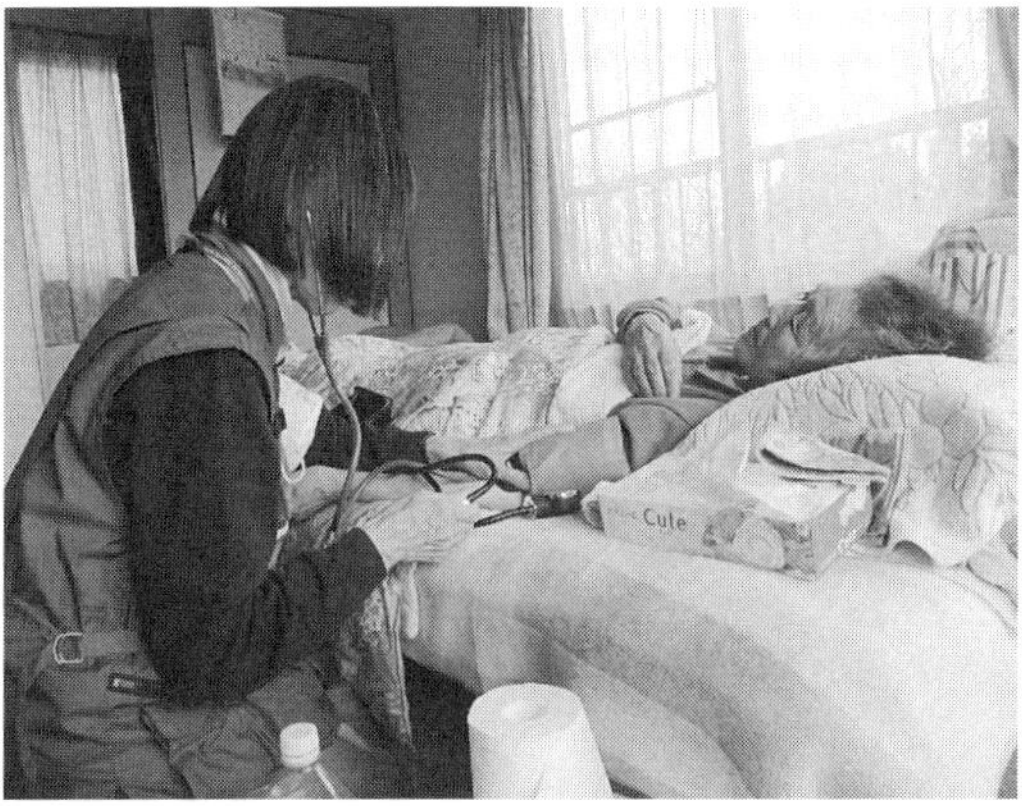

被災直後は避難所に焦点が当てられたため、在宅医療が手薄になっていた。

①孤独死・自殺を出さない、②閉じこもりを予防し、寝たきりにさせない、③コミュニティをつくる、です。阪神・淡路大震災の時も神戸市西区の仮設住宅に四年三カ月の期間、二四時間の支援体制で住みました。この時、筆者が支援していた仮設住宅は兵庫県内で最大規模の仮設でした。一〇六〇世帯一八〇〇人が住み高齢者率四七・四％、日本の高齢社会を先取りしていました。そのことを通じて阪神・淡路大震災の時は、さまざまな政策も提言していきました。この間、孤独死された方は二名にとどまりました。

今、気仙沼市面瀬中学校校庭の仮設住宅（一五三世帯）、その近隣の二つの仮設住宅（八世帯、三六世帯）をカバーしています。また、面瀬地域の戸建住宅へも訪問しています。ここでは以下のことを実践しています。

「住民の安否確認」「健康相談」「なんでも相談」「お茶

会」「イベント」「ボランティアの受け入れ」「自治会と合同で行う催しもの」「民生委員さんたちと一緒になって住民の安否確認するための会議」などです。また、面瀬で活動しているボランティア・民生委員・「見守り隊」（地域包括支援センター）・生活支援の方々とのミィーテングを重ねながら、面瀬の町全体の活性化も図るようにしています。

おわりに

この面瀬地域では、筆者たちは、よそ者ではなく、そこの住民の一人として活動を展開しています。この仮設住宅の集会室に拠点を置かせていただいていますが、そこにはリーダー二名を置いています。いずれは地元の人につないでいくために、うち一名は地元看護師、もう一名は関西の看護師という構成です。二四時間体制の中で、午前九時から午後五時までは地元の看護師、午後五時から翌朝九時までは関西の看護師がそれぞれ責任を持って活動しています。一人の人として相手と向き合う。そのためには、一つひとつの行為に意味づけをしながら活動することが大切です。また、人間と向き合っていますから、人間不在にならないよう、そして自己満足で活動することのないよう心掛けて活動を展開しています。

仮設住宅全戸訪問／岩手 三陸地域

9 何度でも足を運んで
――日本リザルツ／生活・事業再建に悩む方々とともに

日置哲二郎
（NPO法人 日本リザルツ遠野事務所所長）

はじめに

三月一一日、東京都下の昼下がり、私は数日前に大学院の修士論文の審査を終えたばかりで、遅まきながらの就職活動に奔走していた最中でした。地震発生時、面接を受け、ちょうど自宅近くのJR吉祥寺駅を下車し、徒歩で帰宅する途中でした。地震発生から数日間、自分にできることはないかと、ぼんやりと考えていましたが、東北にも災害支援にも縁のなかった私が、その後本格的に復興支援活動に携わるとはそのときは想像もしていませんでした。

私が所属する日本リザルツは、アメリカ、イギリス、オーストラリア、カナダ、ドイツ、メキシコ、フランス等のパートナーとともに、各国の政府開発援助（ＯＤＡ）政策等において、貧困対策を重視することの必要性を政府に提言し、「貧困と飢餓のない世界」を創ろうと活動している国際市民グループ（ＮＧＯ）です。活動内容は、結核・エイズ・マラリア対策、ワクチン対策、国際連帯税創設運動、ハイチ大地震復興支援、マイクロクレジット運動などを通じて、各国政府に政策提言を行うのが中心です。一九八九年に発足し、現在、理事や監事を含め総勢二〇名以上のスタッフが活動しています。私は震災発生半月後、この国際市民グループがスタッフを募集していることを知り、早速履歴書を送り、東京事務所を訪ねました。日本リザルツの災害復興プログラム担当、遠野事務所スタッフとしての始まりです。

東日本大震災に際し、日本リザルツは地震発生直後から、福島県いわき市、宮城県石巻市、気仙沼市、岩手県陸前高田市、大船渡市、釜石市、大槌町、山田町等の沿岸地域で「生活と事業再建」に関わる現地調査をはじめとして、さまざまな活動を行ってきました。岩手県遠野市には発災から約一〇〇日後の六月二三日に現地事務所を開設しました。現在も当事務所には私を含む四名の専任スタッフが大槌町、釜石市、陸前高田市の三地域を中心に活動を行っています。

具体的な主な活動内容は、内閣府発行の『生活再建・事業再建ハンドブック』の配布、それに関わる聞き取り調査や出張相談会の実施などです。

一見すると、「被さい者」と「支援者」という「する側―される側」の関係を大前提とした活動のように思われるかもしれませんが、そうではありません。すべての活動は、地元協力者や他のボランティア団体と協力し合い、被さいされた方々一人ひとりと直に向き合い、寄り添いながら、被さいされた方々がそれぞれのペースで主体的に生活・事業再建に取り組めるよう、そのきっかけづくりに関わらせていただくことを基本にしています。本章では日本リザルツ遠野事務所によるこれまでの活動を紹介しながら、そこから見えてきたもの、そして今後の課題について考察してみたいと思います。

なお、仮設住宅などでの聞き取り調査をしていると、「被災者」や「被災地」など「災」という字を見ると津波や火災などのつらい記憶を思い出すという声を耳にすることが少なくありません。近年、「害」という字が負のイメージを意識させてしまうという理由から「障がい者」と表記するケースが増えていることを鑑み、本章では同様の主旨で「災」の字を漢字ではなく平仮名で表記することにします。

一　私たちの活動――仮設住宅を中心に一軒一軒訪ねる

『ハンドブック』と「リーフレット」を配る

冒頭で触れた『生活再建・事業再建ハンドブック』（以下、「ハンドブック」）をご存じですか。

この『ハンドブック』は、震災から約二カ月経った五月一二日に内閣府から発行された情報冊子です。その内容は、「支援金」「住まい」「医療・福祉」「教育・子育て」「水産業」「中小企業」など、被さいされた方々の生活と事業の再建に役立つ情報を領域別にまとめたものです。岩手、宮城、福島三県の避難所や自治体、コンビニやスーパーなどにこれまで一〇万部以上が配布されたようです。現在まで数回改訂を繰り返しながら、新しいハンドブックが発行されています。しかし、今でこそ、被さい地では簡単に入手できるようになったこの『ハンドブック』も、当初はなかなか目にすることはありませんでした。

被さいされた方々にとっていかに有益な情報であっても、必要な方の手に渡り、それを活用していただかなければ意味がありません。また、震災から数カ月という非常時にあっては、それを手にした方々がすぐに活用できるような内容、つくり方になっていなければなりません。私たち日本リザルツは、まずこの『ハンドブック』を被さいされた方々に丁寧に届け、活用していただくための活動から始めました。

活動地域は大槌町、釜石市、陸前高田市です。沿岸部地方とは言っても地理的変化に富んだところで、市街地の工業・サービス業、海岸部の水産業、山間部の農・林業と大きく三つの産業によって成り立ってきたところです。高齢者率が高く、仮設住宅の敷設に伴い、多くのお年寄りの方々もそこに入居するようになりました。私たちの活動はこうした仮設住宅の訪問を通じて展開されました。

仮設住宅には支給されたエアコンや洗濯機などの最新家電製品が備えつけてありました。ところが、入居したばかりのお年寄りからは「使い方がわからないから教えてほしい」という声を何度も耳にすることになりました。支給する側は高齢者にも充分に使いこなせると思っていたのでしょうが、当事者への配慮を欠いたこのような支援のケースを、私たちはさまざまなところで見かけることになりました。

『ハンドブック』も同じでした。普段は耳にすることのない専門的な用語がその中に散見されました。これをただ配布するだけで活用できる人はごく僅かしかいませんでした。そこで、私たちは『ハンドブック』に書かれた情報をより多くの方々により有効に利用してもらうために、「職業別簡易版事業再建リーフレット」（以下、「リーフレット」）をつくることにしました。水産業、農業、林業、中小企業の四つの項目ごとにわかりやすく解説し、カラー印刷で各二〇〇〇部ほ

『ハンドブック』と一緒に配布した「リーフレット」

どを作成、『ハンドブック』と一緒に避難所や仮設住宅で生活する方々に届けることにしたのです。『ハンドブック』と「リーフレット」を届けるこの活動は、大槌町、釜石市、陸前高田市の仮設住宅を中心に六月から一〇月中旬まで続けました。各世帯に声をかけて一軒一軒まわり、すべて手渡しで約八〇〇〇軒以上届けてきました。開始当初は空き室や留守にしている世帯なども一つひとつ記録し、数日後に再度訪ねるというやり方を繰り返してきました。

一方で、私たち日本リザルツは国会議員を通じて政府に『ハンドブック』の内容・配布方法の改善、仮設住宅等での説明会の開催などを求め、これらに対しては政府から一定の回答をもらうことになりました（八月三〇日付、政府答弁書）。そして、私たちの意見を取り入れて作成された改訂版が発行されるたびに各世帯を回り、改訂箇所を丁寧に説明してきました。もちろん、一度の訪問だけですべての方々がそれを受け取ってくれたわけではありません。その必要性を感じていない方々もいれば、津波のつらい体験から心身ともに余裕がなく、受け取れる状態にない方も当然いました。

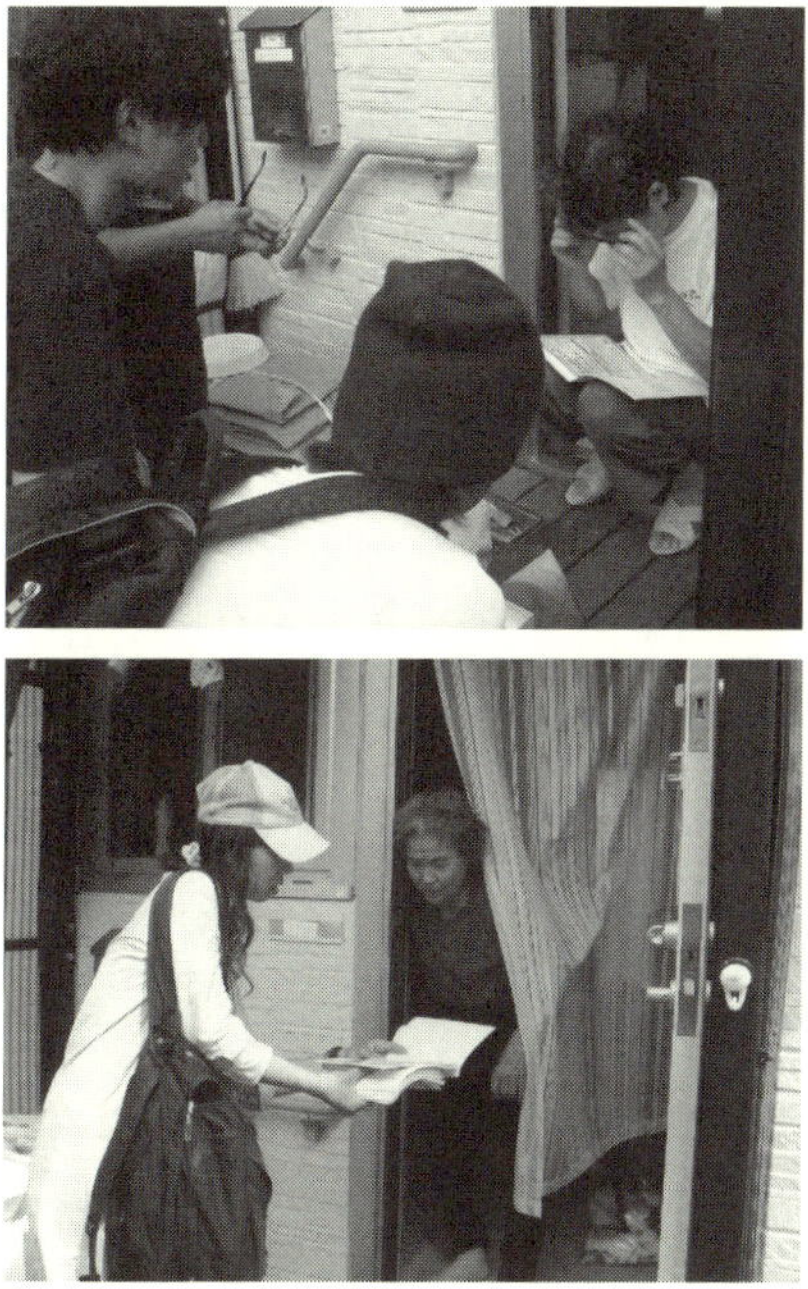
仮設住宅で『ハンドブック』などを届けている様子／2011年8月

しかし、継続的に訪問し、手渡ししていく中で、顔を覚えてくれていた方々からは、「暑い中、また来てけだの（くれたの）」「ほら、部屋に上がってお茶でも飲んでいがい（いきなさい）」と、逆にこちらが励まされる温かな声をいただけるようにもなりました。また、罹さい証明書や義損金・支援金の受け取り方、あるいは家屋のがれき撤去の依頼の仕方など、具体的な相談を受けることも増えていきました。通信手段を失った方々に代わって私自身が『ハンドブック』を頼りに役所に電話をかけ、支援金の申請方法を問い合わせたり、住民の方々と一緒に公的支援サービスを求める活動をすることも多くなっていきました。

発災から七カ月後の一〇月中旬までに、累計一万四〇〇〇部近くの『ハンドブック』を避難所や仮設住宅の住民に届けてきました。私たちの活動は小さく地味なものですが、こうした活動によって小さな対話を積み重ね、一人ひとりとの関係を大切にしていくことこそが、「新しい支援のあり方」の発見につながるものと考えています。

仮設住宅での「聞き取り調査」——被さい者が求めているもの

一方で私たちは、この大槌、釜石、陸前高田の三地域において七月一日から一〇月九日までの約三カ月間、仮設住宅での「聞き取り調査」も実施しました。テレビや新聞がクローズアップする情報だけでは捉えきれない、被さいされた方々の個々の不安や希望、要望を具体的に把握し、その声を直接内閣府や地元自治体に届ける活動です。

当時、報道機関や各種団体なども頻繁に仮設住宅を訪問し、アンケートや聞き取り調査を行っていました。しかし、私たちが「聞き取り」で仮設住宅を訪問したときに聞こえてきたのは次のような声でした。「何度も同じようなアンケートに答えてきたが、その後、なじょになったんだか（どうなったのだろうか）」。自分たちの声がどこに届けられ、どのように反映されているのか、疑問に感じている方は決して少なくありませんでした。

　私たちは住民の方々にできる限り安心感を持ってもらえるように心掛けました。私たちが聞き取り調査で訪問する際には、男女一人ずつ一組となって行動しました。仮設住宅の各世帯を一軒一軒訪問し、生活・事業再建に関する不安や希望、要望について尋ね回りました。質問には自由回答方式で答えてもらうなど、できるだけ負担をお掛けしないよう、さまざまな工夫をしました。男性住民への聞き取りであれば、女性スタッフが質問して男性スタッフが記録するなど、その場の雰囲気づくりにも臨機応変に対応しました。『ハンドブック』等の配布で以前訪問したときと同じスタッフが同じ世帯を担当するようにも努めました。長いときには一時間ほどの立ち話になったり、部屋に招かれて話し込んだり、あるいは隣近所の人が加わって小さな議論が生まれたりすることもありました。

仮設住宅で聞き取り調査を行っている様子／2011年9月

　一〇月上旬までに計七三三名の方々から話を伺い、結果は翌月上旬に「仮設住宅の居住者からの要望・問題・解決策（案）」という一覧表にまとめました（表1参照）。不安や希望、要望として比較的多く寄せられ

望・問題・解決策（案）

	解決策案
金を借りたり返済できない住民も	金融機関による無利子貸付だけでなく、資金補助や返済猶予などの支援策の充実
大家など、突然安定した収入がなくなった被さい者も	生活保護や自己破産、義捐金支給拡大など柔軟な対応
考えている住民も	早急な復興計画の提示と復興住宅の建設、国などによる土地の買い取りの促進など
きない住民も	早急な安全性の調査と建設制限区域の提示
ートの大家などは義捐金が受け取れない状況も	支給対象者の拡大など柔軟な適用と対応
復旧せず戻れず、安全性に不安を抱える住民も	早急な安全性の調査とインフラの整備
ない人はそれだけでは家を建てることができない	仮設退去時に、収入や年齢などに応じた資金補助の拡大
にでも仮設住宅を退去したい住民も	建設場所の選定とその建設予定や完成時期の提示
る仮設住宅への移転を希望する住民も	定期的な空き部屋の把握調査と個別的事情を考慮した移転の対応
便がいい仮設住宅で長期的に生活したい住民も	住民の意思や要望と復興状況に応じた入居期限の延長など柔軟な対応
地を提供を希望する住民も	自治体の仲介などによる代替地確保や購入の促進
なり、逆に不便になることを心配する住民も	住民の要望の聞き取りとそれに基づいた建設の実施
戻りたい住民の声も	専門家による安全性の調査とそのアドバイスに基づいたもともとの生活場所の再建
積極的に加わりたい住民もいる	地域毎の復興案の募集など、住民主体の町づくりの促進
	住民に対する暫定的な復興計画案や段階的な復興計画の提示
る住民から疑問の声も	個別事情を考慮した支給対象者の柔軟な適用
公共料金を長期的に払うことができない住民も	期限付きの支払い猶予や免除などの導入
、支払催促があっても支払えない住民も	期限付きの支払い猶予や免除などの導入
通わなくてはならない住民も	職員による遠隔地での出張支所や手続き開始前になされる事前説明会などの対応
の住民も	被災地における免除や特例の措置
しまった住民や集落がある	各集落の入居希望者の把握と集団移転の実施、希望に沿った入居対応など
解しにくい高齢者も	支援策を詳細に記したチラシなどや職員による説明会の実施
に対する支援がない、又は少ない	再建と同様に、新規事業者への金銭的補助などの支援
人経営者に対する補助や支援がほとんどない	個人漁師や農家へ支援策の策定
人が多く、この先の収入が不安な住民も	国や自治体などによる事業主への雇用促進の資金的補助拡大
事を希望する住民も	各市町村間での求人情報の共有と被さい地以外の場所での雇用創出
者が多い	漁港や加工工場などハード面の早急な整備
を始めてもお金を返せないのではないか不安な住民も	新たな基金の創出
、その間事業を継続できるか不安のある住民も	収穫時までの無利子貸付や資金補助などによる支援
採用されているので、仕事がない	過疎地域での農業や漁業への雇用促進や、ＰＣなどの職業訓練
する必要がある住民も	手続き代理者の活用や窓口での柔軟な対応
した事業所に支援や補助がない	支給対象枠の拡大や事業所対象の新基金の創設
などから健康に影響が出る	各自ストレス解消法の指導と看護師や保健師、移動健診車の巡回など
で隣人に気を遣いながら介護をしている住民も	既存の老人ホームやデイケア業者への支援や新規事業の促進
には住みにくい環境である	バリアフリーの専用仮設住宅の建設と仮設住宅の改修など
門用語が多く事務手続きが困難な高齢者も	周囲の人からのサポート促進や机上版冊子作成、手続き代理者の活用促進
齢者も	自治会設立や住民・職員の声掛け、定期的な巡回システムの構築
麻痺など）をもつ住民が生活しにくい環境も	障がい者用の新築建設補助や一戸建て住宅への入居促進などの支援
る家族の負担の増加	営業所再建支援と職の無い人へのヘルパー雇用の促進
なくなったため、健康面に不安のある住民も	福祉職員や住民同士などによる定期的な巡回システムの構築など
のではないかと心配する高齢者や隣人も	キーパーソンの確認と日々の健康状態を一見して把握できるシステムの構築
ない	電話相談窓口の設置や巡回システムの構築
、大雨や浸水などに対する心配・不安を抱く住民も	心理カウンセラーや保健師への電話相談窓口の設置
るを得ない高齢者などの栄養状態の心配	健康状態の定期的調査と専門家による栄養指導
化製品を使いこなせない高齢者も	講習会や利用指導、利用可能な古い家電や中古品の再利用
る住民も	各仮設住宅に緊急電話一台の設置
補助が健常者を前提にしたものになっている	健常者と障がい者とを区別した支援策の策定
年金生活者が多い	国や自治体による新規高齢者住宅や公営老人ホームの建設と優先的入居
、通学が遠くなり、学校に行かなくなってしまった子どもも	カウンセラーや市職員などの家庭訪問、スクールバス通学の促進
車の往来などで危険な場所も存在する	専門家の調査実施と安全な場所への遊具の設置や子ども中心のイベント開催
場所があり、危険な場所も	通学路の安全性の調査と危険への早急な対応
さず健康面の心配や事故の不安もある	トラックの通行時間の規制、定期的な現地調査など復興と住民生活のバランス維持
くない仮設住宅でのストレス、気軽に集まれる場所がない	企業誘致による店舗設置や仮設の敷地内にベンチや喫煙所の設置
まとめて行政に届けられない	回覧板による情報共有と自治会による住民への意見調査の促進
民同士で解決できない住民も	話し合いや市職員など仲介者の配置や目安箱の設置
しているかわからないなど	仮設の住民同士の間で把握できる名簿の作成
みしかない	自治体による各仮設住宅のイベント予算の創出など
所の町内会維持が困難になっている地域も	地元住民が集まる場所や機会を作り、町内会機能の段階的な再建サポート
ない	集会場での行政主導の意見交換会の設置など
場を自由に利用できず住民との交流が作れないなど	集会場の設置や住民自身による集会場の管理・イベント開催など
危など動物の出没を心配する住民も	昼間だけでなく、夜間調査の実施と適度な外灯設置、クマなどの危険地域の周知
、場所も毎日空いている所に駐車しているなど	区画整理による線引きや住民同士の話し合いと行政の促進
くく、訪問者も部屋を見つけにくい	仮設住宅内のマップや看板の設置

表１　仮設住宅の居住者から

要望内容　関係者・機関 ➡	国	県	市町村	ＮＧＯ	その他	現状例
生活再建関連						
借金や二重債務に対する支援	○				△※１	親などの借金相続や住宅ローンが残ったままで、新
年金生活者以外の被さい者への支援	○		△			年金を受け取れない高齢者や個人事業者、漁師、ア
早急な土地の買い取りと高台への移住	○		△			以前から住んでいた土地を手放し、早急に高台への
建築制限区域の早期明確化		△	○			建築制限区域が決まらず、移住や建て直しなど行動
義捐金の支給対象者の拡大	○		△			一つ家屋に複数の世帯の家族が生活していた場合や、
早急なインフラ整備と安全性の確保	○	△	△		△※１	以前住んでいた場所に戻りたいが、道路やガスなど
仮設住宅退去時の支援充実	○		△			仮設の退去時に補助や支援はあるが、年金生活者や
早期の集合住宅や復興住宅の建設	○	△	△			仮設の入居期限２年後の生活場所に不安のある住民
仮設住宅の移転・分離の柔軟・迅速な対応			○			息子や両親の近くの仮設住宅や、病院に近いなど市
仮設住宅の入居期限の延長		△	○			収入がなく仮設住宅を出ることができない住民や、
代替地の提供		△	○			家屋があった場所が建設制限区域になるのであれば
商業施設を併せ持つ復興住宅の建設		△	○			集落を高台に移転する場合に、病院やスーパー、港
高台でなく、低地での生活希望者への対応			○		△※２	安全性から高台移転の話が多いが、長年住んでいた
復興に対する住民の活動の場の提供			○	△		行政主体の復興や支援が多いが、町づくりや支援策
復興計画や方針の早期提示	○	△	○			先の見通しや方針が不明で不安を抱える住民も
義捐金の受領対象の拡大	○		△			事業所やアパート大家など、義捐金の支給対象から
公共料金の支払い猶予などの対策	○		△		△※１	震災前の支払い額と比べて多くなった住民や、収入
山林や田畑に対する固定資産税への対策	○		△			津波や地震の被害がなかった土地などに対する税徴
役所や納税手続きの簡易化	○		△			交通の便も悪く、遠い場所にある役所や税務署など
消費税など復興増税に対する特例	○					復興増税として、被さい地での消費税増税などに疑
もともとの集落単位での復興住宅入居			○		△※２	仮設住宅への入居の際に、家族や集落がバラバラに
事業再建関連						
事業再建の支援策を具体化・明確化	○	△	△			詳細な支援策や補助に関する情報を入手できない住
新規事業の立ち上げに対する支援	○		△			震災以前の事業に対する支援策はあるが、新規事業
組合ではなく、個人への事業再建への支援	○		△			漁協や農協に対する支援が多く、組合に加入してい
正職員の雇用増加	△		○			がれき撤去など期間限定雇用や契約社員、アルバイ
被さい地以外の地域での雇用促進	○	△	△			被さい地周辺での雇用対策等があるが、内陸や県外
漁村での港や加工工場の早期復旧	○	△	△		△※３	沿岸部では漁村が多く、漁業支援が復興の近道と考
事業再建の補助や資金借り入れ条件の緩和	○				○※１	収入も当座資金もなく、お金を借りることができず、
養殖など数年かかる事業への補助	○		△			養殖漁業など、安定した収入が見込めるまで数年か
中高年者の雇用確保	○		△			募集では年齢制限のない求人であっても、若者が優
事業再建に向けた書類手続きの簡素化	○	△	△			手続きが複雑で、遠隔地の仮設住宅から何度も窓口
義捐金の事業所への適用	○		△			生活場所である家屋に対する義捐金支給はあるが、
病気・高齢関係						
仮設住宅での生活による健康面への影響改善	△		○	○	○※３	急激な住環境変化や隣人関係から、ストレスや不安、
仮設住宅内での老老介護の改善	○	△	○	○	○※３	デイケアサービスを受けられない住民や、狭い仮設
障がい者や車いすへの対応と改善			○	○	○※３	仮設住宅の造りが健常者向けのため、障がい者や高
高齢者向けの資料・配布物の作成	○		○	○		老眼鏡も流され、細かい文字の資料を読めない高齢者
仮設住宅内での引きこもり対策			○	○		移動手段やすることがなく、寒くなり部屋に閉じこ
持病のある住民への対応			○	○		震災以前から持病（認知症や自閉症など）や障がい
デイケアサービスの充実		△	○	△	○※３	震災以前から受けていたサービスが受けられず、介
看護師や保健師の巡回サービスの充実			○	△	○※３	避難所では頻繁に巡回していたが、仮設住宅ではあ
一人暮らしの高齢者の明確化			○	△	△※３	脳卒中などで突然倒れた時などに、誰も気付いてく
健康や病気の相談窓口の設置	○		○	△	△※３	日々の体調に関して、気軽に相談できる人や場所が
大雨など水害への心理的サポート			○	○	△※３	津波被害の経験から、海を見たりすると鼓動が早く
体調や栄養を自己管理できる体制づくり			○	△	○※３	仮設では日常食べる品目が少なく、移動販売などに
使用可能な家電製品の支給	○	△	○	△		日本赤十字やボランティアなどにより支給された最
緊急呼び出しベルの設置			○	△	△※２	通信手段がなく、急激な体調変化の場合に不安を感
障がいをもつ住民への優先的な支援	○	△	△	△		障がい者やその家族に対する支援がなく、多くの支
特別な老人ホームの建設と入居促進	○		○			仮設退去後、新築の家を建てるだけの資金もない高
子ども関係						
子どもの不登校に対する対策	△		○	○		友達とバラバラになり遊び相手がいなくなってしま
公園など遊び場や遊具の充実	△		○	△		仮設内やその周辺に子どもが遊べる場所や遊具も
通学路の安全性の確保	△		○			田畑周辺に建てられた仮設住宅では、フェンスや柵
復興と住民への配慮のバランス	△		○	△	○※１	がれきを運搬するトラックの往来から、砂埃で洗濯
コミュニティ関係						
憩いの場所の設置			△	○	○※２	物が多くなった仮設部屋では圧迫感を感じたり、交
仮設住宅での自治会設置			△	△	○※２	住民間の意見・情報交換の機会がなく、住民共通の
隣人問題の対応・解決促進			○		△※２	駐車場所や隣の部屋との境界線が曖昧など、隣人問
住民間での名簿の明確化	△		○		○※２	個人情報の扱いに注意が必要だが、同じ仮設内で誰
継続的なイベントの実施			△	○	○※２	仮設住宅では、一回限りのイベントが多く、一時的な
もともとの自治会や町内会の維持			○	△	○※２	現在の仮設内で自治会は設置されているが、もともと
住民と行政間の定期的な集会開催			○	△	○※２	行政への要望を伝える機会や話し合い・問題解決の
集会場の設置と有効活用		○	○	△	○※２	小さな仮設住宅に談話室が設置されていない地域や、
住居回り						
外灯の設置と治安の確保			○	△	△※２	夜間の仮設住宅の出入り口や敷地内が暗く、泥棒や
駐車場の場所決定・管理とスペースの確保			△		○※２	数台の車を所有する世帯もあり、駐車スペースが少な
仮設住宅内の案内充実			△		○※２	親族や友人が訪ねてくる際に、自分の部屋の場所を

ら	タンクを覆う簡易建物やシートでの対応
難先や経路が不明な住民も	高齢者でも徒歩でアクセス可能な避難場所や経路の選定と明確化
車が通行するため、子どもや高齢者が危険	住民同士の話し合いによる敷地内での交通規制や通行禁止区域の設置
、収集場所の清掃、ごみ出し時間などさまざまな問題	自治会による話し合いと管理、収集システムの改善など
る設備が異なり、住民の間で不満あり	設備面での差異の調査と住民からの要望に対する柔軟な対応
として手紙しかない高齢者も	ポスト設置や職員の郵便物の配達と収集の同時実施
などを洗う場所や物を置く場所がない	共同管理する水道や物置・倉庫の設置
悪い地域も	自動販売機設置や移動ＡＴＭの巡回
で玄関から出られなくなる世帯も	緊急対応窓口の設置や、土手や排水の事前整備
宅の出入り口になっており、通行が不便な場所も	出入り口の再検討と新たな出入り口の設置や道幅の拡充
ば買い物ができない	移動販売の促進や仮設店舗の設置、無人販売所の設置
どが障害となっている	砂利道の舗装や危険場所の調査、安全指導講習会、改善要望
い者勝ちのように置かれている状況	市職員や自治会による話し合いの実施
ることが容易でない住民が多い	移動販売車の購入補助や新規店舗の募集
棚もなく、部屋が狭い状況で毎日物を移動させて対応	各世帯や仮設住宅全体の倉庫設置
	各仮設での水質調査実施と公表、天然水などの水源利用促進
らい場所にいると不安になる住民も	簡易的な室内ライトの設置と心理的なサポート提供
用などを保管しておく場所がない	短期的な空き部屋貸し出しなど柔軟な対応
で、友人や訪問者が住民を見つけにくい状況	自治会長などの部屋場所を掲載し、外からの訪問者対応に備える
増え、支援物資や情報が届いていない	許可済みの在宅被さい者の現住所や必要物資の問い合わせシステム作り
かない仮設、ストーブやコタツ、冬布団を買いに行けないなど	路面や水道管などインフラ確認と修繕、設備の確保
者たちには住みにくい環境である	部屋入り口や室内のバリアフリー化や専用仮設住宅の建設
	各棟の屋根の連結や、簡易的な雨除けシートの設置
る。ストレスを感じたりや気を遣いながらの生活	防音板や防音シートの設置
くなり結露ができ水が滴り落ちる仮設も	仮設住宅の除湿機器配布と購入促進補助
や高齢者の火の元管理の心配	灯油を使用しない安全な暖房機器使用の促進
から訪ねてきた家族などを泊められないなど	周辺の仮設住宅の空き部屋の利用促進
	定期的な検査と対応の実施
物資配布のお知らせが聞こえないなど	障がい者の戸別調査と周辺住民の協力促進
通手段がない住民も	車の購入補助や新たな交通手段の導入
や本数のため、通院や買い物の際に不便	バスの運行本数や時間帯の改善、代替交通手段の導入
	適切な場所に新たなバス停の設置
、ボランティアなどの交通量の変化により危険	専門家による調査に基づく対応と注意喚起
	危険回避行動の指導と道路整備
歩行や自転車の運転などが暗く危険	適切な場所への外灯設置と事故防止のための工夫
くなる	被さい者特別料金の設定も
時間がかかる	行政や企業への実施要望と相談
動が心配	専門家による現場調査と相談窓口の設置
には、交通費が多くかかる	行政への要望として相談
行っているため、料金が高くなっている	被さい者特別料金や無料時間帯の設置
手段がないなど	行政への働きかけと、周囲の住民との連携
携帯電話の電波が届かない地域も	携帯電話会社への調査依頼
り料金が高くなく、使い慣れた固定電話が必要	高齢者への設置優先など段階的な設置による対応
周辺の地理に不案内	周辺マップの作成と住民間のコミュニケーション
	受信感度の良いものの配布やアンテナ設置
聴料の支払い催促がきて、疑問に感じている住民も	受信感度調査に基づく支払い免除措置の導入検討
が届いていない	各世帯毎の配布、配布前の事前調査の実施
	各仮設での設置の要望を行政に
れないことがある	職員の対応方法の指導と改善
流がなく、情報が共有できない	自治会や集会での話し合い促進
ができない	行政の相談窓口の設置と、要望の集約化システムづくり
の場所などで格差がある	住民の情報源の調査と、行政支援をはじめとする物資配布の記載徹底
障がい者が受け取れないなど	ニーズ調査に基づく戸別配布
	自立への障害となる活動や配布の禁止措置
あるなど	柔軟な保管場所の設置
はなく、どのように使われているかわからない	行政へのアンケートや調査の実施
者がわかりにくく、たらい回しにされる	総合的な窓口の設置と案内の徹底
のイベントを開きたいなど	住民の自立促進とボランティア間の連携、話し合いの場創出

下水処理タンク・浄化槽の臭い対策		△	○			処理タンクや浄化槽付近では、汚水の強い臭いがす
避難経路・避難場所の確保・明確化			○	△	△	仮設住宅付近の土地勘がなく、台風などの自然災害
仮設住宅内での車の通行規制			△		○※2	部屋の前に駐車する住民がいたり、各棟の合間や敷
ごみ出しや収集の問題の改善		△	△		○※2	ごみの分別、外からの持ち込み、収集場所の大きさ
各仮設住宅での設備の格差改善		○	△			二重サッシ、断熱材、網戸など各仮設住宅で備えら
郵便ポストなどの設置	△		○		△※2	郵便局へのアクセスが悪い地域では、電話もなく通
仮設敷地内での共同利用設備の設置			○		△※2	敷地内にベンチやイスなどがなく、汚れた服や靴、
ＡＴＭや自動販売機などの設置					○※1	仮設住宅周辺において銀行やスーパーなどへのアク
台風や大雪などへの対応と安全性の確保	△	△	○		△※2	仮設住宅の土台が低く雨水が溜まったり雪が積もっ
仮設住宅の出入り口の拡張			○		△※2	畑や河川敷などに建てられた仮設住宅では、畦道が
公園やスーパーなど周辺施設の充実	△		△		○※2	敷地内に憩いの場所や遊ぶ場所がなく、市街地に出
敷地内での段差の改善		△	○		△※2	高齢者が歩行する際に、舗装された通路の境目や砂
仮設住宅の各世帯の境界線の明確化			△		○※2	隣の世帯との境界線が不明確で、自転車や工具、物
仮設住宅を巡回する移動販売の促進			△		○※1	高齢であったり交通手段を持たないため、買い物に
住宅関係						
仮設住宅の部屋の収納改善		△	△	○	○※2	体が大きい人がいると４畳半の２部屋では物の置き
水道水の水質改善		△	○	△		水道は塩素が強く飲めない仮設住宅も
部屋内部の明るさの確保		△	○	○		窓が少なく風通しも悪く、トイレや浴室が暗い。
近くの空き部屋の利用		△	○			仮設入居の際、バラバラに入居した家族もおり、
仮設住宅の案内掲示板の改善		△	△		○※2	個人情報の問題もあるが、仮設番号が掲載されてい
仮設住宅以外の住宅で生活する住民への支援		△	△	○		在宅避難民や一般住宅で生活する被さい者は実費で
防寒・保温など冬場対策		△	△	○		水道管の凍結、断熱材がなかったりエアコンが一部
仮設住宅内部の手すりなどバリアフリー化		△	△	○		仮設住宅の造りが、健常者向けの造りで、障がい者
仮設住宅の短い屋根の改善		△	△	○		屋根・ひさしが短く、雨が降ると洗濯物が濡れてし
生活音など部屋内部の防音対策		△	△	○		隣の住民の声や足音、ドアの開け閉めの音が聞こえ
部屋内部の湿気・結露への対策		△	△	○		湿気が多く、壁や畳・カーペットの裏にカビが生え
ストーブなどによる火災などへの対策		△	△	○		外に灯油を置く場所がなく、部屋に置く世帯もある。
家族の宿泊場所の確保		△	○			仮設周辺に宿泊施設もなく、仮設住宅の部屋は狭く、
仮設住宅の耐久性の確保		△	○	△		仮設住宅の土台の歪みや腐食等があり心配する住民
呼び出しベルの設置			△	△	○※2	高齢者や聴覚障がいを持つ住民は訪問者や移動販売、
交通関係						
交通手段の確保	○		△		○※1	車を運転できない高齢者が多く、生活や緊急時のた
バスの運行本数の増加	△		△		○※1	仮設住民が増加する一方でバスは震災以前と同じ運
最寄りのバス停の設置		△	△		○※1	特に高齢者には最寄りのバス停が遠い
信号機や安全柵の復旧と設置	△		○			もともと民家の少ない場所に仮設住宅が建てられ
道路の整備・舗装	△	△	○			近隣住宅への砂埃。自転車運転や子どもの歩行の危
街灯の設置	△		○			山間部の国道などでは街灯がないため、子ども・高
交通費の負担軽減	△		○		△※1	以前の生活場所と比較し、仮設住宅での生活は交通
コミュニティバスやスクールバスなどの運行	△		○		△※1	仮設住宅から学校・市街地が遠くなり、通学・通勤
仮設住宅の周辺道路の冬場対策	△		○		○※2	山間部や田畑周辺に建設された仮設住宅では住民の
高速道路無料化の適用対象者の改善	△		○			県外の家族が頻繁に被さい地にいる家族に会いに行
情報・通信関係						
携帯電話の料金負担の軽減	△				○※1	固定電話の付いていない世帯では、携帯電話で連絡
仮設住宅内での公衆電話の設置	△				○※1	高齢者など通信手段を持たない住民もおり、緊急時
携帯電話の電波状況の改善					○※1	固定・公衆電話のない仮設住宅での唯一の通信手段
各世帯に固定電話の設置	△				○※1	携帯電話を使いこなせない高齢者もいるため、携帯
仮設住宅周辺の地図や住所録の入手			○			沿岸部や隣の市町村から入居した住民の中には、仮
ラジオやテレビの電波状況の改善	△				○※1	緊急地震速報などの情報が得られない
通話料金やＮＨＫ受信料の無料化・支払い猶予	△				○※1	電話設置にお金がかかり、ＮＨＫが充分に映らない
支援物資の配布情報の伝達方法の改善			○	△		高齢者や障がい者など優先的に配布されるべき住民
防災無線の設置	△		○			緊急時に利用出来るチャンネルが存在しない
各手続きの際の充分な説明	△		○	△		仮設入居の際など、さまざまな手続の際に充分な説
仮設住宅入居者の名簿や回覧板の作成					○※2	さまざまな地域から入居している住民もおり、住民
被さい者の要望を届けるシステム構築	○		○	○	○※2	支援情報を受け取るだけで、要望を届けるなどの情
広報誌や地元新聞への必要な情報掲載			△		○※1	物資配布のお知らせなど、必要な情報が届かず、仮
その他						
支援物資の配布方法の改善			○	○	△※1	配布場所が戸別でなく一カ所での配布であると、高
支援物資配布の停止		△	○	△		物資配布があると自立に向かえないなど
遺骨などの保管場所		○	○			お墓が流され、収める場所がなく仮設の部屋の中に
義捐金や募金の用途明確化	○		△	△	△※1	多くの義捐金が集まっているが、多く受け取れてい
住民相談など行政窓口の一本化	△	△	○	△		住民から見れば役所は一つであるが、行政組織の担
ボランティアの役割改善			△	○	○※2	自立のために、外部ボランティア中心ではなく、住

注：2011年７月１日〜10月９日、仮設住宅の住民への聞き取り調査より。

○印＝メインアクター、△印＝サブアクター。いずれも主なアクターであり、相互に関係し合っている。

※１＝民間企業や各種組合など、※２＝自治会や住民など、※３＝医療社会福祉機関など。

作成者：日本リザルツ遠野事務所所長 日置哲二郎／アシスタント 村上智美。2011年11月７日現在。

た内容は次の通りです。

◎生活に関すること

・仮設住宅への入居で、家族や近所の友達とバラバラになってしまった。
・お隣の人とは挨拶をする程度の交流なので、同じ仮設住宅内で生活する住民をよく知らない。
・仮設住宅には外灯や手すり、網戸、収納スペースがなく不便である。
・近くに病院やスーパー、学校、銀行がなく、車も流され、バスの運行本数も少ないので生活が不便。
・仮設住宅を退去しなければならないときに、住む場所はあるのか。
・震災以前のローンがまだ残っているので、新しく家を建てる資金がない。
・家屋の被害認定の基準が不明、支援物資を公平に届けてほしい。
・急激な生活環境の変化から、体調が良くない。
・福祉サービスも受けられず、仮設住宅での高齢者ケアは大変である。
・携帯電話や郵便ポストがないから、連絡の手段がない。

◎事業に関すること

・事業をもう一度始めたいが、申請手続きが複雑でよくわからない。
・収入も当座の資金もなく、お金を借りることができず、事業を始めてもお金を返せないのではないか不安である。

・詳細な支援策や補助に関する情報が入手できない。
・養殖などの事業は安定した収入が見込めるまでに数年かかるが、その間も事業を維持できる補助が欲しい。
・自分の希望する仕事がないため、内陸や県外で働こうか悩んでいる。
・年齢を考えると、新しい仕事をすることはできない。
・雇用期間が限られた求人や、アルバイトの求人ばかりが多く、この先の収入が不安である。
・漁協など事業主に対する支援だけでなく、個人に対する補助や支援も十分にしてほしい。

こうして記録・集計されたすべての「不安」「希望」「要望」は、直接内閣府や国会議員、地元自治体に届けました。狭く不便な仮設住宅で耐え忍んで暮らしている方々の生の声をその方々に代わって然るべき場所に確実に届けること。そしてそれによって、個々の住民の希望や要望に沿った適切な支援サービスが国や地元自治体によって少しでも前進していくこと。この活動の目的はそこにありました。

「出張形式の専門家相談会」——被さい者の方々の事情に合わせた活動

三カ月にわたるこの「聞き取り調査」の過程では、専門的な知識を持った人ができるだけ早く対応した方がよいと思った内容も多々出てきました。「仮設住宅に入居してから眠れない、体調が良くない」「仮設住宅の部屋が狭く、生活しにくい」「車がなく、通院や買い物に不便」といった生活面での不安、悩みや、「事業をもう一度始めたいが、どうしたらよいか」「二重債務・ローンを何とかしたいが、誰に相談したらいいのか」「相続税について詳しく教えてほしい」といった事業、お金に関する相談まで、

2011年９月に開催した釜石市栗林町での専門家相談会の様子

2012年１月に開催した釜石市平田地区での専門家相談会の様子

さまざまありました。専門家でない私たちは、的確なアドバイスを伝えることができませんでした。

　そのような声に応えるために、「聞き取り調査」を開始して一カ月後の八月からは、釜石市の仮設住宅や雇用促進住宅で専門家による出張形式の相談会も実施することにしました。私たちの呼びかけに応え、地元釜石市や遠野、盛岡、仙台、そして東京や埼玉などの地域から、医師、保健師、看護師、整体師、心理療法士、柔道整復師、理学・作業療法士、保育士、弁護士、中小企業診断士、税理士、教師、農業専門家など、さまざまな分野の専門家が駆けつけてくれました。

　これまでに大規模相談会を四一回、中小規模の相談会を一一六回開催しました（二〇一二年九月末現在）。相談会の形式は、住民の要望や被さい地での環境の変化に合わせて対応してきました。

　専門家相談会を始めた八月（二〇一一年）当初は、仮設住宅への入居が始まって間もない時期だったので、多くの方々はもともと住んでいた集落の人たちとバラバラになり、慣れない環境下での生活を余儀なくされていました。住民同士の交流がほとんどないそうした環境の中で、私たちは「カリタスジャパン」や「難民を助ける会」などのNGOと協働して炊き出し支援や、交流の場づくりを行いながら、その会場に相談スペースを設け、気軽に立ち寄れる形式で相談会を開いていました。

多くの地域で炊き出しが落ち着いてきた一〇月以降は、支援が届きにくい釜石市南東部の唐丹町や同市北東部の鵜住居町などでも、仮設住宅の談話室を借りて月六回ほどのペースで開いてきました。実施する際には事前に仮設住宅を回り、住民の要望を直接伺い、それに適った専門家を招くようにしました。相談スペースの確保、案内チラシの配布、各種段取りなどの準備を整えた上で、住民の方々を迎えるようにしました。

2012年１月、釜石市平田地区の方々に配布した専門家相談会の案内のチラシ

専門家でない私たちの役割は、被さいされた方々の身近な場所で、必要とされている専門家との出会いの場をつくり出すこと、そして一人でも多くの方々に現在抱えている悩みや不安を解消していただくことにあります。

もっとも、たった一度の相談だけでそれが解消するということはほとんどありません。私たちは相談会後も、相談に訪れた方々の住まいを訪ね、その後の様子を伺い、もう一度相談会場に案内したり、専門家にその後の様子を電話で伝え、個別で相談が継続できる環境を整えたりと、時間をかけたフォローアップに努めてきました。活動開始からちょうど一年が経ちましたが、私たちは現在も、相談者一人ひとりのペースを大事にする活動をと心掛けています。

二　活動から見えてきたもの

何度でも足を運ぶ

私たちはあくまで外部者であり、決して被さいされた方々と同じ立場に立つことはできません。しかし、支援の在り方や支援者の姿勢によっては、その距離を限りなく縮められるかもしれないとも考えています。

支援物資を玄関先に置くだけで、住民とのコミュニケーションを疎かにするような取り組み、あるいは住民の視点に立つことを忘れて、「ニーズ」がはっきりしている場所や人を求めて活動範囲を点々と広げていくような取り組みは、一時的に感謝はされても、安心感や信頼感をもって受け入れられることは少なく、かえって不安や不信感を与えてしまうことになります。過剰な物資支援や大型支援事業によって生じる隠れた弊害に気づかないまま、結果的に地元商店の事業再建を阻んでしまったケースも耳にします。

「以前は多くのボランティアが訪ねて来てくれたが、最近来ないね」という話をよく聞きます。自分たちは忘れられているのではないか、政府や自治体は何をしているのだろう、と不安感を募らせています。

忘れられていないと感じてもらえるよう、いや、「絶対に忘れませんよ」という私たち自身のメッセージを伝えるために、何度でも顔を出し、被さいされた方々との距離を少しでも縮められればと思っています。どんな支援が求められているかは、より多くの住民の方々とより多く接することで見えてくる場合もあるのです。日常の生活を少しずつでも共有していくことで信頼関係は開かれていきます。「隣の人も同じことで悩んでいるから、訪ねて欲しい」「友達がいる仮設住宅でも、相談会を開いてほしい」、そういう声が聞こえてきたときには、何が大事なのかを逆に教えられる思いにもなります。

一人のために複数が連携

住民の方々の要望・希望は時間の経過とともに変化し、多様化していきます。しかも、複数の要望・希望を常に抱えられている場合がほとんどです。活動を続ける中で、私たちは自分たちにできることの限界を知るようになりました。しかし、その限界の多くが、地元の方々をはじめ多くの支援者と協働することで乗り越えられることもわかってきました。

被さい地では、コミュニティ支援、子ども支援、高齢者支援など、それぞれの領域に特化したさまざまなボランティア団体が活動しています。これらの団体と情報を共有していけば、さまざまな相談に幅広く対応していくことも可能になります。実際、津波で学習塾が流され、再開のためにホワイトボードや机、椅子などを必要としている方をＮＧＯ「ピース・プロジェクト」の活動につなげることで、あるいは、退院したばかりで介護用ベッドの工面に悩んでいる方を「難民を助ける会」の活動につなげることで、私たちは自分たちだけではできない支援を実現することができました。

出張相談会では、今までつながりのなかった地元釜石市や遠野市の弁護士、保健師、税理士の方々にも協力をお願いし、快く引き受けていただいて、相談要員の確保を実現することができました。

ばらばらの取り組みではなく、各種ボランティア団体や各種専門家同士が協力し合うことで、一人の被さい者のために複数の支援者が連携して支援すること。支援のエリアを広げることももちろん大事ですが、小さな限定された地域で、住民との信頼関係を第一に支援の中身を充実させていくこうした取り組みこそ、あらゆる支援の基本に据えられるべきものと私たちは考えています。

三　今後の課題

活動を続ける

震災から一年以上が経過すると、支援や復旧・復興をめぐる自治体間、地域間の格差はもとより、被さい者間の格差も顕在化するようになりました。

たとえば釜石市南東部・平田地区の仮設住宅では、いまだに多くの方々が個人では解決困難な問題を抱え込みながら暮らしています。住宅ローンに悩み一日中部屋に閉じこもっている方、仮設店舗で事業を再開するも思うように集客できず今後に不安を感じている方、勤め先を解雇された震災直後からなかなか仕事が見つからずにストレスで心身の不調を訴えている方、テレビから流れる復興の映像を見るたびに焦りと不安に襲われ考え込んでしまっている方、などなど。

地域でみても、支援の行き届いていないところがまだ存在しています。震災から丸一年になる二〇一二年三月、私たちは釜石市北東部の山合いにある鵜住居町の小規模仮設住宅（第三仮設住宅一二世帯、第四仮設住宅二四世帯）を訪ねました。前年秋口より幾度か出張相談会を開いてきた同町の別の仮設住宅とは五キロメートルほど奥に入ったところにあります。「［仮設住宅が］山奥にあるから交通の便も悪く、ボランティアもほとんど来ない」「出張専門家相談会をこの仮設住宅でも開いてほしい」という声を聞いた私たちは、さっそく保健師や整体師などが参加しての小規模専門家相談会を同月二三日に初開催することにしました。震災以前からもともと行政サービスが届きにくかったこうした地域では、公的支援やボランティア団体の活動も滞りがちになっているのが現状です。

未曾有の大災害から人や土地のつながりを一瞬にして断ち切られ、いまだ誰にも相談できずに日常を送っている人たちが大勢います。それでも、諦めない気持ちを持ち続けようと懸命に生きています。私たち自身も、そうした被さい地の方々に寄り添い、建設的な提案を共に交わし合いながら、さらなる一歩を踏み出していかなければならないと思っています。

被さい者の輪を広げる

先にも述べたように、時間の経過とともに住民の方々の生活・事業再建に関する不安、希望、要望は多様化しています。相談内容は個々の事情ごとに複雑化しています。画一的な支援ではそれに応えることはできません。各領域の専門性を生かしたきめ細かな支援や、他のボランティア団体、行政との連携支援がこれまで以上に必要になっています。

震災からちょうど一年となる二〇一二年三月一一日には、大槌町上町に「法テラス大槌」が開設され（「法テラス」は日本司法支援センターの愛称）、弁護士、司法書士、税理士、社会保険労務士などの専門家が無料で相談に応じる体制を整えました。今ではメンタルケアの専門家も参加・協力してくれています。また、交通手段を持たない住民からの相談にきめ細かに応じられるよう、移動相談車で山田町、大槌町、釜石市の仮設住宅を巡回する活動も同じ三月より始めています。「法テラス大槌」の存在をチラシ等で丁寧に知らせながら、今後も支援者間の活動を補完し合うような取り組みを充実させていきたいと思っています。

　東北地方は人と土地とのつながりが豊かな地域です。避難所や仮設住宅でも同じ土地で生まれ育った人たちが互いに助け合いながら生活しています。しかし、復興するには一〇年とも一五年とも言われる甚大な被害を前にして、従来のつながりだけでは乗り越えることができない問題も出てきています。

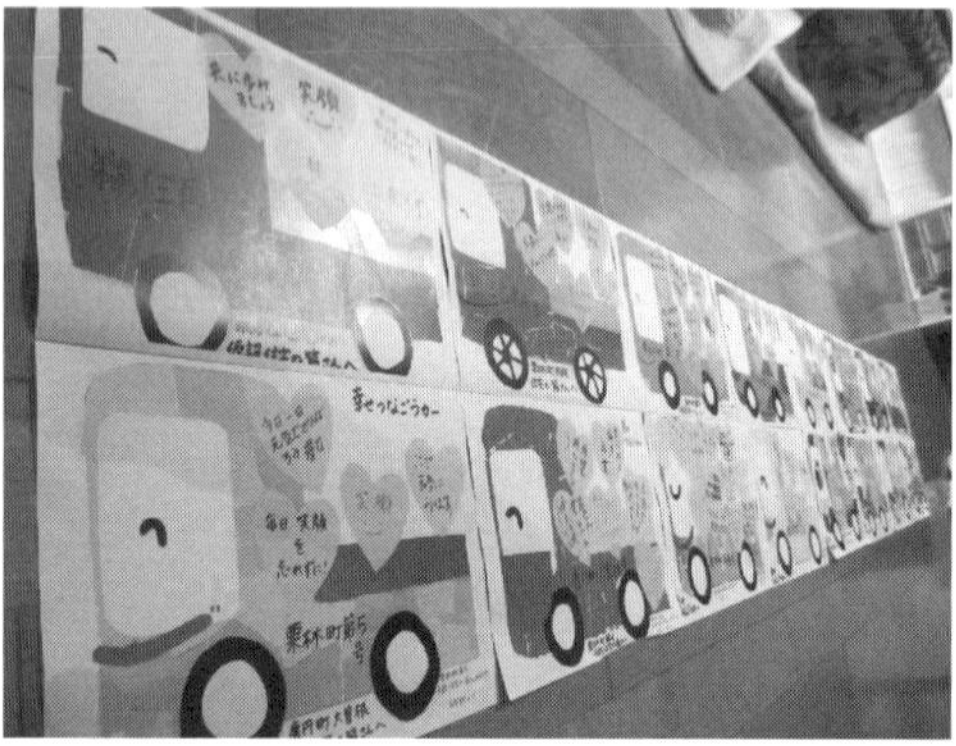

小さな仮設住宅同士をつなぐメッセージカー「幸せつなごうカー」

　現在、私たちは、これまでつながりのなかった近隣の人たち同士が出会う、「被さい者から被さい者へ」というもう一つの支援のかたちを模索しています。たとえば、塩水とがれきで被害を受けた農地の再生を外部支援者によってではなく、被さいされた方々同士の手で行う取り組みもその一つです。この活動によって、復興に少しでも役立ちたいと思っている地元周辺の方々（震災で仕事を失った方々でもあります）と、助けを必要としている農家の方々とを引き合わせることができました。

　また、小規模仮設住宅が点在する鵜住居町地域では、専門家相談会の実施時に、次の会場となる仮設住宅の住民宛にメッセージを書いてもらうことで、小さな仮設住宅の住民同士をつなぐ取り組みも始めました。

　このようなつながりは、「支援者から被さい者へ」という従来の支援のあり方にとらわれない新しい支援の可能性を開

箱崎町C号
幸せ
つなごうカー
鵜住居町第2D
仮設住宅の皆さんへ
箱崎町C
仮設住宅の皆さん
からです
日本リザルツ

鵜住居町
第2D号
幸せ
つなごうカー
箱崎町C仮設住宅の
皆さんへ
支援して下さる
皆さんに感謝の気持で
鵜住居町第2D
仮設住宅の皆さんから
です
日本リザルツ

くものです。見知らぬ方々同士をつなぐこうした取り組みによって、普段顔を合わせることの少ない近隣住民の人たちの間で、新たな交流や取り組みが生まれていくことを願っています。

思いをつなぐ

震災丸一年の春に開催された選抜高校野球大会の〝選手宣誓〟がとても強く心に残っています。大役は被さい地・宮城県代表の石巻工業高等学校野球部キャプテン、阿部翔人君が務めました。宣誓の言葉はチーム全員と相談し、チーム一人ひとりの言葉を紡いで完成させたそうです。最後にその冒頭部分を紹介します。

宣誓。東日本大震災から一年。日本は復興の真っ最中です。被さいをされた方々の中には、苦しくて、心の整理がつかず、今も当時のことや亡くなられた方を忘れられず、悲しみに暮れている方がたくさんいます。人は誰でも、答えのない悲しみを受け入れることは苦しくてつらいことです。しかし、日本が一つになり、その苦難を乗り越えることができれば、その先に必ず大きな幸せが待っていると、信じています〔後略〕。（二〇一二年三月二一日）

私たちは「被さい者の立場に立つ」という〝支援の要締〟を忘れてしまうことがあります。「答えのない悲しみ」を乗り越えるためには、被さいされた方々だけでなく、それを見守るみんなの力が絶対に必要です。被さい地で活動する私たちも、地元の人たちに教えられ気づかされながら、石巻球児のこの思いをしっかりと全国につなげていかなければなりません。

日本リザルツは、ハイチ地震が発生した一カ月後からハイチ募金を毎月一一日に行ってきました。東日本大震災後は〝つなみ募金〟も加えて、街頭での募金活動を行っています。しかし、月日が経つにつれ、募金をしてくださる人の数は減っています。震災の記憶を風化させないために、これからも私たちは東京でも東北でも、地道な活動を続けていきます。

＊本稿によって、改めて支援のあり方を考え直すことができました。東北での私たちの支援活動に資金面で助成してくださった財団法人ＪＫＡおよび特定非営利活動法人ジャパン・プラットフォームに対し、また執筆の機会を与えてくださった本書の編者ならびに新評論に対し、この場を借りて深く感謝申し上げます。

Ⅳ　境界を越えて

第Ⅳ部扉写真
宮城県仙台市
荒浜地区から蔵王の夕日を望む

町内会間の自主防災／宮城 仙台市福住町

10 普段着ネットワークが町を救う
——住民の生命と財産を守る「福住町方式」

菅原 康雄
（仙台市宮城野区福住町町内会会長／菅原動物病院院長）

災害に強い町内会

災害に強い町内会をめざして現在もまた試行錯誤を繰り返している私たちの町、仙台市宮城野区福住町は、同市北東部沿岸から西に五〜六キロメートルのところに位置する。会員一一一八名、世帯数四二七戸、一人暮らしの高齢者は五三人にのぼる。住環境は過去の災害の歴史を見ても、二級河川梅田川流域に沿った水田に囲まれていることから、深刻な水害に何度も遭遇している。私はこの町で動物病院の獣医師として開業し二六年になる。3・11当時、隣接している菅原動物病院附属ＶＴカレッジに行き仕事をしていたところ、長時間の激震に見舞われた。揺れがおさまってから病院にもどり、足の踏み場もない床面を歩き院長室入口にたどりついた。部屋を見て唖然とした。部屋にいたら死亡したかもしれないほどだった。

一〇年目の町内会自主防災組織

「自分たちの町は自分たちで守る」と自主防災組織を立ち上げたのは、宮城県沖を震源とする大地震が三〇年以内に九九％の確率で発生すると騒がれる九年前の二〇〇三年。その年に起きた宮城県北部連続地震がきっかけとなった。

即とりかかったのが、A４判五三ページに及ぶ「福住町自主管理マニュアル」。個人情報をあえて盛り込み、それぞれの役割分担を明記した。緊急時の連絡網から指定避難所を示した地図まで盛り込んだ。町内会長と一〇名の副会長を頂点に、執行部三一名のほか、住民全員が「情報収集班」「救援物資班」「消防協力班」「救急救護班」「給食給水班」の五グループに属し、各グループをそれぞれ四つに分けて計二〇班が個々の役割を果たす。各班の立て看板は子どももわかるようにすべて色分けする。各グループは災害時、町内会長を首長とする災害対策本部と連絡を取りながら作業に当たるほか、全二〇班の各班長が地区内の被害状況の取りまとめを行う。

梅田川が流れる福住町の風景。この川は七北田川に合流し、干潟で有名な蒲生海岸へとそそぐ

この膨大なマニュアルを基に、その年の一一月に第一回目の福住防火・防災訓練を実施。以来毎年一回秋に訓練を行い、前回の反省や訓練を生かし、さらに新しい試みを加味しながら今日に至っている。

訓練を行う場所は、福住町集会所に隣接する福住公園。五〇〇坪ほどの広くはない敷地内で仮設トイレの作り方を展示したり、災害探索犬や探索用レスキューロボットを使って、崩落した家屋（木材・廃

震災後初めての防火・防災訓練／2011年11月13日

材で作成）内や乗用車に閉じ込められた人を捜索し、実際に車を外から壊して救出する訓練なども行っている。また、人命救助には欠かせない災害時一次救急救命は毎年継続。医療関係者、日本赤十字社スタッフ、柔道整復師会の方々にも参加していただき講習会を催している。さらに、防犯の講話は警察に、電気・ガス・水道・通信等ライフラインに関する防災知識の啓蒙は各専門の方にお願いしている。

震災後初めてとなる二〇一一年一一月一三日に行われた第九回福住防火・防災訓練には、約四〇〇人が参加。市内七町内会に加えて、愛知県西尾市など県外の町内会関係者ら約三〇人が見学する中、ＮＴＴ、市ガス局の災害対応部門や防災用品メーカーなども合計一八のブースを設置した。一二月九日付の地元紙「河北新報」にはこの訓練の様子が「防災「福住町方式」に脚光」という見出しで紹介された。訓練のあとは参加者全員で、サバイバル飯と豚汁で労をねぎらう。「全員参加」を可能にしたのは、町内会すべて全員が何らかの役割を担うようにプログラムされたことと、夏祭り・灯篭流し・高齢者食事会・子ども会などの地域の活動を通して日頃より町内会会員同士が顔見知りになっていたことに尽きる。

全国に呼びかけた「災害時相互協力協定」案

この「災害時相互協力協定」案は〝できる限り自分たちで〟という視点から始まった。お金も力もない小さな町内会だが、住民同士の結束力と、この町からは一人の犠牲者も出さないという意気込みはどこにも負けない自信はある。しかし被害が甚大であれば、役所・消防署・警察・病院等も同時に被災する。ライフラインの断たれた空白の時間をどう乗り切るのか。どこにでもある町内会や自治会となら手を組むことは可能だと考えた。近県、隣町なら土地勘もある。何より手弁当で往来できる。日頃の交流があれば多少の無理なお願いもできる。〝困った時はお互い様〟の人情は阪神・淡路大震災でも実証された。

福住町町内会による「災害時相互協力協定」案の構想が決まった翌年、二〇〇四年一〇月に新潟県中越地震が起きた。ニュースで知っただけの、一面識もない小千谷市池ヶ原地区の三町内会に連絡、必要な物資をお尋ねした。それをもとに私たちの町内会に緊急回覧を回し、石油ストーブ、灯油、毛布、義捐金を集めて、発災一〇日目の深夜に車二台で福住町を出発した。マニュアルに基づく初めての実践となったが、マニュアルだけでは見えないものもあるはずである。ともかくも逸速く駆けつけ、被災地の方々の手を煩わすことなく、必要なものを直接届ける行為によって相手と直接対面し、被災の状況をともに分かち合いながら相互の〝絆〟というものを作りたいと思った。

目的地、小千谷に近づくにつれ、行く手は至るところ通行止め。迂回して目的地に着いたのは翌早朝。車の窓から見る震災の状況に目を見張った。飴のように曲がった電信柱、道路に突き出たマンホール、二階家が潰れて道を塞いでいる。まさかその七年後に今度は自分たちがマグニチュード9・0という大震災に遭遇するなどとは思ってもいない。この地区にはその後も数回、義捐金と支援物資を届けた。精神面でのメンタルヘルスケアを一考して、市内の保育所には子どもたちにウサギやモルモットといった小動物とふれあってもらうためのコーナーを設け、綿菓子、ポップコーンなどを提供。貸与した綿菓子づくりの機材は子どもたちにも開放したが、結果は子どもたちの歓声に現れていた。

小千谷での活動／2004年11月2日

その後に起こった二〇〇七年七月発災の新潟県中越沖地震では柏崎市へ、そして二〇〇八年六月発災の岩手宮城内陸地震では宮城県栗原市へと、複数回同様の支援をさせていただいた。この時の支援を手がかりとして、それぞれの地区との交流が始まり、栗原市の子どもたちを〝福住夏まつり〟に招待したり、福住町の防火・防災訓練には小千谷市池ヶ原地区の方々の参加も得ながら今日に至っている。だが、これらの地区・町内会とはいまだ「災害時相互協力協定」の提携には至らず、〝交流〟に留まっている。お互いできる範囲の協力だけで十分と説明させていただいているが、今一歩というところである。

他地区の方々といろいろ話を進めていると、個人情報保護法が壁となり、個人名簿作成がうまく行かないと嘆かれる町内会、自治会が多い。近年では保護法だけが勝手に拡大解釈されて、独り歩きをしている感もあるが、私の信念としては住民の生命と財産を守ることは個人の権利や利益の保護よりも優先されるべきものと考えている。災害時用などの個人名簿の作成においては多少の異論があっても中断せず、どうしても賛同できない方についいては最終的に削除するという方法が望ましいと思う。

「災害時相互協力協定」遂に結ばれる

「福住町自主管理マニュアル」は、宮城県立図書館をはじめ、三六〇あまりの自治体、町内会、個人から送付依頼を受けた。県内であれば、時間の許す限り対面して手渡した。小規模の動物病院の開業獣医師には、仕事以外の時間は限られている。相手先の困惑も省みず、夜間の遅い訪問も数知れない。講演の依頼は全部受けた。大惨事は待ったなしに襲いかかるという危機意識を常に持っているからである。講演では阪神・淡路大震災の最大の教訓として、九六・一％が建物由来による死亡という恐ろしい現実を住民に周知させ、その予防対策を力説するようにしている。同震災では大量の建築被害こそが多数の人命を奪い、震災後にもさまざまな複合的な問題をもたらした。「住宅災害」や「公共施設災害」と呼ばれる。地震の被害を受けた建築物は九割が住宅、ついで病院や学校だった。その後、危機意識の高まりによって住宅などの耐震性が強化され、耐震設計基準も改定されている。

この真実を知れば行動は一つ、減災に徹することに尽きる。具体的には、たとえば①家具の転倒防止対策、②建物の防火対策、③住宅の耐震対策、④建物の立地対策等が挙げられる。福住町では、役員が家具の転倒防止の金具を持って家々を回り、ほぼ一〇〇％対応し、この最優先課題を突破した。

「災害時相互協力協定」の提携第一号は仙台市青葉区の花壇大手町町内会。市内中心部に近い広瀬川のほとりにある町である。二〇〇六年五月一日、この日を待ち望んでいた福住町の人々、役員たちの喜びは「河北新報」にも掲載された。これを機に、二〇〇七年に塙山学区住みよいまちをつくる会（茨城県日立市金沢町）、二〇〇八年に仙台リバースネット梅田川（仙台市青葉区菊田町）、二〇一〇年に鶴子地区連合区会（山形県尾花沢市）、そして二〇一一年にはNPO法人飯田ボランティア協会（長野県飯田市）との提携も成立し、現在はこれら五つの町内会・団体と協定を結んでいる。＊NPO法人飯田ボランティア協会とは東日本大震災後の提携であるが、出会いは二〇〇六年名古屋で開催された「全国防災まちづくりフォーラムｉｎ名古屋」に参加した折、ともに自主防災の発表を行って交流を深めたことにある。鶴子地区連合区会とは、二〇一〇年に防災の話を直接聞きたいと来仙されたことに始まり、福住町からも豪雪地帯の鶴子に〝雪かき体験〟をさせていただいたりした交流が実を結んだ。私たちは今回の震災の一カ月半前にも雪下ろしの手伝いで鶴子を訪れている。他の地区も含めての防災訓練や、祭りに呼んで呼ばれての〝顔が見える関係〟は、少子高齢化に悩む地域の活性化にも大いに役立っている。

＊二〇一二年一一月一一日の第一〇回福住防火・防災訓練の日には対業者としては初となる仙台プロパン株式会社との間で、また二〇一三年中には新潟県小千谷市池ヶ原地区の皆さんとの間で協定が結ばれる予定である。

東日本大震災の襲来と、しっかり結ばれた「災害時相互協力協定」

二〇一一年三月一一日、午後二時四六分。

当地区は震度6強。直ちに町内住民の安否を確認。訓練通り町内会集会所に住民を避難誘導し、公園にトイレと災害瓦礫置場を設置する。幸いにも地震、津波による町内住民の人的被害は少なく、調査結果は翌日、宮城野区災害対策本部へ届けた。集会所に避難してきた住民は約一〇〇名、ほぼ満員状態。

3.11当日、訓練通り、町内会集会所に避難した

「来たゾォー」の声とともに支援物資が届いた。山形県尾花沢市と同市鶴子地区の皆さん／2011年3月15日

それに近くの市立高砂小学校へ避難した住民が約七〇名。〝公的指定避難所〟は本当に大変な人のために空けておくよう訓練のたびに周知させてきた。

強い余震が続く。小雪が舞って、かなり寒い。そんな中でガスが止まり、停電、断水。三月の日没は早い。役員たちは急いで夕食の準備にかかった。災害用大釜二つ、コメ、味噌、しょう油、水がある。プロパンガス、発電機、石油ストーブもある。全員に食事が渡り、みな毛布にくるまりながらラジオから漏れてくる津波被害の情報に耳をそば立てる。どの顔も暗い。

発災して四日目の朝、集会所の窓ガラスを叩く音と懐かしい人の声に気がついた役員が、オーッと声を上げた。山形県尾花沢市の鶴子地区の人たちだった。トラックにコメ、野菜、水、菓子、おにぎり、漬物を満載して手を振っていた。

役員たちはみな駆け寄り、堅く手を握りしめた。「来たゾォー」の声がこんなに胸に響いたことはない。ありがたかった。本当に嬉しかった。協定を結んだ地区、交流のあった他の地区の皆さんも続々と到着した。小千谷市池ヶ原地区の方々、東京足立区の松丸まことさん、埼玉県越谷市リアルドックフードの明念大雄さん……。NPO法人飯田ボランティア協会では同市近隣の高森町、松川町からも物資を集めて片道八時間かけて来てくださった。不足していると一報を入れていた物資は、食料のほかに下着、オムツ、毛布、ペーパー類、日用品、タオル、洋傘に至るまで実に多様であった。そしてたくさんの義捐金もいただいた。市内からのおにぎり二〇〇個の差し入れも嬉しかったが、不足していた野菜と果物は県南の七ヶ宿町から大根、ネギ、ゴボウの山。茨城県古河市三和コミュニティはスイカ、メロン、コメ、白菜、ジャガイモ、お花など二トン車ロング一台分。

発災直後には非指定避難所・仙台市高砂市民センター長より、独自のネットワークで全国から集めた支援物資をいただいた。三月一六日からはこれらを、福住町と協定・交流している地域より提供された物資とともに、他の被災地域の方々にも届けようと車を走らせ始めた。福住町では被害が軽微だったため、もっともっと被害が甚大なところを助けようと役員全員が考えた。震災前から〝**他助**〟をモットーとしていたからだ。近隣の町内会はもちろん、岩手県大船渡市や県内の気仙沼市、旧志津川町（現南三陸町）、女川町、石巻市、旧北上町（現石巻市）、旧渡波町（同上）、東松島市、奥松島地区（東松島市）、多賀城市、七ヶ浜町、亘理町、山元町など計五二カ所（二〇一一年七月現在）*に全国から寄せられた義捐金と物資を届けまくった。〝公的指定避難所〟以外の小さな集落で生活している多くの被災者に、必要な物資をお尋ねして、できる限り要望にお応えした。人の善意が人から人に伝った瞬間だった。

＊この活動は二〇一二年八月現在で計一〇九カ所、延べ一一七回に及んでいる。

隣県市民間の共助／山形―仙台圏

11 東と西をつなぐ「支縁」のかたち

――「仙山カレッジ」が示唆するもの

取材・報告　三好亜矢子

大分水嶺の地で

東北地方の背骨である奥羽山脈は日本海側と太平洋側とを隔てる大分水嶺でもあります。日本列島に降った雨や雪を太平洋（オホーツク海、瀬戸内海を含む）と日本海（東シナ海を含む）に分ける境界は大分水界といい、宗谷岬から佐田岬まで、北海道、本州、四国を貫いているものですが、その境界が山脈の尾根にあると大分水嶺と呼ばれます。山形県北東部の盆地、最上町内には、堺田駅（最上駅から鳴子温泉方面へ三つ目の駅）の目の前に大分水嶺があります。住宅や水田など平坦な場所にあるのは珍しいそうです。東側（宮城県側）は江合川、旧北上川を経て太平洋沿岸石巻に至り、西側は小国川、最上川を流れて酒田で日本海に注ぎます。今回の震災支援では南から北へ、西から東へと、全国から多くの支援者が被災地を目指しましたが、最上町は東西の境界にあって、日本海側と太平洋側をつなぐ大分水嶺の地にふさわしく、被災地の方々を東から西へと積極的に迎え入れる取り組みにも力を注いできました。

二〇一一年一二月三日、私は東京から山形新幹線、奥羽東線と乗り継いで最上町を訪れました。震災直後、停電など困難な状況のなか果敢に新聞発行を続け、地方紙の雄として名を高めた河北新報社主催の「仙山カレッジ」に参加するためです。同カレッジは太平洋側の仙台地域と日本海側の山形を横につなぐネットワークをより豊かにしようと二〇〇三年に始まりました。一年に数回ずつ、宮城と山形で交互に、「食とツーリズム」「ものづくり人材育成と仙山圏」などをテーマに公開講座を開いてきましたが、二五回目の今回は震災とボランティアに焦点を当てる講座となりました。仙山の交流は今回の震災でどのような支援のかたちを生み出していたのでしょうか。

会場の最上町中央公民館は最上駅から徒歩五分。見慣れない顔は「わが家を訪れた客人」同然の気持ちになるのでしょう。向かう途中、行き会う人は皆、必ず会釈か挨拶を交わしてくださいました。人口およそ九八〇〇人（二〇一一年現在）の町です。町役場に隣接する同館入口の先にある図書コーナーの充実ぶりに一驚しながら会場の二階大会議に入ると、すでに一〇〇人近くの参加者であふれていました。正面には「共助は峠を越えて——「志民」が見た大震災」のタイトルが掲げられています。

講座のプログラムは第一部が高橋重美最上町長の講演、第二部が被災地に対してさまざまな支援活動を行っているパネリスト三名の発表とディスカッション、という構成でした。

まず、高橋町長が、最上町の取り組みを報告。同町による支援は震災から二週間経過した三月二六日、姉妹都市として二〇年来交流のある岩手県大船渡市（旧三陸町）におにぎりや芋煮の炊き出しを行うことから始まりました。その後、被災した人たちを同町の温泉に受け入れる「リフレッシュプラン」の立

左から、パネリストの三部義道さん、菅原康雄さん、平尾清さん

ち上げなどによって被災地との交流を深めてきました。パネリストの三部義道さん（五六歳）は地元の曹洞宗松林寺の住職を務める傍ら、国際援助団体、シャンティ国際ボランティア会（ＳＶＡ）の副代表でもあり、海外協力や阪神・淡路大震災などの災害支援に経験豊富な方です。今回の震災ではお寺のネットワークをフルに活用した活動を展開されました（本書第3章参照）。二人目のパネリスト、菅原康雄さん（六五歳）は仙台市宮城野区福住町の町内会会長。山形県尾花沢市鶴子地区など県外を含む五カ所の町内会・団体と「災害時相互協力協定」を結ぶなど、全国でも先進的な防災活動を町内会あげて取り組んでこられた方で、今回の震災ではその手腕を大いに発揮されました（本書第10章参照）。もう一人のパネリスト平尾清さん（四五歳）は山形大学エンロールメント・マネジメント部教授（当時）。日常時間の一割を思い思いのかたちで復興支援に使おうという「スマイル・トレード一〇％」運動をスタートさせて、週末、日帰りボランティアバスで学生や市民ら延べ一〇〇〇人以上を宮城県石巻市などに送り出してきました。

こんなときだからこそ温泉に入りたい

四人のお話しの中で特に印象深く感じたのは次の二つのポイントでした。一つは「リフレッシュプラン」に象徴される被支援者の立場に立った支援のかたち、もう一つは関係性のダイナミズムです。

第一のポイント、「リフレッシュプラン」についてですが、最上町では震災直後、被災した一六人が東松島から雪の中、大型トラックの荷台に乗って同町の保養センターに宿を求めたのがきっかけで、町をあげてすばやく支援に動き始めました。町内にある赤倉・大倉・瀬見の三つの温泉で一泊あるいは二泊で心身の疲れを取り、少しでも元気を取り戻してもらおうという思いが原動力となりました。福島の人たちを短期・長期に受け入れる保養プログラムはいまや北海道から沖縄まで一〇〇以上のグループによって全国的に展開されていますが、宮城で被災された方々に最初に短期疎開を呼びかけたのがこの最上町です。震災から一カ月半後のゴールデンウィークには石巻市や南三陸町を中心に一一五〇名の方々を二泊三日で無料招待しました。「当初、厚生労働省や観光庁の官僚の皆さんは、被災者がこんなときに温泉に入りたがるわけがないと冷たい対応でした。しかし私たちはこんなときだからこそ被災された人たちは一息つきたいに違いないと思っていました」と町長は語ります。当初は町単独でも支出する覚悟でしたが、その後、震災の救済処置として災害救助法の「求償」の対象となり経費が国負担となりました。災害対策基本法では避難所からの「二次避難」にあたる「一カ月以上の長期宿泊」には以前から国費負担を認めていましたが、最上町をはじめとする自治体が政府に働きかけた結果、震災後二カ月経た五月二三日、「短期宿泊」にもこれが適用されることになったのです。以来、一泊五〇〇〇円を上限とする宿泊実費のほか、鉄道などの交通費や送迎バスの借り上げなどにも充当されています。「延べ七〇〇〇名（二〇一二年一月末現在）に温泉に入ってもらった」と高橋町長は胸を張ります。

普段の備えがものを言った

「リフレッシュプラン」利用者の中には障がいを持つ方や介護ケアを必要とする方も含まれていました。最上町の高齢化率はおよそ三〇％と全国でも高く、「健康と福祉のモデル地域」として数年前から

旧牡鹿町（現石巻市）小網蔵地区第３班がバスに乗って出発／2011年5月24日

厚生労働省関連団体によるさまざまな事業が展開されています。その一環として介護旅行の受け入れにも取り組み始めていました。介護旅行とは、障がいの有無や介護ケアの要不要などにかかわらず誰もが楽しめるバリアフリーの旅を意味します。最上町に拠点を置き、乗馬など地域体験型のツアーに力を入れている旅行会社、㈱東北トラベルが二〇一〇年一〇月に「介護旅行研修会」を開催したばかりでした。この研修会にはNPO法人「日本トラベルヘルパー協会」（東京）の篠塚恭一理事長も講演者として参加していました。同協会は「一人では旅ができない」方を対象に旅行を企画・運営しているNPOです。最上町の「リフレッシュプラン」が軌道に乗った背景には、外出支援に長年取り組んできた篠塚さんたちとの出会いがありました。

震災から二カ月が経過した頃、篠塚さんのツアーコンダクター仲間がたまたま旧牡鹿町（現石巻市）にボランティアとして参加したとき、最上町への短期疎開を呼びかけたのです。石巻市北東部にある同半島は入江ごとに小さな集落が点在する過疎地で、いまだ支援の網から抜け落ちたままでした。彼らの呼びかけは支援から取り残されていた人たちに手を差しのべることになりました。震災から半年で二〇〇〇名以上の方々が最上町を訪れました。旧牡鹿町小網蔵地区から参加した住民の一人は九四歳の母親と一緒に最上町にやって来ました。震災以来、避難所ではコンビニのおにぎりと菓子パンが配給されるだけで、入浴もわずか二回といった状況でした。親子は最上町の保養センターで震災後三回目の入浴にホッと一息つき、温かい料理を楽しむことができました。五月二〇日出発のこの小網蔵地区第一班には、知的障がい者のグループの方々一〇数名も参加し、同月二四日の第三班には、聴覚障がいを持つ方と認知症で要介護のご夫婦も参加しました。さまざまなハンディを持つ方々を積極的に受け入れてきた篠塚さんは企画当初から、「介護旅行に理解のある最上町なら、トラベルヘルパーさえいれば必ず何とかなる」と考えていたそうです。

篠崎さんたちの取り組みは、被災された方々が多様である以上、支援する側も普段から、ハード面では施設や旅館などのバリアフリーを、ソフト面では外出支援などNPOとの連携や地域間連携体制を整えておかなければならないことの重要性を教えてくれます。至極当たり前のことながら、日常の暮らしの中で備えができていれば、緊急時でも適切に対応できるということです。仙台市宮城野区福住町の菅原町内会会長は「日頃防災訓練でやっていないことは、いざとなってもなかなか実践できない。その時になったら何とかなるというのは幻想にすぎない。備えができているかどうかが生死を分ける命の分水嶺です」と語ります。

温かい食事を久しぶりに楽しめた

支援から「支縁」へ

今回の講座で強く印象に残った第二のポイントは、関係性のダイナミズムです。被災地で支援活動に没頭すればするほど見落としがちになるのが、支援する側とされる側との間に形づくられるはずの「円環」です。支援者・被支援者の関係は未来永劫、固定的に続くのではなく、ダイナミックに転換していくものです。支援していた人が明日は支援される人になり、またいつかは支援する人となる。いわば円を描くように、「縁」の糸が途切れることなく結ばれていくという循環関係です。仙台市福住町町内会の取り組みはまさにそのかたちをくっきりと描いてくれました。最上町にも新たな展開が訪れそうです。高橋町長曰く、「温泉に入ってくれた七〇〇〇人の人たちは私たちにとって親戚のようなもの。これからは夏のキャンプ、冬のスキーにと四季折々に遊びに来てほしい」。旧牡鹿町と同じ過疎、高齢化に悩む最上町が、今度は被災地の人たちに支えられる番です。

支援をめぐる「円環的関係」は岩手県遠野市にも見られます。本書の序で述べた通り、遠野市は今回の震災で「中間支援後方基地」として大きな力を発揮しました。後方基地の構想は、実は元岩手県職員の本田敏秋市長が二〇〇二年の就任時に発案し、すでに二〇〇六年より県内の沿岸自治体との連携によって整備が開始されていたものです。震災前には二度ほど市内の運動公園で大規模な防災訓練も行っていました。今回の震災では半年間で市税収の一割以上（約三億円）を被災地支援に拠出しました。遠野市民には大きな経済的負担となりました。しかし、最近では逆に、遠野を応援する動きも出始めています。全国のボランティアがリピーターとして遠野観光に訪れるようになっているのです。

禍福はあざなえる縄のごとし。支援する側とされる側が、あたかも攻守ところを替えるようにらせん状につながっていくこうした関係性のダイナミズムには、髙橋最上町長も語られたように、支援より「支縁」の言葉がぴったりです。

自治体間・地域間連携のこれから／全国

12 「支え合いの連携」に向けて
――震災による自治の深化と陰

齋藤 友之
（埼玉大学教員）

はじめに――歴史の断絶

震災発生時、私は池袋で本を購入し、歩いて家に帰る途中でした。ちょうど東武デパートの前に差しかかったとき、揺れと同時に目の前のアスファルトが波打ち始め、周辺にいる人たちがざわめき出しました。ますます揺れが大きくなると、デパートやビルから多くの人が広場や道にあふれ出しました。やっとの思いで帰宅し、テレビをつけると、ふるさとの岩手・陸前高田の無惨な姿が放映され続けていました。その前年までに相次いで両親を亡くしたときに味わわされた喪失感、それが今度は無常にもこの震災によって私を苛むこととなりました。私は二度、ふるさとを失ったことで、二度殺されたのです。それでも、私は「ルーツなくして生きられない」。自分に何ができるのか、自分の学問がどのように役立っているのか、黙して思索を続ける毎日です。

東北沿岸地域を中心に甚大な被害をもたらした東日本大震災は、被災地域における「歴史の断絶」（historical dislocation）[1]をもたらしました。本来、歴史は、前の時代を引き継ぎながら連続していくものです。ところが、この度の巨大地震やその後の大津波、そしてとりわけ原発事故は被災地の歴史を一瞬にして途絶させ、空白の瞬間を生み出しました。断絶の瞬間、犠牲者の命が奪われ、被災者の心と体が蝕まれました。ここから、被災した人々の過酷な営みが始まることとなりました。

歴史の画期は多くの場合「危機の時代」でもあります。今回の震災では、本来、公的な災害対策の司令塔となるべき庁舎自体が津波や原発事故によって壊滅的な被害を受け、先頭に立つべき首長をはじめ職員の多くが被災しました。地域の復旧・復興に不可欠な住民情報やその他重要な情報・機材が津波により流出しました。福島第一原子力発電所の水素爆発によって、その周辺自治体と住民は、役所ごと県内あるいは県外に集団避難することとなりました。巨大地震、津波、原発事故というまさに類例のないこの「広域災害」「複合災害」を、ある人は「震災有事」[2]と表現しました。

戦後日本の災害史において、かつてこれほどの危機はありません。しかし、これを想定を超えた緊急事態と位置づけることは妥当ではありません。本章では、今も続くこの事態に対して、第一に災害における自治体の責務と権限について、第二に震災以前の自治体間・地域間連携の状況について、第三に今後に向けた新たな「支え合い」のための自治体間・地域間連携の可能性について、「自治」の視点を中心に考えてみたいと思います。

一 「想定外」の災害とは何か――想定外＝人災であること

東日本大震災は戦後日本の災害史における「想定外」の大惨事と言われています。ここで言う「想定外」とは、予め想定した事柄を超える事態が発生したという意味です。しかし、災害を「想定外」の三文字で済ませ、その責任を曖昧にしてしまうことは、自治体にとっては決して許されることではありません。

災害は台風、大雪などの自然災害のほか、感染症の流行、列車の脱線事故、事件、公害、火災などその発生原因はさまざまです。規模の大小を問わず、災害は全国各地で日常的に発生していると言っていいでしょう。日本のどこかで今この瞬間にも何らかの災害が発生しているとすれば、その対策に責任をもつ自治体の歴史の大半は災害との戦いの歴史であったと言っても過言ではありません。

災害は一定の限られた地域で発生する場合がほとんどです。ですからその対応は、発生地域の自治体が中心になって行われるのが一般的です。各自治体はさまざまな災害に備えて防災対策を講じ、危機管理能力の強化を図ることを日常の重要業務の一つに位置づけています。住民の生命・身体・財産を守るためです。逆に言えば、その使命を果たすためにこそ自治体は存在しています。したがって、災害はその自治体の自治能力が最も試されるときでもあります。

（1） 沼田良「大災害時における政治・行政・自治体のあり方」『自治総研』vol.37、二〇一一年一二月号。
（2） 白藤博行「3・11から考える住民の権利・自治体の役割」『地方自治職員研修』二〇一二年四月号。

災害の規模や性質が自治体の想定した防災計画通りであれば、それに従って対策を講じ、被害を最小に留めることが可能です。いわゆる「臨機応変の対応」も、一定の「想定」があるからこそ可能になるのです。ですから、「想定したことと異なる事態が発生した」という言い方がなされるときには、それは想定自体が不十分であったことを意味します。この点からすると、「想定外」とは人為による甘い見積もりの結果であり、それによってもたらされた被害はすべて人災であると言えます。

誰の責任か——市町村の責務と権限の範囲

人災を招く背景には財政的な限界も作用していると言われます。国の補助金が限られる中、いつ起こるかもわからない、科学的に予測困難なものには多額の公金などとても出せないというわけです。これが、想定の甘さを許している、隠れた大きな要因の一つになっています。実際、単独では膨大な対策費用を賄えきれない自治体が数多く存在しています。

もちろん、住民の生命・身体・財産の保護に関わる対策費用は、市村町で無理なら都道府県が、都道府県で難しければ国が最優先で賄うべきものです。これが大前提ですが、これも実際にはそのようになされていないのが現実です。しかし、たとえこうした背景があったとしても、自治体が災害対応の責任から免れるわけではありません。政治的・行政的責任はあくまで第一義的には自治体にあります。「想定外」という認識のあり方それ自体が問責を免れないのです。

現行法制度上、地方自治法第一条の二では、「地方公共団体は、住民の福祉の増進を図る」ものとされ、同第一四八条ではその具体的な責任者を首長と位置づけています。また、災害対策基本法では「国民の生命、身体及び財産を災害から保護」（第一条）することを、そして国民保護法では「武力攻撃から国民の生命、身体及び財産を保護」（第一条）することを謳い、いずれも自治体が活動の主体に位置づけられています。

災害に対処する責務と権限は、原則、自治体のうち市町村に与えられています。防災計画の作成と実施主体に関しては市町村がその基本に据えられ（災害対策基本法第五条）、災害応急対策に関しては各市町村の自治事務として各市町村の首長にその権限が与えられています。また、災害応急対策の主な担い手は消防、警察です。国民の生命・身体・財産の火災からの保護、災害の防除、被害の軽減は消防（消防組織法第一条、消防法第一条）が、個人の生命・身体・財産の保護と公共の安全・秩序の維持は警察（警察法第一条、第二条一項）がそれぞれ担当します。これに対し、自衛隊は国防（自衛隊法第三条一項）が主な任務で、災害派遣（同八三条）については補助・補完的な任務にすぎません。

一方、警察は県に、自衛隊は国にそれぞれ分任されているため、市町村長にはこれらを連携させる権限がありません。市町村の権限で行われる災害活動は一般職員と消防に限られています。それゆえ、災害時においては市町村が単なる「情報センター」に陥りかねないという側面を同時に持ち合わせていることも確かです。

個人の生命・身体・財産の保護は、国であれ自治体であれ、その存在理由からしても当然担わなければならないものです。その基本に位置づけられているのが市町村です。しかし上述の事情から見れば、すべての責任を市町村の首長に負わせることは不適切です。また、減災や防災のためには幅広く情報を収集・分析し、起こり得る事態を科学的に想定・分析しなければなりませんから、その責務をすべて市町村に押しつけるのも現実的ではありません。こうした責務は本来、国と専門家が担うべきものです。

防波堤にしても原発にしても、その基準づくりを進めてきたのは国と専門家です。今回の大災害は元をたどれば国と専門家の構想力と想像力の欠如が招いた事態でもあるのです。人災を招くもう一つの背景がここにあります。構想力や想像力の欠如は、国や専門家の能力に原因があるだけでなく、原発や堤防など高度な専門分野と関わりを持つ利益団体の主張に国や専門家が振り回され、結局その主張に沿う形で落ち着いてしまうことによっても発生します。経済学で言う「捕獲理論」や「とりこ理論」と呼ばれているものです。

しかし、人災を招くこうした背景に大きな問題があったとしても、いざというときに都道府県や国、専門家に適切な支援を要請する判断は、やはり各市町村長の責務としてなされねばならないことに変わりはありません。

今回の震災では自治体の機能が停止し、国も政治ゲームに終始したことで、法秩序においては明らかな空白が生じました。もちろん、このような状況下でも法は法として存在しますが、その機能が失われた今回の震災では、人間の自然的本性や「徳」がそれに取って代わったとも言えます。今回の震災で自治体の首長や職員は、法制度にとらわれていては対処し切れないさまざまな事態に遭遇しました。過酷な状況下で住民の生命・身体・財産を守ろうと、ぎりぎりの決断を下し、行動しました。

災害防止と災害対応の第一義的な責任は自治体の首長にある――この原則は法制度上のことを指すだけではありません。法の空白が生じるような事態にあっても同じです。このような場合、自治体の首長は法の空白を埋めるために速やかに行動すべきです。フランスの法格言に「法典を閉じて心を開け」というものがありますが、先に私が述べた「徳」とはこの格言における「心」に相当するものです。震災当時すべての行政機能が麻痺したとき、被災地の人たちは自治体の首長や職員たちの行動をどのように見つめていたでしょうか。多くの自治体の首長や職員たちは、自分も同じように被災しながら、地獄のような現場の最前線で自らの「徳」に従い行動しました。それゆえ住民も彼らに信を託し得たのではないでしょうか。

自治専行——どういう自治の姿勢が必要か

日常ならば法に従った行政活動は可能です。災害時でも一自治体で対応できるレベルなら防災マニュアルに従って対処することができます。しかし、それを超えた事態の中で被災自治体が自らの役割を果たしていくためには、他の力を借りるしかありません。

このような事態が生じたときに自治体の首長が果たすべき最も重要な任務は、災害対策の司令塔として、刻々と変化する住民の被災状況を視野に入れながら、国や専門家に適切な支援を要請していくことです。一方、この場合の国や専門家の役割は、その要請を最大限に受け入れ、安全基準や予算設定、法整備など、必要な措置を迅速に講じることです。迅速な対応がなされないときには、首長はそれを厳しく批判すべきです。それが自治体としての自治責任です。国や専門家の指示を待つだけでは責任回避にすぎません。

このことは、先に述べたように法制度上だけでなく、法の空白を速やかに埋めなければならないような場合においても同じです。住民の生命、身体、財産に関する事柄は、自治体固有の事務として自治体自らの判断で専行するものです。「自治専行」(3)を国が咎める根拠はありません。自治体の首長は自らの決断に従って自治専行をすることができるのです。

（3）金井利之「「想定外」の地方自治の行方」『ガバナンス』二〇一一年八月号。

震災後、国政において改めて「緊急事態法」の必要性が叫ばれています。現在、内閣総理大臣が発する緊急時の非常事態宣言に類似した制度としては、たとえば災害対策基本法（第一〇五、一〇六条）、原子力災害対策特別措置法（第一五条）、警察法（第七一条、第七四条）等に基づく「緊急事態の布告」があります。ここに言う緊急事態とは、「外部からの武力攻撃、テロリストによる大規模な攻撃、大規模な自然災害等による国及び国民の安全に重大な影響を及ぼす事態」を指します。国が想定することの事態においては、国は自治体の要請を待たずに国権を発動できることになっています。しかし、地域が一時的に他地域と寸断されるような場合であればなおのこと、自治専行の原則は守られるべき、また求められるべき基本としなければなりません。住民の生命・身体・財産の危機を逸速く把握できるのはその地域に住む人々自身です。いかなる場合であれ、地元の判断は最大限に優先されなければなりません。

ところで今回の震災では、既成の法に縛られたために被災住民にさらなる不利益をもたらした（もたらしている）というケースが目立ちました。原発被災者への国や自治体の対応はその最たるものですが、関連する事例は「岩手日報」の論説記事（二〇一二年三月二四日付）においても確認することができます。岩手県では震災から一年余りの間、個人情報保護条例が壁となって支援活動に大きな支障を来たしていたという内容です。被災者用の仮設住宅の代用として県が借り上げた「みなし仮設」（民間所有のアパート等を指し、借り上げ住宅ともいう）の場合、同条例の下では入居被災者の氏名・住所などの情報は県担当課が保有し、市町村への提供は禁じられていました。そのため、市町村や各社会福祉協議会ではどこに誰が住んでいるのかを把握できず、「みなし仮設」の入居者に支援物資を届けられない状況が続きました。結局、岩手県では震災から一年経ってようやく、先行する宮城・福島両県に倣い、個人情報保護条例の制限適用を除外し、被災者支援を目的に個人情報を提供できるよう制度を改めました。

個人情報は原則的には守られるべきものです。しかし、防災や災害対応に関わるような場合、それが壁となって支援が滞ることの方が、住民にとっては遙かに不利益です（本書第10章二〇八頁参照）。ここでも既成の法に縛られず、住民の生命・身体・財産の保護をどのように最優先すべきかが問われます。

いかなる場合でも住民の視点に立って自治専行すること、これが自治体の首長に課された最大の責任です。むろん、どんな場合でもそうであるように、自治専行においても判断ミスは生じ得ます。人智に及ぶところは限られている――それゆえ、自治体には近隣の自治体をはじめ、あらゆるアクターとの連携が求められているのです。

二　これまでの自治体間・地域間連携

国や専門家以外に自治体が力を借りるもう一つのアクター、それが他の自治体です。今回の震災では、いわゆる自治体間連携が被災地支援において重要な鍵を握りました。

従来の自治体間連携は、ある自治体が被災した場合、近隣自治体が支援するという形がほとんどでした。しかし今回の震災では、近隣自治体も被災したために、この種の連携が機能不全に陥りました。広域災害を視野に入れた自治体間連携のあり方が改めて問われることとなりました。

普段行われている自治体間連携には、地方自治法を根拠に、ごみの共同処理のような、複数の自治体間で事務を一元化して事業の共同化を図るという手法があります。いわば相互利益を効率よく追求していくための連携です。任意の協議会や姉妹都市など、地方自治法に依らない自治体間連携も同様の目的で存在しています。

一方、災害時の自治体間連携には、災害対策基本法を根拠に、全国のほとんどの自治体が主に近隣自治体と結んでいる「災害時応援協定」があります。この場合、多くは民間事業者（医師会、生活協同組合、スーパーなど）とも同様の協定を結んでいて、一つの地域間連携を形づくっています。

とりわけ大災害時には、物資、人員等が絶対的に不足し、他の自治体や民間事業者からの応援がどうしても必要になります。今回の震災のように、少なからぬ職員が犠牲となった市町村にとってはなおさらです。消防、水道、建築、保険、医療などの専門スタッフに加え、避難所運営、罹災証明書発給、義捐金給付、復興支援、さらには一般事務などに携わるマンパワーが特に不可欠となります。

しかし今回の震災では、一部の例外を除き（後述）、広域災害に対する備えの甘さが、こうした連携を十分に機能させることができませんでした。

三　新たな自治体間・地域間連携の構想——多様な「支え合いの連携」の大切さ

日常的な自治体間連携とは異なり、災害時における自治体間連携は経済的な相互利益を追求するための交換的行動としてではなく、むしろ相手の利益を実現するための贈与的行動として、つまり「共助の精神」（お互い様）に基づく「一方向的支援」として位置づけることもできます。そもそも自治体は「区域」と「住民」を要素として成り立っています。ですから、通常ならば、ある自治体が他の自治体に住む人たちの利益を実現することは本来の任務としていません。しかし、災害時における自治体間連携は、ある自治体が別の自治体を支援するものです。これは、ある自治体が別の自治体の機能を自らの任務として引き受けることを意味します。今回の震災では、こうした「共助精神」に基づく一方向的支援が、近隣自治体の範囲を越えて組織的かつ長期的に行われなければならないことの重要性を明らかにしたと言えます。

自治体間による一対一の支援については、中国四川省の大地震（二〇〇八年五月一二日）のときに試みられた対口支援（ペアリング支援）がそのモデルとして取り上げることができます。対口支援とは、被災自治体において失われた機能を回復させるために、別の自治体が一時的にその機能を代行するというものです。被災地周辺の支援自治体（省や市）が被災自治体とペアを組み、支援自治体は自らの財政収入（前年度収入）の一％以上を拠出し、三年かけて復興・再建に寄与するという仕組みです。国も必要な支援総額のうち上限三〇％を負担しますが、残りは支援自治体の負担です。四川大地震では、被害の大きな自治体への支援には財政的に豊かな自治体が国によって割り当てられました。

大いに参考になる事例です。しかし、このような仕組みをそのまま我が国に導入することは現状では無理です。そもそも日本では各自治体のそれぞれが財政的にも人員的にも厳しい状況に置かれているからです。確かに今回の震災では、災害時応援協定に基づく以外にも任意による応援職員の派遣が行われ、東京都においてはそのための職員を新たに募集するなど新たな取り組みも始めています。しかし、どの自治体でも即刻可能なわけではありません。陸前高田市役所や仙台市役所への名古屋市による支援は、ある意味では巨大な自治体であればこそ可能な支援であったと言えます。

自治体間連携をめぐるこうした難題を少しでも解決する方法として注目されているのが、支援自治体の複数化です。関西広域連合(4)や東京都多摩地区二六市(5)による今回の震災支援の取り組みがこれに当たります。関西広域連合では参加府県ごとに被災県を割り振って支援に当たっています。多摩地区では二六市を五つのグループに分け、グループごとに職員の一％を被災自治体に派遣しています。支援自治体のグループ化は個々の支援自治体の負担を和らげ、息の長い支援活動を確保するためにも有効です。福祉などの住民向けサービス業務や災害に関する事務処理業務は、職員の確保が特に求められるものです。職員派遣の継続性が大きな課題となっています。

この点では国の交付金の充実とその制度化も大きな鍵となっています。義捐金や援助物資の提供といった短期的、緊急的支援だけでは早晩資金的にも限界がやってきます。また、すでに被災地では生活に密着した被災者自身による事業（食、モノづくりなど）や教育支援などに舵を切った企業も登場しています。被災自治体の首長は自治体間連携とともに、こうした事業者との関係も長期な連携のアクターとして組み入れていかなければなりません。

「普段着の市民による「支縁の思考」」という本書の副題が示唆するように、今回の震災では自治会・町内会、生協、ＮＧＯ・ＮＰＯ、個人の有志等、遠く離れた市民同士による地域間連携が優れて有効に機能したことも忘れてはなりません。これは、遠隔地であっても日頃からの交流や付き合いが隣近所と同じように行われてきたことを示すものです。地理的に離れていても近所同士の助け合いと同じ感覚で支援をする、いわば「近助の精神」が光ります。こうした「近助」の感覚なくしては、いわば「遠助」も成り立たないことを今回の震災は教えてくれました。

自治体間連携との関わりでは最近、災害対策基本法の改正がありました。大災害により市町村の役場機能が著しく低下し、自力では被害状況の報告が困難となった場合、各都道府県が自主的に情報収集にあたり、被災地からの要請を待たずに、自らの判断で国と連携しながら物資供給等ができるという内容です。この制度がうまく機能するためには、個々の市町村内部に一定の「受援力」が備わっていなければなりません。あくまで自治専行を基盤に据えながら、万一に備えて、外部支援に対する受け入れ体制をより細かな地区単位ごとに整えておくことが重要になります。個々の住民の生命・身体・財産を守り合う基本は、結局は普段からの信頼関係に基づく「近助の精神」です。自治専行の理念を確かなものにしていくためには、自治体自らが市民によるさまざまな地域間連携に学び、普段から他の自治体、民間事業者、市民グループ等とのつながりを大切にしていくことが何よりも求められているのだと思います。

（4）大阪、京都、滋賀、兵庫、和歌山、鳥取、徳島の七府県が参加する特別地方公共団体。地方自治法第二八四条に基づき二〇一〇年一二月に成立した。各府県議会の代表議員により構成される議会を持ち、予算や条例の審議などを行う。

（5）東京都の多摩地区二六市は人口四〇〇万を抱える地域として、多摩ニュータウンなどの広域開発とその課題を共有してきた。これらの自治体が今回の震災では震災支援の協議の場を立ち上げることとなった。

V 米沢に学ぶ

第Ⅴ部扉写真
山形県米沢市
にぎやかな「10円バザー」の風景
（本書第13章より）

13 ボランティア山形が伝えるもの

――緩やかなネットワークを活かす

災害時に結集！／山形・米沢市―福島・宮城・岩手

綾部　誠
（山形大学教員）

二〇一一年三月一一日に東日本大震災が発生し、約二万人（行方不明者を含む）に及ぶ東北・北関東地域の人々が犠牲となった。今回の震災では、地震と津波に加えて日本で初となる大規模な原子力発電所（東京電力福島第一原子力発電所）の爆発事故もあり、放射能汚染の影響を危惧する多くの福島県民が全国各地に避難するという事態も生じた。

本章では、震災発生初期に被災地域へ独自に支援物資の供給を行い、津波や放射能の影響を受けて避難する人々を、ネットワークを活かして支援し、他に信頼関係構築や政策提言活動を展開したボランティア組織の活動事例を通じて、地域力に根づいた活動のあり方というものを考察することにしたい。

一　「ボランティア山形」とは

山形県の最南東部、豪雪地で有名な米沢市に拠点を置いているのが「ボランティア山形」である。この団体は災害時に構成員が結集し、活動を再開するという特徴を持っている。「ボランティア山形」の母体は、「生活クラブやまがた生活協同組合」（以下「生活クラブやまがた」）である。「生活クラブやまがた」は、二〇〇四年に「旧米沢生活協同組合」が「ナチュラルコープやまがた生活協同組合」を吸収合併して組織化されたものであり、組合員数は県下で約九〇八八人（米沢地区六三三七人、山形地区二七五一人）、出資金は約四億二〇〇〇万円となっている（二〇一一年三月三一日時点）。通常は消費材（生活クラブでは商品を消費材と呼ぶ）や灯油などの共同購入事業を軸に、共済事業、福祉事業（グループホーム）などを地元で展開している。

「生活クラブやまがた」では、その他の取り組みとして、これまでに国際協力活動、環境保護運動などにも積極的に取り組んできたという経緯がある。一九九五年に阪神・淡路大震災が発生した際には「ボランティア山形」を組織化し、同年二月から六月にかけての四カ月間、一般市民を中心にしたボランティアを被災地である神戸に定期的に派遣し、その後も約二年間にわたって支援活動を続けた（この活動に対し一九九六年に菅直人厚生大臣、一九九七年に石井道子環境庁長官から感謝状を受けた）。同震災の活動前半では、神戸市東灘区・灘区を中心に、引越し支援、水汲み、重度心身障がい者の入浴サービス支援、家屋の解体作業、瓦礫撤去、震災孤児の調査、避難所の炊き出し、市の広報配布、市の支援センターの電話受付、手話通訳、支援物資の配布などを行い、活動後半では、仮設住宅の独居老人・

障がい者に対するケアなどを展開した。その後は、ナホトカ号重油流出事故（一九九七年。福井県で座礁した船から大量の重油が漏れ出した事故）、新潟県中越地震（二〇〇四年）、新潟県中越沖地震（二〇〇七年）、岩手宮城内陸地震（二〇〇八年）などの事故や自然災害が発生するたびに「ボランティア山形」を再稼働させ、支援活動を継続的に展開してきた。

二　顔の見える信頼関係に基づく緩やかなネットワーク基盤

三陸沖を震源地とするマグニチュード９・０の東日本大震災が発生した際、「生活クラブやまがた」では、「ボランティア山形」を即時に再開させ、災害対策本部を同生協の高齢者福祉施設「グループホーム結いのき」*内（米沢市花沢）に設置した。翌一二日早朝には地震・津波被害に遭い、着の身着のままの避難住民を大勢受け入れていた山形県長井市に対して、「災害時における緊急物資供給協定」に基づき食糧を緊急搬入するとともに、山形県米沢市との防災協定に基づく支援要請に従って、福島県相馬市、伊達市、宮城県亘理町に水や毛布などを運搬した。しかし実質的な緊急支援物資の調達と運搬が量的・規模的に拡大するのは、この後のことである。

＊「生活クラブやまがた」は「グループホーム結いのき」という高齢者福祉施設を持ち、同名の福祉事業を行っている。また、これとは別に、同生協の関連福祉団体「ＮＰＯ法人結いのき」があり、デイサービス事業とグループリビング事業を行っている。

「ボランティア山形」の母体となっている「生活クラブやまがた」は、日常業務の中で県内外の関係機関と数多くの関係性を有している。共同購入品の仕入・加工・生産・購買に関連する団体、福祉事業

宮城県石巻市を拠点とするNPO代表との物資提供・支援体制に関する調査。石巻専修大学内にて／2011年5月2日

被災者に対する緊急支援物資の運搬と提供。福島県南相馬市内にて／2011年4月29日

に関連する団体、国際協力や環境保護運動などに関連する団体等、顔の見える信頼関係に基づく全国規模のネットワークがすでに組織には内包されており、これが今回の震災で即機能することとなった。

たとえばアフリカの飢餓難民を支援するNGO「アフリカへ毛布をおくる運動」米沢事務局の関係団体（立正佼成会米沢教会）、「生活クラブ連合会」「グリーンコープ」「らでぃっしゅぼーや」「静岡県ボランティア協議会」などからは、「生活クラブやまがた」と「ボランティア山形」からの電話やファックスなどの依頼に基づいて、数十万点に及ぶ緊急支援物資の提供を受けることにより、提供された車両や生協の有する車両を用いて、被災した三県および避難者を受け入れる山形県内の避難所に緊急支援物資をピストン輸送した。

一方、被災地への独自の物資輸送に関しては、岩手県の陸前高田市、宮城県の石巻市や気仙沼市、福島県の郡山市や南相馬市などに対して行われ、特に初期活動を展開していた自衛隊や行政の手の届きにくい場所、および放射能汚染に関連して民間業者が敬遠する場所には、優先的かつ重点的に物資が運搬された（合計で約五〇〇トンの物資）。輸送の際に「ボランティア山形」が考えたこと、それは、行政の場合は「平等の原則」に基づき物資供給を行うが、これだけでは混乱期に絶対量をスピード感を持って供給するのは困難なため、被災地における「ニーズの原則」に基づきつつ、行政支援では行き届かないニッチを埋めるということであった。これは行政に対峙するという立場ではなく、行政では限界のある支援を民間の力で補完するという意味でもあった。

この考え方に則して、被災地の住民や組合員からの声、すでに活動を展開しているＮＰＯからの要請、被災地の県議会議員や市議会議員などからの要請に基づき、支援物資を全国ネットワークを駆使することで調達し、支援を展開した。このような方法によって、避難所に避難できていない自宅避難住民に対しても物資を提供し、行政ルートでは難しい生鮮食品なども被災地や避難所に届けることができた。こうした独自のルートは、後に山形県が設置した支援物資集積拠点に集まる物資を行政と手分けして被災地に運搬する際にも役立てられた。

三　地元住民の善意を被災者に届けるための工夫

一方で、「ボランティア山形」は米沢市内の対策本部に物資の受付窓口を設置し、市民や生協組合員からの支援物資も広範に受け入れた。行政では一定の規格範囲内でのみ支援物資を受け入れることにしていたが、「ボランティア山形」ではこれをあえて定めず、物資を市内全域から調達することとした。

支援物資の提供は、新聞・テレビ・各種機関紙などを通じて広範に呼びかけられた。市民や組合員からは物量を伴わない小口の物資寄付が絶えなかったが、これを進んで受け入れることにした。なかには生鮮食品（野菜、納豆、食肉等）などを支援物資として持ち込む人もいたが、これも被災地の求めに応じて運搬するとともに、福島県から米沢に避難する住民の食材としても提供された。

あえてこのような受付方法をとったのには理由があった。被災地から刻々と入る物資支援の要請に相当量で対応するには、窓口に来られた方からの支援物資をまずは受け取り、その方々にその場で被災地の状況を伝えることで、今度はその方々が近所の住民に新たな支援物資の必要性を呼び掛けるという、「質を伴った量的拡大」を意図したためである。この活動は米沢市が支援物資受付の検討準備をしている段階から始まり、市が一定程度の物量を確保できる段階に至るまで継続された。

今回の災害では、東北一円において一時的に軽油・灯油・ガソリンなどの油不足が深刻化した。被災地向けの物資を調達したり、運搬をしたりする際にも燃料は欠かせないが、これも共同購入活動や福祉活動で日頃から取引関係のある地元の石油卸売業者より優先的に供給してもらうことで支援活動を休みなく継続することができた。多くの福島県民が身を寄せる避難所では、灯油不足から寒さ対策が焦眉の課題となっていた。そこで、アフリカに毛布を送る運動を行っていた立正佼成会米沢教会が「生活クラブやまがた」と日頃から顔の見える付き合いをしていたことから、同団体に直接毛布の依頼を行うとともに、東京都のＮＰＯ「地域創造ネットワーク・ジャパン」を通じて「静岡県ボランティア協議会」からも約二万枚の毛布提供を受けて直ちに被災地や避難所に提供した。

このように全国各地ならびに地元から集められた物資は、被災地や米沢市内の避難所（最大で一時的に約六八〇名が身を寄せた）に提供されるとともに、一次避難所（市営体育館や文化センター等）の解除後は、福島県から自主的に避難してきた方々の経済・生活支援として、一品を一〇〇円で提供する「一〇〇円バザー」などを通じて被災者に提供された。

四　外部資源を受け入れる形での組織機能の充足と地域連携による支援

原発事故による放射能汚染を恐れて、福島県からは隣県である山形、なかでも県境を接する米沢市に大勢の人々が避難してきた。米沢市は当初、被災地への支援を検討していたが、予期せぬ被災者の大規模避難により、市内の一次避難所は一時的に混乱を極めた。市の職員や県職員も全力で対応にあたったが、人手不足と大規模な原発事故というかつてない事態に直面することとなった。

時を同じくして「ボランティア山形」では、関西や九州など全国各地に拠点を置く災害ボランティアの経験者や、ボランティア・マネジメントで実績のある人材の受け入れを開始した。多くのボランティア団体・個人がこれに応え、「ボランティア山形」の拠点に結集できたのは、平時ではあまり見えないネットワークが緊急時に機能したためである。米沢に集まったボランティアの中核メンバーは、これまで数多くの災害支援に関わってきたベテランが多かった。

こうした動きは、「ボランティア山形」という組織体の性質を客観的に説明してくれるものである。つまりそれは、さまざまなノウハウ、知見、技術、技能などが外部から導入されることで初めて、組織体としての機能が充足するということを意味している。「ボランティア山形」の母体である「生活クラブやまがた」は、通常は共同購入活動や福祉活動を行っている。震災対応については十分な人的・物的・資本的・情報的な諸資源もマネジメント能力も組織内部に完全蓄積されているわけではない。しか

米沢市内の一次避難所（米沢市営体育館）の様子／2011年３月22日

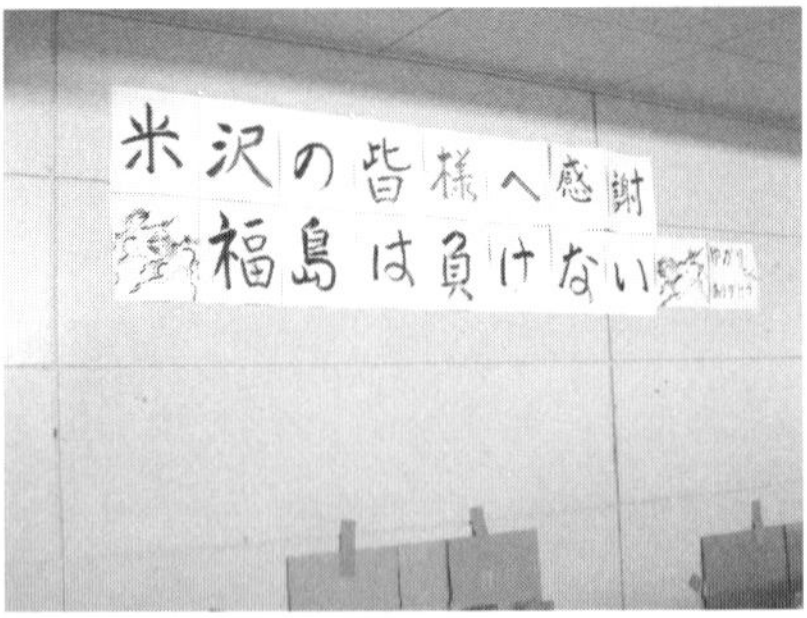

一次避難所解除時の避難者から米沢市民へのメッセージ／2011年４月２日

し、非常時やカオス（混沌）の際には災害支援組織へと転換し、組織自体が外へと開放される。そして全国のネットワークを通じて不足する各種資源やマネジメント能力を外部から補完し、組織体としての機能を充足させる。

　このようにして「ボランティア山形」は外部資源を導入しつつ、日に日に規模が拡大する避難者の受け入れ体制の構築に取り組むこととなった。その際に「ボランティア山形」が避難所運営について明確に自らの立場を主張した事柄、それは、支援の中核であるマネジメントを担うのはあくまで米沢市や米沢市社会福祉協議会であり、これをボランティア団体が側面・後方支援するということであった。

「ボランティア山形」の呼びかけによって数回にわたり米沢市、米沢市社会福祉協議会、青年会議所、宗教団体などとの打ち合わせが持たれ、発災五日後の三月一六日にこれらの組織と連携して「ボランティア米沢」（事務局は市の対策本部内に設置。「ボランティア山形」からは事務局長を派遣）を立ち上げ、横の連携を強化して指揮系統を一本化することで、避難者支援体制を構築した。

「ボランティア米沢」は行政支援を目的とする有志（個人・団体）による連携組織であり、上記団体のほか商工会議所にも協力団体として参画してもらうことで体制を固めた。そして一次避難所である市営体育館や置賜総合文化センターの運営については、市や市社会福祉協議会との合意の上で、神戸の災害ボランティア経験者を社会福祉協議会の担当者とともに事務局長（市の対策本部付）に任命し、これまでの震災対応における経験と知見を活かした円滑な避難所運営が試みられた。

このような行政支援体制は、日常であれば意思決定の遅延や、参画団体による自主活動の抑制などを生み出しがちだが、緩やかなネットワーク組織であったことからこのようなデメリットも克服することができた。支援に関する物資と人材の安定確保、的確な業務分担、交錯する情報の整理と系統化、業務指示の一本化、目配りの細分化などではむしろメリットの方が大きかった。「ボランティア米沢」の支援方法は従来の行政による管理やNPO・NGOによる管理とは異なり、行政との信頼関係を前提とした管理モデルであり、早期の避難者主体による管理への移行をめざした。

避難所では特に、①避難者に対するケアと支援、②避難所での物資管理・供給、③避難所以外での物資管理と業務、の三つに分類し、それぞれに交代制のリーダーを配置して運営がなされた。また情報伝達と業務の引き継ぎにも工夫が凝らされた。阪神・淡路大震災で蓄積してきたボランティアのノウハウ・経験は地元のボランティアに積極的に教えられ、伝授することも試みられた。この「ボランティア米沢」による支援は、一次避難所が閉鎖されるまで継続的に行われ（すべての一次避難所が閉鎖されたのは二〇一一年五月一八日）、全国的にも迅速な支援体制の構築例であったことから、マスコミなどにも大きく取り上げられることとなった。

五　信頼関係の構築とコミュニティの形成支援

当初、米沢市の一次避難所に逃れてきた避難者は、その多くが原発に隣接する南相馬市からの方々であった（その後は福島市からの自主避難者が増加）。しかしこれらの人々は、コミュニティ単位での避難というよりも多くが家族単位で避難してきたことから、避難所内では誰もが顔見知りの関係にあるわけではなかった。そこで避難所運営においては避難者の固定化が進むに連れて徐々に整理とブロック化を行い、それぞれにリーダーを配置して、自治的な機能の創出が段階的に試みられた。また当初は行政やボランティアが避難所の運営と管理を全面的に行っていたが、これも段階的に避難者自身が行う方向に切り替え、被難者自身が主体的に避難所での活動や業務・役割を担うことで自立化を後押ししていった。

避難者の関係性（再）構築のための裁縫活動。「グループホーム結いのき」にて

一定の段階を経て、市営体育館など市内避難施設の一次避難所指定が解除され、二次避難所となる市内雇用促進住宅などへ避難者が移動し始めると、信頼関係の再構築に対応するため、雇用促進住宅付近の万世コミュニティセンター内に設けられた避難者支援センター「おいで」において、「お茶飲み会」を定期開催したり（本書第15章参照）、被災者有志グループがタオル

裁縫を行う「まけないぞう」（象の形をしたタオル）の作成支援を行い、孤立感を払拭する活動を開始した。同時に、経済的な生活支援を行う取り組みも「被災地NGO協働センター」（本拠地、神戸）と連携する形で実施したり、チャリティーコンサート、「一〇〇円バザー」、季節に応じた各種イベントを企画・開催することで、避難者同士が新しい関係性や信頼関係をつくり出していくような試みも積極的に行った。

さらに、避難している人々はインターネットや新聞などの情報を容易に入手できる人ばかりではないため、避難者向けの「ボラよね新聞」を週一回、定期的に発行した（通算五〇号を発行して休刊）。この情報紙には、米沢市や避難者同士の情報だけでなく、福島県の災害支援の情報や、国の災害対策に関する情報もわかりやすく記載することとし、取材要員を必要に応じて福島県に派遣した上で、現地の情報・様子を避難先でもできるだけ把握できるよう工夫が施された。同新聞は避難者の集合住宅に届けられるとともに、「おいで」などの施設にも配布され閲覧できるようにした。

六　行政やNGOの間接・後方支援と政策提言

米沢市が募集したボランティアには募集開始から一週間程度で市内を中心に八〇〇名を超える市民が応募した。このボランティアは市社会福祉協議会に登録されたが、計画的に一定数のボランティアを動員するという点で課題があった。というのも米沢市では、ボランティアの計画動員についての経験が少なく、特に今回の場合は原発事故に関わる避難住民の対応を同時並行で行わなければならなかったためである（時期が三月であったことから年度末業務が重複していたこともある）。そこで米沢市からの要請に基づき、「ボランティア山形」ではボランティアの計画動員に関する支援も行った。支援の内容は、まずボランティアが必要とされる場所を調査・分析した上で、経営工学の手法を用いてボランティアの業務内容、従事時間、場所、責任者、支援部署などを一覧として示し、これを状況に応じて加筆・修正して規模のボランティア（まとまった人数のボランティア）を動員するというものである。米沢市ではこの手法を基にボランティアを動員し、結果的に六〇〇名以上がボランティアとして避難所運営や物資の保管・運搬業務など市内を拠点とした活動に従事した。これは行政の立場からすると、民間との連携により不足していたノウハウや技術を外部NPOから導入したことを意味する。

他方で「ボランティア山形」には、被災地からの情報が随時、電話・メール・ファックス等で入ってきており、その情報を米沢市に滞在して被災地支援を検討している全国各地のボランティア組織、NPO団体などと共有することで、これら組織・団体の活動を間接・後方支援することとした。これにより、たとえば先の「被災地NGO恊働センター」（神戸）は、米沢を中継地点として、後に岩手県遠野市に新たなボランティア拠点を形成する活動へとつなげることができた（「遠野まごころネット」（本書第5章一一二頁参照））。

行政からの依頼に基づく政策提言や被災地調査は、「生活クラブやまがた」にとって重要な活動の一つであった。震災発生直後、内閣府参与より「内閣官房震災ボランティア連携室」（菅直人首相が震災直後の三月一六日、内閣官房に設置。政府とボランティア・NPO／NGOとの調整・連携を行った）の体制構築に関する検討依頼があったことから、有識者を招聘して検討会を実施し、これを政策提言としてまとめて政府に答申した。この提言は、政府が提唱する「新しい公共」の概念、すなわち従来の官が中心となったサービス・事業等の実施を民間やNPOが中心となって行うことを具現化したものであったが、それらの中には、後に自主性の疎外という批判的議論で意見が分かれた項目として、大学生のボランティア活動に対する単位付与などの項目も含まれていた。そのため、従来の議論を踏まえた上で、「官」のアウトソーシング機関にはならぬよう細心の注意が払われた。

一方、山形県や米沢市など地方自治体への提言活動も、震災で混乱する初期に集中して行われた。これにより山形県は政策提言のいくつかを採用し、県独自の支援策を形づくっていった。たとえば指定避難所のみならず、親戚や友達宅を頼って身を寄せている避難住民への情報提供についても確実になされなければならなかったが、これについても提言を通じて実施されるようになった。さらに山形県内の観光施設の利用を通じた避難住民の支援、山形県独自の災害復興支援会議の創設など、さまざまな提案が実現することになった。

ヨーロッパの国会議員に対する調査支援。南相馬市原町区にて／2011年5月16日

加えて山形県副知事も私的にボランティア活動に同行し、宮城県と岩手県の被災地を共に回って、物資運搬・保管に関する行政的な問題点や課題を調査・分析するとともに、ボランティアと行政の共同支援体制の在り方などを調査した。全国各地から被災地や避難所の状況を把握するために訪問する国会議員、県議会議員、市議会議員などからの調査依頼にも積極的に対応し、国外から来る政府要人からの依頼に基づく調査支援なども並行して行った。

七　ボランティアを継続するための財源確保

このようなさまざまな活動を展開してきた「ボランティア山形」であるが、活動を継続するにはボランティアの食事だけでなく、物資運送に関わるガソリン代、物品・支援物資の購入など相当額の資金が必要になっていた。そこでボランティア活動の資金となる「思いやり基金」を設けて全国的な募金活動を行うとともに、米沢市の市民や山形県内の組合員からも寄付金を募った。また活動内容をインターネットで随時報告することで、これに賛同する他のＮＰＯ団体や市民団体、企業などからも支援金を受け付けることにした。

さらに一定規模の資金を安定的に確保するために、「ボランティア山形」内部には外部資金申請の担当者を配置したが、これによって公益社団法人「シビックフォース」からは協力パートナーシップに基づく財政支援を、公益財団法人「日本財団」などからは補助金提供を受けることが可能となった。このようにして得られた一千万円以上の外部資金については、「生活クラブやまがた」や関連ＮＰＯ法人の口座に一時的に入金され、経理・財務の担当部署が適切に管理した（ただし活動財源の大部分は「生活クラブやまがた」の事業活動で得た自前の収益によって賄われた）。

八　「ボランティア山形」の活動経験から見えること

「ボランティア山形」の活動を概観してきたが、その特長をまとめると以下のようになるであろう。

一つ目は、平常時からの、顔の見える緩やかなネットワークが大きな効果を発揮したことである。確かに震災当初より「ボランティア山形」が迅速に対応できたのはその母体である「生活クラブやまがた」が行政と防災協定を結んでいたからでもあるが、物量、即時性、期間の長期性などの面から見ると、協定外のルートで行われた支援活動の方が圧倒的に規模が大きかった。被災地や避難所の状況を独自に調査し、信頼関係に基づく緩やかなネットワークを通じて幅広く支援依頼を行うことで、多くの物資を調達・配布することができた。また、ネットワークを通じて状況を全体把握しながら、個々の要請にも柔軟かつ即時に対応することができた。これらは、「規模の支援」（まとまった量の支援）を行う上でも有効となり、今回のような大規模複合災害において十二分に能力を発揮することにつながった。

二つ目は、一つの独立した組織として見た場合、「ボランティア山形」にはすでに日常の生協活動を通じて一定の資源や能力が存在していたことである。そして、これらがすべて組織内に充足されていたわけではなく、必要に応じて外部（すなわち他のＮＰＯや行政団体など）から補完されることで効果的な活動を生み出してきたことである。これは組織自体が自己完結するのではなく、緊急時には開放されることを意味する。緊急時には必要な資源（人的資源・物的資源・資金資源・情報資源）や資源に関連する能力を外部から取り込むことで内部化し、これらを有機的に結合することで各種活動を展開させるという方法である。もちろん、外部のＮＰＯなどにこの補完能力が不足している場合は、逆に人員の派遣や物資融通などを通じて相手組織の資源・能力を補う。このような協調関係のもとで「ボランティア山形」は被災地や避難者の支援にあたった。

三つ目は、今回の震災支援ではこのように支援の最前線に立つばかりでなく、他方では中間支援組織としての役割も担ったことである。「ボランティア山形」としては意図しない展開になったかもしれないが、自ら構築した行政や他の支援団体とのネットワークが数多く米沢に存在しかつ地理的に今回の震災対応の拠点の一つが地元米沢となったが故に、全体の支援状況についてはむしろ冷静に把握・分析することができた。また、行政や他の支援団体の手が回りにくい場所、あるいは手の届きにくい場所に支援物資を運んだりサービスを創出・提供したりすることで、ニッチに配慮した支援を行うこともできた。つまり縦・横断的な活動を展開することができた。さらにこのような立場は、他のボランティア組織を間接的に支援することにもつながった。

四つ目は行政との信頼関係である。「ボランティア山形」は、あくまでも行政を支えるという立場を明確にしており、行政と方向性の異なるベクトル、あるいは行政と対峙する形での支援活動を否定していた。これは米沢市という地方都市がつくり上げてきた日常における緊密性とも関係するが、日頃から行政との信頼関係を前提に、産官学金が一体となってさまざまな地域活動を行ってきたことが土台となっており、「ボランティア山形」においてもこのような関係はその母体である「生活クラブやまがた」の日常的な福祉活動や共同購入活動などを通じてすでに構築されていたと言える。

五つ目は、組織機能の代替ということである。通常は生協として高齢者福祉や共同購入などの活動を行っているが、そこで培ってきた組織としての能力、特に組合員を中心とした人的資源や経験が今回のような非日常状態、あるいはカオス状態においても効果的に機能することとなった。また、「生活クラブやまがた」では日頃から参加型福祉に向けた地域資源の組織導入と重層的なネットワーク構築を目指し、あるいは組合員の加入促進運動や環境保全運動、国際協力活動などを活発に行っていたため、こうした経験と能力も今回の支援活動に直接・間接的に活かされることとなった。

コラム　相手の立場に立った支援活動

今回の東日本大震災で「ボランティア山形」は、政府、地方自治体、自衛隊などの緊急支援網から漏れた人々への活動を積極的に行った。母体となっている「生活クラブやまがた生活協同組合」と取引関係にある業者、被災地生産者などから現地の情報を得て、必要な支援物資を独自のネットワークを通じて調達し、被災地に運搬を行った。同様に「ボランティア山形」として震災前から交流のあった被災地の市民団体や県会議員などからも情報を得て、支援物資を調達、配給した。

緊急支援車両

被災地での配給活動においては、特に行政などが行う支援物資の供給方法だけでは行き届かない人々を見出すことに務めた。たとえばニューカマー（よそから新たに移り住んだ人々）の多い新興住宅街などへの配給を重点的に行った。新興住宅街に住む人々の中には避難所に避難できず、地元のコミュニティに包含されずに自宅避難している方々も少なくなかったのである。

被災地に赴いて支援物資を提供する際には、日を追うごとに変化していくであろう物資の種類や量などについても被災当事者から丁寧に聞き取った。聞き取り方については、日頃から行われてきた組合員加入活動や共済加入活動、あるいは生協運営の福祉施設での活動経験やノウハウが活かされた。特に、「相手の立場に立って寄り添い、聞き入る」（傾聴）という基本的な態度の重要性が再確認された。

また、原発事故で米沢市に避難してきた福島県民の方々への物資提供、「10円バザー」や復興イベント会場での物資配布等においても、顔の見える緩やかなネットワークを通じた資源調達が基本となった。これにより市内だけでなく、全国の関係団体や協力団体、メーカー等からも支援物資が集められた。これらは市内にある生協の倉庫だけでなく、地元企業から無償提供された空きスペースなどでも保管・管理された。物資調達に関してはインターネットのブログなどでも提供を呼びかけた。その結果、活動内容に賛同する全国のNGO・NPO、企業、行政団体などからも物資を集めることができた。

10円バザー

最後に

日本では今後、東日本大震災と同等程度の大地震が発生するかもしれないと言われている。いつ来るかわからない震災に対応するには、非常時において効果的に活動できるＮＰＯなどが、普段から突発災害に対処できる能力や経験を組織内に蓄積するとともに、災害を見込んだ形で外部組織との関係性を構築し、信頼関係に基づく緩やかなネットワークを形成しておくことが求められる。また、災害対応においては今回の米沢で展開されたような行政・ＮＰＯ・市民団体・企業・学校などとの有機的で他者を排除しない、互助・共助に基づく関係性の構築が欠かせない。

このような仕組みや取り組みが全国各地に広がれば、地域力を基礎にした防災・災害対応能力を高めることができ、加えて全国を網羅した実際に機能するネットワーク支援体制を構築することができるであろう。今回の大震災の教訓を活かすことが、いま私たちには求められている。

支援のハブ基地／山形 米沢市—福島・宮城・岩手

14 あらゆるアクターとの連携はなぜ可能だったのか
——生活クラブやまがた生活協同組合の震災支援

井上 肇
（生活クラブやまがた生活協同組合特別顧問／ボランティア山形代表理事）

はじめに

前章で報告された通り、「生活クラブやまがた生活協同組合」（以下、「生活クラブやまがた」）が行ったこの度の震災支援では、県外の多くの団体や個人と連携した直接、間接の被災地・避難者支援が大きな力となった。迅速かつ臨機応変に被災地や避難者へのケアができたことは私たち当事者も驚くばかりだった。それが実現できたのは普段の「生活クラブやまがた」の活動を通じた全国の団体・個人との関係性によるところが大きかったと言えるだろう。本章では、この関係性がどのように有機的に絡み合い、多彩な災害支援へと広がっていったかを中心に紹介したい。

一　震災支援における最初の五日間

「3月11日」

東日本大震災があったその日のその時間に私は、東京に向かう山形新幹線「つばさ」の中で被災している。発生五時間後にJRが用意したタクシーで米沢駅に帰る。その途中に二本の電話が入る。

一本目が「NPO都市生活コミュニティセンター」(1)(以下、「NPO都市生活」)事務局長の福田和昭氏からだった。「今、神戸の「被災地NGO協同センター」(2)から四人がそちらに向かっています。クルマなのでどのような経由がよいか教えてほしい」という内容だった。この意味がよく理解できなかった。神戸の人たちがどうして米沢に来るのだろうかと、この段階では不思議に思っていた。しかし、事態の深刻さはすぐに把握できた。しばらくすると、今度は同じく「NPO都市生活」の前理事長、前川智佳子さんから「大丈夫か?」という電話が入った。米沢は大丈夫の旨を告げた。

私の携帯電話は災害時にも通話可能となる優先電話であり、列車内の乗客のほとんどが通話不能となる中で、私の電話だけが外部とのやり取りを続けていた。私が所属する「生活クラブやまがた」は「災害協定」(後述)を地元自治体と締結しているため、非常時に電話会社が通話制限を行っても優先的につながる電話を私は所持していた。だから、災害のおおよその状況の把握はすぐに可能となった。

翌一二日、朝八時過ぎ頃に到着予定の「被災地NGO協同センター」の四人(吉椿雅道、武久真大《まさひろ》、鈴木孝典、毎日新聞社神戸支局近藤諭の各氏)は現れなかった。間違って米沢市を通り越して山形市方面へ向かったと神戸の福田氏から連絡が入った。このメンバーは一五日に米沢に来る。山形市でガソリ

ンがなくなり、給油に時間がかかったが、なんとか調達して、岩手、宮城、福島の主な被災状況を調査

（1）「生活クラブやまがた」を母体とする任意団体「ボランティア山形」（後述）が阪神・淡路大震災後の長期の支援活動に入った時に私たちの受入先となってくれたのは、仮設住宅に住む方々へのお茶飲み会などのボランティア活動を地元で地道に行っていた「都市生活協同組合」である。山形県西川町に住む方から「ボランティア山形」宛に、額入り絵画（印刷物）を各仮設住宅の集会所に寄贈したいと相談があり、その希望に応えて間に立ってくれたのが「都市生活生活協同組合」だった。また同じ頃、「生活クラブやまがた」（当時の名称は「米沢生活協同組合」）では神戸の「神戸市重度心身障害児（者）父母の会」東灘支部の希望に応えて、ワゴン車「ボランティア山形号」を同会に寄贈している。当時、法人格を持たなかった同会は車の車検や定期点検、保険などを行う資格を有していなかったため、「都市生活生活協同組合」から派生した「NPO都市生活コミュニティセンター」が管理することで社会的な補償をクリアした。現在、このNPOには「生活クラブやまがた」も正会員として名を連ね、私が監事（非常勤）を務めている。「神戸市重度心身障害児（者）父母の会」東灘支部との交流は阪神・淡路大震災当時、地元グループ「阪神・淡路大震災　被災地の人々を応援する市民の会」（本章二六六頁参照）によるボランティア活動で入浴サービスやデイケアセンターの修繕などのお手伝いをして親交を深めたのがきっかけである。これがご縁で車の寄贈へとつながっていった。

「神戸市重度心身障害児（者）父母の会」東灘支部の支部長、武田純子さんの「ボランティアは一〇人で一人力」という言葉に象徴されるように、私たち「ボランティア山形」と「生活クラブやまがた」（当時は「米沢生活協同組合」）の役員らは同会からボランティアの在り方について多くを学ぶことができた。

（2）「被災地NGO恊同センター」——代表、村井雅清（ぐるうぷ・えん）。阪神・淡路大震災発生後の一九九五年一月一九日に結成された、阪神大震災地元NGO救援連絡会議（代表・草地賢一）の分科会の一つとして、同年八月一日「仮設住宅支援連絡会」の名称で発足。翌九六年四月一日、「阪神・淡路大震災「仮設」支援NGO連絡会」に改組し、分科会より独立。九八年四月一日より「被災地NGO恊働センター」と改称し、現在に至る。二〇〇〇年九月、第一二回毎日国際交流賞受賞。二〇〇〇年一〇月、国際ボランティア学会隅谷三喜男賞受賞。（同センターホームページより）

米沢市からの要請で、3月12日朝5時30分に米沢市消防本部に集合した

しての到着となった。福田氏は彼らよりも遅れて神戸を出発したが一四日にはボランティアメンバーの尾澤良平氏（被災地NGO協同センター。氏は後に「不良ボランティアを集める会」を自ら発足（本書第5章参照））や、NHK大阪の記者三木健太郎氏らとともに米沢に入っている。

災害地支援の始動

米沢では、震災の翌日、三月一二日の早朝には、支援物資を積んだ生協のトラックが被災地へ向けて出発した。支援物資の毛布と水は米沢市が準備したコミュニティセンターの備蓄品であった。また、同市の職員らに提供したおにぎりは、「生活クラブやまがた」の関連福祉団体「NPO法人結いのき」（本書第13章二三七頁参照）での回転備蓄（コメが不自由しないよう常時一カ月近くの在庫を持ち、後出し先入れを徹底している）を「ワーカーズ Man-ma」（組合員らで組織した料理づくりのＮＰＯ）のメンバーらが利用・準備したものである。さらに「生活クラブやまがた」の高橋尚専務理事と嵐田初広センター長、後藤正宏主任らが発災直後より地元生産者から物資の調達を行った。後に原発事故避難者への対応や福島、宮城、岩手の被災者への対応が比較的迅速に行われたのは、地元生産者が食料や生活用品を速やかに提供してくれたお陰である。「生活クラブやまがた」では震災前年の一一月から一二月にかけて、「１・17阪神・淡路大震災の日」を前にして各家庭での「コメの回転備蓄」（備蓄米）を組合員に呼びかけていた。その効果もあり、今回の震災では震災後、多くの組合員から「コメの備蓄には助けられた」との声が寄せられた。当初コメの地元生産者からは「回転備蓄なんて」と冷ややかな視線もあったが、偶然にしろ、この呼びかけは組合員にとり大きなインパクトとなって家庭生活での「防災見直し運動」へとつながった。

震災翌日の一二日より米沢市役所には物資等の寄付やボランティアを希望する市民から問い合わせが入り始めたが、それらについては市が受付場所等を検討し決定するまでの間、「生活クラブやまがた」の高齢者福祉施設「グループホーム結いのき」（本書第13章二三七頁参照）がそれらを受け付けた。また物資受付などの条件やノウハウについては「ＮＰＯ都市生活」の福田氏が作り、それをもとに米沢市では市報などを通じて物資等の受付を呼びかけた。

一二日、私は津波で亡くなられた方のご遺体を包む毛布が足りないことをラジオで知る。すぐにＮＧＯ「アフリカに毛布をおくる運動」米沢事務局の立正佼成会米沢教会渡部栄次氏に毛布の調達をお願いした。早速、同教会の青柳浩章氏と渡部氏が先頭になって東北各地から毛布を集める活動が始まった。一四日夜には米沢市議会の一階にたくさんの毛布が山積みされた。この時点では、これらの毛布が翌一五日からの福島の避難者のために使われることなど想像もしなかった（一四日に発生した福島第一原発三号機の水素爆発に対する人々の危機感は翌朝になっていっきに高まった）。

「今回の震災では生活協同組合の中で生活クラブ生協が一番被害を受けるだろう」

同じ頃、一二日午後九時半過ぎに「生活クラブ事業連合会」前会長河野栄次氏（震災前年の一二月から菅内閣で内閣府参与の身分であった）から電話が入り、次のような要請を受けた。「菅首相が震災ボランティア連携室を立ち上げたいと言っている。そのたたき台を至急作ってほしい」。その時の河野氏からの要請内容は概ね次のようなものであった。まず、災害ボランティアの未経験者が審議しては机上の話しに終わってしまうので、経験者としての視点をきっちりと入れること。同時に、協同組合の視点も盛り込むこと。後者の意味は、民主党の考えている「新しい公共」（公共サービスをNGO、NPO等の市民セクターも担っていくこと）だけでは非営利イコールNPOという意味合いになってしまうが、地域住民（市民セクター）の中には生産者もいれば消費者もいるので、その視点を欠いてはならないということであった。河野氏はさらにこう述べた。「今回はその生産者が大きな被害に遭っている。これは日本の食料や経済にとっても大きな損害である。この点を忘れないでもらいたい。今回の震災では生活協同組合の中で生活クラブ生協が一番被害を受けるだろう。生活クラブ生協は生産基地や生産者を限定した取り組みを特徴としてきたが、その供給網が今回は決定的に遮断されてしまったからだ。この点は日本全体の損失に置き換えることができる。この視点を持って語れるのは限られた人しかいない。あなたにその視点を盛り込んだたたき台を是非作ってほしい。NPO中心ではアメリカ型非営利事業に傾きがちとなり、市民セクターの枠組みを狭くし、生産者や消費者の存在が希薄になってしまう――」。

河野氏の希望に添うには不十分ながら、たたき台を急いで作り、河野氏へ渡した。前章でも触れられている通り、その後、この素案は有識者を招聘した検討会に掛けられ、政策提言としてまとめられて政府に答申することとなる（本書第13章二四六頁参照）。

福島からの避難者を受け入れる米沢市でのボランティア活動の開始

一回目の支援物資を送り出した翌日（三月一三日）から、原発事故による多くの避難者が米沢を避難先にしようと向かってきた（前日一二日、福島第一原発一号機、水素爆発）。私は早速二人の人物に連絡し、米沢市内の避難所の運営を依頼した。

彼は阪神・淡路大震災時に神戸市東灘区で被災した。一人は「ボランティア山形」の現副代表、丸山弘志氏である。当時、衆議院議員高見裕一氏の秘書をしていたが、地元で逸速く情報フリーペーパーを発行・配布し、避難所運営に積極的に参加した。支援に向かった「ボランティア山形」に対しては議員事務所の二階を開放し、親身になって山形県からのボランティアを受け入れてくれるなど、実績は申し分なかった。現在は横浜に住んでおり、今回はほんの木（東京・錦町の出版社）社長、柴田敬三氏の仲介を得て、三月一六日の深夜、上越経由で米沢に駆けつけてくれた。

もう一人はやはり阪神・淡路大震災時に体育館などの避難所でボランティアを行っていた「島原ボランティア協議会」前事務局長松永忠徳氏である。

同協議会は長崎県島原市に拠点をかまえ、一九九〇年に起きた雲仙普賢岳噴火をきっかけに島原半島の地域活性化集団「十七会」という従来からあった会を基盤にして、翌九一年の六月に組織された団体である。この島原での大災害の経験が神戸の被災者自身による避難所運営などに活かされることになる。神戸の時は長い避難所生活で避難者同士の間に揉め事が起きると、島原のボランティアが間に入ってこれを治めてくれた。それはひとえに被災者であり避難者だった自分たちの経験が教訓化されていたから

被災地に入り、壊れたコンビニを会場に食料品や生活物資を配る。一般住宅には多くの市民が残っていたが、物資がなかなか供給されていなかった。宮城県石巻市内にて／2011年3月30日

であり、避難所生活の不合理さを十分経験した上でのアドバイスとなった。

　私の要請に応じて松永氏は島原から引切りなしに電話でアドバイスをくれた。その内容は次の通り。避難所の開所段階においては避難者家族ごとの間仕切りは作らないこと、避難所運営は時間とともに避難者自身による自治会的な自主運営に切り換えていくこと、そのために日頃から避難者のリーダー的な人と対話を重ねていくこと、避難者の求めに速やかに対応できるよう地元の商工会議所に依頼してタウンマップを配布したりアパート紹介などの相談窓口を設置したり、若い夫婦にはラブホテルを紹介するといったことのも大事である、等々。三月二〇日には同協議会の前会長宮本秀利氏が米沢に駆けつけてくれた。一四日の福島第一原発三号機の大爆発で翌一五日に福島から米沢市に避難してきた福島からの人々の数は一〇〇人を超え、その日の夜には、市営体育館への避難者だけでも四五二人になっていた。この日の朝、米沢市では同体育館を避難所として開放している。

　山形県は被災地の中間支援を担う「ハブ基地」になるだろう――。そのような予想を三月一三日時点で何気なく松永氏に伝えていたが、彼はすぐさま福岡県博多にある「グリーンコープ生活協同組合事業

連合」（以下、「グリーンコープ」）(3) に「生活クラブやまがた」への物資供給を依頼してくれていた。山形県は被害も少なく、電気も水もあるので十分に「ハブ基地」の役割を果たすことができる。特に米沢市は福島県に一時間〜三時間以内、宮城県に二時間〜四時間以内、岩手県には三時間〜五時間以内で着く地理的環境にある。この松永氏の依頼した支援物資が幸運にも、米沢市が三月一五日、福島県の避難者を受け入れるために市営体育館を開放したその日に届く。博多を出発した物資満載の一〇トントラックが米沢に到着したのである。偶然が重なったとは言え、その手際よさは避難所の食事や物資の供給に大きく貢献した。「グリーンコープ」から「生活クラブやまがた」への物資供給は現在も続いている。

私たちが加盟する「生活クラブ事業連合会」もこれらの動きの中で被災地への物資供給を行うことになった。岩手、福島には同連合会の単協が複数あり、また宮城、岩手には同連合会と提携する生産者も大勢いた。

「生活クラブふくしま生活協同組合」の物流機能を一時「生活クラブやまがた」が担ったのは三月一四日からである。この日発生した福島第一原発三号機の爆発がきっかけである。「生活クラブふくしま生活協同組合」の常勤者たちは「生活クラブやまがた」の「たくろう所」に泊って約二週間頑張った。

翌一五日、この日は朝から雪が降り、寒さが厳しかったから、体育館に身を寄せる五〇〇人近くの避難者にとっては大変な環境であった。すでに述べたように、毛布の調達は津波被害用として一二日より開始していた。私が常務理事を務める「地域創造ネットワーク・ジャパン」（東京・三田）の専務理事

（3）「グリーンコープ生活協同組合事業連合」は九州、岡山、四国、関西を中心に一四の単協で構成されている。石けん運動による環境保護や国産品産直を通じて自給率を上げる活動に取り組むほか、社会福祉や生活再生事業でも実績がある。

池本修悟氏にも協力を仰いでいた。池本氏の依頼で「静岡県ボランティア協会」の鳥羽茂さんらが急きょ静岡県民に毛布五万枚結集運動を開始し、同協会からは四回にわたって計一万枚の毛布が提供された。運ぶのは静岡の「リフトバス運行ボランティア連絡会議」会長木村政司氏とその有志のみなさんだった。この毛布は米沢市に限らず、近隣の県南・置賜地区三市三町の避難所にも届けられた。

二〇日には二トントラックに野菜や食料を大量に積んで熊本県水俣市から谷洋一氏（NPO法人水俣病協働センター、水俣病被害者互助会事務局）がやって来た。この二トン車はそのまま「ボランティア山形」へ無償でレンタルされ、「熊本号」という愛称で被災地への支援品運搬に利用された。

ほかにも活動資金面では「平田牧場グループ」（山形県酒田市、新田嘉一会長）や「災害支援公益社団法人シビック・フォース」（東京・九段南）、「NPO法人アトピッ子地球の子ネットワーク」（東京・新宿）、「NPOネットワーク地球村」（大阪市）、「全日本プロレス株式会社」（興行先の石巻で被災。募金を提供）、「NPO法人にじのかけ橋」（「神戸市重度心身障害児（者）父母の会」東灘支部が母体）等、多くの提携または協力団体、個人から提供を受けることとなった。

二　個々の市民によるボランティア

「生活クラブやまがた」組合員からの支援

「生活クラブやまがた」という団体としての活動もさることながら、今回の震災支援では組合員個人からの物資提供も早かった。すでに述べたように、震災翌日には米沢市民から市役所に支援に関する多数の問い合わせがあったように、「生活クラブやまがた」にも同様の支援の希望が組合員から寄せられた。市ではその臨時対応を「グループホーム結いのき」に依頼し、かなりの量の物資が被災地に供給されることになった。この時期の東北はまだまだ冬、気温も低く雪も降り、被災地では一晩しのぐだけでも大変な季節である。「被災者や被災地での出来事は他人ごとではない」――大量の物資供給を可能としたのはそういう気持ちが多くの市民や組合員を動かした結果である。もちろん共同購入事業と「班」活動（後述）で育んできた組合員同士の日頃の「助け合い」がその下地になったのは言うまでもない。

避難者受け入れの米沢市でのボランティア

ところで、三月一五日の朝から始まる米沢市営体育館の開放にあたっては、当日、市から「生活クラブやまがた」に相談があった。相談内容は、避難所の設置や運営についての協力要請であった。これを受け、私たちはこの日に神戸から応援に来た「被災地NGO協同センター」の吉椿、武久各氏にその役割を要請し、「NPO都市生活」福田事務局長ら同NPOメンバーを応援に出すことにした。一七日には前夜到着した阪神・淡路の経験者、丸山氏にも加わってもらうことにした。

私は米沢市への提案として、米沢市社会福祉協議会がボランティア支援センターとしての役割を持ち、体育館の仕切りについては米沢市職員とともに、丸山、福田両氏および「被災地NGO協同センター」のメンバーを正式に避難者支援活動の事務局員として配置することを提案した。米沢市はこれを受け入れた。

米沢市民の若者たちと神戸のボランティアの連携

一方、震災翌々日の一三日からは一般のボランティアの方々も「グループホーム結いのき」に集まっ

500人の避難者が身を寄せた市営体育館

てきた。このボランティアがどうやって集まってきたのかは正直記憶がない。いずれにせよ「生活クラブやまがた」の元職員や若者たちが連絡し合って日々集まってきた。米沢市社会福祉協議会への登録ボランティアは一六日の時点で四〇人ほどだったが、災害時や緊急時にすぐに対応できそうな経験豊富な登録者はあまりいなかった。それでも人員確保の観点から若いA君やT君にお願いし、友人たちにボランティアへの参加協力を要請してもらった。すると若者男女が一〇人近くあっという間に集まった。この若者たちにはまず、「グループホーム結いのき」での物資受け取り等の手伝いをお願いした。

一五日からスタートする市営体育館での避難者対応には、当初、福田氏と「グループホーム結いのき」事務長の野田透氏が当たっていたが、その後は丸山氏が指揮を執り、「足湯」活動を中心に行っている「被災地NGO協同センター」の吉椿氏らが「聞き取りボランティア」等に加わる中で、若者たちもそのアシスタントとなって、具体的な経験の場を得ることとなった。そして数日後には体育館でのボランティアを希望する他の多数の若者たちの、事実上のリーダーとなっていった。

リーダーとなった若者たちの多くは大学生や定時制の高校生、あるいは休学もしくは失業中の人、不況のあおりで休暇を取りやすい人たちであった。

吉椿氏は若者たちによる一日の活動が終わると、夜遅くからでもリーダーたちとミーティングを開き、皆が自由に自分の考えを述べ合える場を作った。氏自身も自らのボランティア経験やそこから学んだことを語った。ボランティアのあり方、特に避難者の考え・要望等の聞き取り方については時間をかけて丁寧に語った。「足湯」活動というものが「傾聴」（相手の話に真摯に耳を傾けること）や「集う」場としていかに重要であるかを伝えた。そして避難者との間に生まれる勇気づけ勇気づけられる関係を大切にしてこそ、自分たちの活動も生かされてくるのだと説いた。

このミーティングをきっかけに、若者たちは「気付くこと」「提案すること」の大切さを学んでいった。「せっかく設置したコーヒー・コーナーをただのスペースとして見るのではなく、対話の場に演出しては？」という若者からの提案は、早速翌日には「足湯」のコーナーに移設するという形で実現した。リーダーたちはミーティングで学び考えたことを翌日には即実践した。そして他の若者ボランティアにもプラスの影響を与え、あきらかに作業ボランティアからボランティアコーディネーターへと短期間に成長していった。

ボランティアを支えるボランティアたち

こうして、口コミやインターネットなどによって全国からも日々大勢のボランティアが集まるようになり、米沢は「ハブ基地」の役割を果たしていく。

「グループホーム結いのき」や「グループリビング」（「生活クラブやまがた」関連NPOが経営する高齢者生活共同運営住居）などの福祉施設は被災地支援の中継地点としての宿泊所、あるいは福島県の避難者支援にやってきた方々の宿泊所として利用された。震災から一カ月後、五月のゴールデンウィークのピーク時には県外から六〇人のボランティアや視察学生たちが「グループホーム結いのき」に集まった。

このような状況を内側で支えたのが、「生活クラブやまがた」の女性理事や女性組合員たちである。三食の食事づくりは彼女たちが賄った。手づくりの家庭料理をそれぞれが一品以上持ち寄った。ボランティアたちは机に並べられたそれらの料理を自由に選んで好きなだけ食べることができた。

災害ボランティアに携わる人は比較的身が自由で力仕事に向いた若者や男性に集中する傾向が強い。参加機会の少ない主婦や子育て中の母親、高齢者には、「何かをしたいが、どうすることもできない」というもどかしさがある。米沢ではそうした方々も手づくり料理を通じて「ボランティアを支えるボランティア」として参加することとなった。山形市の組合員からも手づくりパンが定期的に届いた。多くのボランティアからは「ボランティアに来てこんなに美味しい料理を食べたのは初めてだ」と喜ばれ、太って帰った者もいたほどだ。

「応援する市民の会」から学んだこと

ところで、「生活クラブやまがた」を母体とする任意団体「ボランティア山形」（後述）が阪神・淡路大震災で支援活動を行った際、その拠点としたのが神戸の「阪神・淡路大震災　被災地の人々を応援する市民の会」（以下、「応援する市民の会」）である。「大阪ボランティア協会」や「経団連一％クラブ」など二二の団体によって震災直後に立ち上げられたボランティア中間支援組織であるが、当時ここでは、事務手続きを簡素化しボランティアの受け入れや要請の受付を行いやすく工夫がなされていた。支援に駆けつけた全国のボランティアたちは当初、各自治体の窓口を目指していたが、「応援する市民の会」の存在が話題になると、ボランティアの依頼者も希望者も続々とこの組織に登録するようになった。会員制をとるNGO的な組織や勝手連的なボランティア組織とは違い、企業人や学生たちも自分たちのできる範囲で無理なく参加できるのが特長だった。だから私たちも同会を拠点に活動することができた。ボランティア運営のノウハウは同会の所長、名賀亭氏のもとで活動を通じて学んでいった。(4)

「ハートネットふくしま」との連携

当時、福島県郡山市から神戸に来ていた吉田公男氏も「応援する市民の会」で活動をともにした一人である。後に吉田氏とは新潟県中越地震（二〇〇四年）のボランティア活動でも一緒になる。

この吉田氏が現在理事長を務める「ハートネットふくしま」が、今回は私たちの福島支援の受け入れ先の一つとなった。公的支援を受けているところには山のように支援物資が集まるが、必ずしもそれが

（4）「ボランティア山形」が阪神・淡路大震災時に現地で知り合った主な五団体（個人）を紹介する。今回の初動時活動でも多大な協力を得た。（敬称略。団体名や役職名は当時のもの）。
①高見裕一衆議院議員事務所スタッフ＝丸山弘志（産直団体、らでぃっしゅぼーや）
②島原ボランティア協議会＝宮本秀利（同会前会長）、松永忠徳（同会前事務局長）
③阪神・淡路大震災　被災地の人々を応援する市民の会（大阪ボランティア協会など二二団体で構成）＝名賀亭（同会所長）、吉田公男（ボランティアで参加。後にハートネットふくしま理事長）
④都市生活生活協同組合＝前川智佳子（同生協理事長。後にNPO都市生活コミュニティセンター理事長）、福田和昭（NPO都市生活コミュニティセンター事務局長）
⑤神戸市重度心身障害児（者）父母の会・東灘支部＝武田純子（同会支部長）

被災当事者に速やかに届くとは限らない。そのことを私は過去にいくつもの被災地で見てきた。だから今回はできるだけ民間の気の利いたボランティア組織に優先的に物資を届けたいと考えていた。最初に浮かんだのが「ハートネットふくしま」である。福島県の拠点は先ずは「ハートネットふくしま」にした。ここならば吉田流の采配で「痒いところに手が届くように」物資が流れていくと確信していた。

「応援する市民の会」に集まった人たちの顔ぶれを思い浮かべると、NGO的な人は少なく、個性の強い人もあまりいなかったように思える。いたって一般的な学生・企業人がボランティアとしてやって来た印象が強い。一般にボランティア希望者にはどこかアクの強さが感じられ、変わり者的な印象がつきまといがちだが、この会に集まった人たちは人の良さそうな真正直な若者が多かった。同会自体も「信頼」と「性善説」だけで持っているような組織だった。ボランティアを募って人数が固まれば、その場で住宅地図を手渡し、依頼先に向かわせ、引っ越し作業や入浴介助をさせるのだから、今思えば無謀とさえ思える。まるでボランティアの研修場のようにも見えた。ボランティア募集の掲示の仕方は大判用紙にマジックインクで書きなぐり、といった具合なのである。しかし、一日の活動を終え帰ってくると、しっかり報告と感想だけは述べなければならなかった。この時の経験を吉田氏も確実に共有している。

三　被災地支援ネットワーク

「ボランティア山形」の誕生とメンバー構成

すべての原点は一九九五年一月、阪神・淡路大震災の時に結成された「ボランティア山形」の現地への派遣である。「ボランティア山形」は任意団体であり、組織的には「生活クラブやまがた」（当時は

「米沢生活協同組合」。二〇〇四年に「ナチュラルコープやまがた生活協同組合」を吸収合併し「生活クラブやまがた」となる）がその母体である。一般的に生活協同組合（以下、生協）の組合員構成は女性が圧倒的に多いため、災害時にはなかなか動けない。そこで「生活クラブやまがた」では、阪神・淡路大震災を契機に災害ボランティアのための別組織を結成し、災害時毎にボランティアを募集して、自主的に集まったメンバーで支援活動を行うことにした。メンバーは組合員に限定せず、誰でも個々の関心に応じて参加できるようにした。阪神・淡路大震災以来、「ボランティア山形」は今回の震災支援で五回目の再結成となるが、その都度関心ある者がそれぞれのボランティア活動に自己のテーマを持って参加してきた。

地元の自治体や他の生協と「災害協定」――ボランティア・コーディネーションの拠点へ

一連の活動の基礎となるもう一つの大きな点は、「生活クラブやまがた」が地元の自治体や他の生協と「災害協定」を結び、大規模な災害という非常時にも速やかに対応できるよう日頃から交流を図ってきたことである。阪神・淡路大震災以来、全国の多くの生協では自治体との間で「災害協定」を締結する取り組みを進めてきた。生協が「災害協定」を結ぶ背景には、災害直後の避難所においては必ず水、食料品、生活用品が必要になること、被災地ではそれらを供給する施設自体が被災する可能性が高いこと、などがあった。これらに対応するには、まずは食料や生活用品の備蓄と速やかな調達が課題となる。自治体との「災害協定」の締結は、全国にネットワークを持ち、生産者や業者とのパイプがしっかりしている生協からの積極的なアプローチによって促されてきたと言える。

「生活クラブやまがた」の前身である「米沢生協」は二〇〇一年八月三一日に米沢市および「山形県

生活協同組合連合会」（以下、「山形県生協連」）との三者の間で「災害時における応急生活物資供給等の協力に関する協定」を結んでいる。これは当時、米沢市助役の大久保利之氏と「米沢生協」専務理事をしていた私との話し合いで一九九九年頃より企画していたものだった。私は提携先として我が「米沢生協」だけでなく、「山形県生協連」にも名を連ねてもらうことを考えていた。理由は、米沢市が被災地になった場合、被害の程度によっては市や「米沢生協」単独では限界が生じ、県内の生協間で連携しなければ対処できなくなるだろうと思ったからである。県内で店舗運営をしている生協や食堂を持つ大学生協、そして医療生協等が創意工夫すれば当面の物資やおにぎり、弁当、医療の手当等が可能である。県内であれば被災地までの配送時間や、医師・看護師等が駆けつける時間も短縮できる。最近では生協でも高齢者福祉事業を行っているので介護士やヘルパーの派遣も実現できる。以上のような期待がこの三者協定の構想の基礎にあった。

実はこの三者協定案を考えていた頃、「山形県生協連」会長伊藤寛氏（当時）も各単協に対して自治体への提携案を推進していた。しかし、県とはすんなりと事が運んだが、ある市からは医療生協との提携は地元医師会が嫌がるので遠慮したいといった声があったり、生協一般を革新系政治団体の傀儡的な組織と決めつけて提携を拒む意見が出たりと、なかなか進展が見られなかった。生協は社会的にはまだ特殊な団体と見られていたのである。

私は伊藤会長からこのような壁を聞いていたので、米沢市との交渉においては却ってストレートに率直な提案をすることができた。「非常時を念頭に入れたならば、市は医療、店舗、食堂を持つ「山形県生協連」とも提携するのが妥当ではないか」と。大久保助役からは、「「米沢生協」が実質の窓口とコーディネートを担うのであれば」という条件が付いた。この合意によって米沢における三者協定は成立したのである。

この事例は、以後、私たちが窓口となって、県内の長井市（二〇〇八年九月二九日）、川西町（二〇一〇年五月二七日）、高畠町（二〇一二年二月九日）の協定にも踏襲された。現在、「生活クラブやまがた」が米沢市との間で引き受けている「ボランティア等のコーディネート」もこの「災害協定」に基づいている。

そしてこれに加え「ボランティア山形」という組織が、生協の枠を超え、「助け合い」の対象を被災者全般に据えての活動を行っているのである。この点が他の生協のボランティア活動との大きな違いである。全国からのボランティアを受け入れて円滑に「助け合い」を進めるためには、それなりのコーディネート力が必要となる。そのことは私自身が阪神・淡路大震災のボランティア活動で体験的に感じていた。次節で述べるように、このコーディネート役は共同購入型地区担当職員にはぴったりの仕事でもあった。

「生活クラブやまがた」が持つ物資供給力とネットワーク

今回の震災で「生活クラブやまがた」は素早く物資供給を行うことができた。その理由を考えてみたい。生協の多くは共同購入事業という「無店舗」の予約によるカタログ購買を事業の基盤としている。特に「生活クラブやまがた」の共同購入事業は、地域や職域で組織された三〜五人程度の組合員からなる「班」が基本になっている。この班が、共同購入という経済的メリットとともに情報共有の場としての効果を発揮してきた。

班を基本とした共同購入にはいろいろな「しばり」が存在し、そのしばりのシステムが「助け合い」の場となる班の成長や組合員の意識向上を促してきた。たとえば、各組合員が日常的に購入している食品・生活用品の主たる物、つまり多くの組合員が共通に注文し利用している物については、自分たちで事前注文し、予約生産や予約製造を生産者や業者に委託しなければならない。また、委託するからには生産者や業者に対してそれなりの要望や希望が出されなければならない。具体的には、食品であれば原材料の履歴がわかること、生産・製造工程や原価が公開されること、といった要望である。ここで注意すべきは、こうした要望は「安全性」が第一義ではないということである。第一義は「明らかであること」（情報公開）である。

市場に出回る商品にはこの「明らかであること」が曖昧であることが多い。企業秘密としたり、原材料を法的範囲の開示にとどめることで付加価値を高めるケースも見られる。しかし生協、とりわけ生活クラブ生協では、原材料にしろ価格にしろ、まずその内容や理由、仕組みなどを組合員に明らかにすることを最重視してきた。この考えがあってはじめて食品や生活用品への安全性や信頼性に対する意識が向上すると考えてきたからだ。

この第一義を可能にするには生産者や業者の理解だけでなく、組合員自身が彼らとの対等な協力関係を作っていく努力が必要である。価格や利益重視だけでは成り立たないのが市場主義との違いである。また、協力関係を築くには個々の生産者や業者の生産・製造能力、経営理念に対する理解も必要になるが、それ以上に彼らとの顔の見える交流が何よりも大切となる。組合員と同じ地域の生産者・業者であれば距離的にも理想的な交流が図れる。しかし一般的には、生協が掲げるこの第一義的な理念を理解し実践してくれる生産者や業者は稀である。一単協の事業規模が生産者らの経済的条件を満たすとも限らず、一口に「協力関係」と言ってもなかなかハードルは高い。そこでいくつかの単協が集まり一つのグループを作り、経済的生産性規模にも応えられるようにしてきたのがこの二〇年間の「生活クラブ事業連合会」をはじめとする全国の事業連合生協の歩みであった。

しかし、「生活クラブやまがた」の場合は、その創立当初より少量からでも取引に応じてくれる地元の生産者・業者が存在していた。長年の信頼から地域限定で生産・製造を続けてくれており、地元内での関係性には他と比べても非常に深いものがある。今回の震災支援においても、「生活クラブ事業連合会」の生産者らとの協力もさることながら、「生活クラブやまがた」の独自品生産者・業者との協力によるところが大きかった。発災から五月半ばまでの二カ月間、「生活クラブやまがた」が扱った支援品のほとんどは同生協の独自品生産者・業者によって無料で提供されたものである。

「生活クラブやまがた」の組織力と支援の社会化

ここまで東日本大震災における「生活クラブやまがた」の初期の活動と、それを可能にした同生協の歴史的背景について、私自身の体験を中心にまとめさせていただいた。

本章で触れたたくさんの事例を振り返ると、この度の震災支援では普段の人間関係とネットワークづくりが非常に大きな作用を及ぼしていたことが改めて見えてくる。特に生協という自発的な市民による地域組織においては、その組織率の高さや各組合員の個性が物心両面での内部留保に結びつき、義捐金、支援活動費、物資供給という形で「社会化」していったことがわかる。災害支援におけるこうした取り組みは本来ならば各自治体に設置された社会福祉協議会が理想とする活動かもしれないが、数ある生協の中でも「生活クラブやまがた」の場合は、ボランティアとしての活動実績や行政との「災害協定」等により、こうした取り組みを身近なものとしていたことは確かだ。組合員が結集しやすかったのも、具体的な支援先や支援内容を生協側で速やかに指し示すことができた結果と言える。

「生活クラブやまがた」の共同購入における主要生産者・生産基地は県外では岩手、宮城、福島の三県に集中する。組合員自身も普段からそれらの生産者・業者の方々とともに学習会や社会運動を行ってきただけに、今回の震災では「他人事ではない」という危機意識を強く抱くこととなった。「生活クラブ事業連合会」の前会長、河野氏による「今回の震災では生活協同組合の中で生活クラブ生協が一番被害を受けるだろう。生活クラブ生協は生産基地や生産者を限定した取り組みを特徴としてきたが、その供給網が今回は決定的に遮断されてしまったからだ。この点は日本全体の損失に置き換えることができる」という先の言葉が日を追うごとに胸に響いてくる。私たち「生活クラブやまがた」は「互いを支え合い、互いを必要とし合う関係」としての生協活動を日々続けてきた。その中で今回のような非日常的な災害に遭遇することとなった。今回の経験によって私たちはより広い地域間連携の中で、「互いを支え合い、互いを必要とし合う関係」、すなわち社会資源（ソーシャル・キャピタル）の大切さを改めて認識し合うに至ったと言える。

おわりに

強く印象に残るのは、顔見知りの生産者や業者の方々の名前を思い浮べて安否を問い合わせ、生存・消息がわかると自分の身内が助かったように涙を流して喜ぶ組合員がたくさんいたことだ。

このような関係性は簡単にできるものではない。単なる「業者扱い」あるいは問屋が間に入るような場合なら、ここまでの関係は生まれないだろう。「生活クラブやまがた」の日頃からの組合員活動、とりわけ共同購入事業を通じた生産者・業者との顔の見える関係づくりが、即効性のある災害支援活動にそのまま結びついていったと言える。

全国の各種団体とのネットワークもたくさん存在していた。これも「生活クラブやまがた」の災害支援活動にとっては大きな助けとなった。そうした団体との協力関係はいつどのように生まれたのか。

これには二つの流れがある。一つは一九七〇年代に始まる石けん運動を通じた出会いである。生命・生活・生産を一つにつなぐ一連の環境運動を通じて、私たちは社会運動的視点を持って活動を続ける全国のさまざまな生協と知り合うことができた。「協同組合石けん連絡会」所属の生協、具体的には「生活クラブ事業連合会」（当時「米沢生協」は未加入）の単協や「旧首都圏事業連合会」の「パルシステム連合会」に加入する単協、あるいは九州「グリーンコープ連合」の単協やリサイクル石けん運動を展開するその他の単協・団体である。そしてもう一つの流れが、すでに何度も触れてきた阪神・淡路大震災での支援活動をきっかけとする数多くの個人・団体との出会いである。

今回の震災支援の「初動対応」ではとりわけ後者から波及したネットワークによって大いに助けられた。なかでも、神戸の経験を共有し、今回の支援活動では「ボランティア山形」の副代表となってくれた丸山氏の人脈に負うところは非常に大きかった。

＊「生活クラブやまがた」や「ボランティア山形」の役職員である高橋尚、嵐田初広、綾部誠、新関寧、松本由美子、石田光子、今野敏子、澤田美恵子の各氏による、今も続く被災地、生産者、避難者への渾身の活動、そして山形県知事吉村美栄子氏や同副知事高橋節氏をはじめとする山形県、並びに米沢市が示された「心ある政治」も忘れることはできない。紙幅の都合で今回は紹介できなかったが、別の機会にぜひ取り上げさせていただきたい。また、ほんの木柴田敬三氏、山形県会議員木村忠三氏のバイタリティあふれる「ボランティア山形」へのバックアップにも心から感謝したい。

15

一歩を踏み出すために／山形 米沢市―福島

避難者同士の支え合いが生まれる
――避難者支援センター「おいで」を起点として

取材・報告　三好亜矢子

東洋の桃源郷

一八七八年（明治一一年）五月、イギリス人の旅行家イザベラ・バードは横浜に上陸後、東京―北関東―会津―越後―山形―秋田―青森―北海道までを約七カ月にわたって旅しました。そして旅の記録をイギリスの故郷にいる妹宛に書簡にして送りました。それは二年後に『Unbeaten Tracks in Japan』（日本奥地紀行）のタイトルで一冊の本にまとめられました。この本によると、バードは七月一一日に越後関町を出発し、険しい山道が続く越後米沢街道（一三峠街道）を歩き続け、三日目の一三日にようやく米沢盆地にたどり着いています。このときバードは眼下に広がる「米沢の平野」（置賜盆地を指す）を「アジアのアルカデア（桃源郷）」と讃え、次のように記しています。

「米沢の平野は、南に繁栄する米沢の町があり、北には人々がしばしば訪れる湯治場の赤湯があって、まったくエデンの園である。〔中略〕実り豊かに微笑する大地であり、アジアのアルカデア（桃源郷）である」。「自力で栄えるこの豊沃な大地は、すべて、それを耕作している人々の所有するところのものである。彼らは、葡萄、いちじく、ざくろの木の下に住み、圧迫のない自由な暮しをしている。これは、圧政に苦しむアジアでは珍しい現象である」。「美しさ、勤勉、安楽さに満ちた魅惑的な地域」「どこを見渡しても豊かで美しい農村」（『日本奥地紀行』高梨健吉訳、平凡社ライブラリー、二〇〇〇）。

この本には、バードが東日本各地の自然のすばらしさや人々の勤勉な働きぶりに強く感銘を受けた様子が生き生きと描かれていますが、「アルカデア」とまで賞賛している地域は米沢だけです。バードが感じた米沢の豊かさ、美しさとは、おそらく自然の恩恵だけでなく、そこに住む人々が持つ「圧迫のない自由な暮らし」が醸成したものだったのではないでしょうか。

バード訪問から一三三年後、米沢は、今、福島からの避難者を全国で最も多く受け入れているまちとして注目されています。その背景には、バードが称揚した米沢というまちに息づく精神的な器の大きさとでも呼ぶべきものがあります。人々を切り捨てることなく、その力を大事に育てていく伝統は四〇〇年前に遡ります。上杉謙信の養子として上杉家二代目を継いだ上杉景勝は豊臣秀吉から会津一二〇万石を与えられた大大名でしたが、その後、関ヶ原の戦いで東軍に加担したため、徳川家康により石高三〇万石の米沢へ移され、後には一五万石に減封されました。しかし、大大名当時の家来の数をほとんど減らすことなく、節約と産業振興などに力を注いで乗り切った話は藩政史でも有名です。

避難者支援センター「おいで」――避難者同士のケア

米沢市の人口は八万九三九二人（二〇一〇年国勢調査）。今、そこにおよそ三八〇〇人の避難者の方々が住んでいます（二〇一二年三月一六日現在）。福島第一原発事故直後、最も多いときには一万人以上の方々が避難していました。遠くは南相馬市、双葉町、大熊町などの浜通り、近くは郡山、福島市内の中通りから、取るものも取りあえず車に飛び乗って米沢を目指した人たちです。米沢市と福島市はもともと栗子峠を境に頻繁に行き交う間柄です。米沢市のホームページの防災情報からリンクをたどっていくと米沢と福島を結ぶ国道13号線の栗子峠周辺の様子がリアルタイムで見られるほどです。

今回の米沢による支援については本書第13・14章で「ボランティア山形」の取り組みとして詳しく報告されていますが、ここでは同市が設置した避難者支援センター「おいで」を起点としたいくつかの取り組み、交流を紹介します。

米沢市は、二〇一一年六月六日に万世コミュニティセンター（同市八幡原五丁目）の研修室の一室を開放し、避難者支援センター「おいで」を開設しました。同コミュニティセンターは「木楽里《きらり》」の愛称で呼ばれており、その名の通りフローリングはじめ柱、壁などにも自然木がふんだんに使われ、建物全体が温かい雰囲気に包まれています。広い多目的ホールに加えて二一畳の和室が二部屋、研修室も二部屋、そして調理実習室なども備えられ、その充実ぶりは驚くばかりです。人口九万の米沢市にはこのようなコミニュティセンターが一〇施設もあります。

米沢市東部に位置する万世コミュニティセンター周辺には企業誘致のための工業団地が広がり、それに付随して雇用促進住宅が建てられています。老朽化が進んだため建て替え計画もありましたが、震災後は福島からの避難者向けに三年間という期限付きながら無料で提供されることになりました。

避難者支援センター「おいで」はこのような立地の中で、避難者向けに情報を提供したり、相談に応じたりする場として設置されました。ポットのお茶を注ぎ福島の地元紙をじっくり読んでいる人、米沢市内の託児情報を探しにやって来た親子連れなど、利用者も気軽に立ち寄れるスペースとなりました（その後、「おいで」は二〇一二年三月末で万世を離れ、四月四日からは市内中心部に近い置賜総合文化センターに移転しました）。

当初、「おいで」には非常勤を含む事務員五人と、南相馬市から派遣された市職員・看護師六人の計一一人が詰めていました。米沢市が画期的なのは非常勤の事務員を採用するにあたり、避難者にも門戸を広げてハローワークに求人広告を出したことです。その結果、三名（男性一名、女性二名）の避難者の方々が採用されました。センター名「おいで」は「たくさんの人に気軽に来てほしい」との願いを込めて、この三人が話し合って決めたものです。

過去の災害支援の事例においても、受け入れ先の行政や市民グループが避難者をケアしたり、避難者同士が避難先でグループやネットワークをつくったりすることはごく普通に行われてきましたが、たとえ非常勤であれ、受け入れ先の行政が避難者を公務員として採用し、避難者ケアの任にあたってもらうというのは前例がありません。公平かつフォーマルな形で避難者を行政機構の一部署に組み込み、避難者の生の声を行政に反映させるというこのような手法は、米沢市が初めてだと思います。市職員という肩書きがあれば、避難者と地元民との間に立ってのさまざまな折衝も、よりスムーズになるのは明らかです。

「おいで」に採用された避難者の一人、上野寛さん（四六歳）は、福島第一原発三号機が水素爆発を起こした翌日の三月一五日、南相馬市から家族一〇人でどこへ逃げる当てもないまま車を無我夢中で走らせました。「福島からできるだけ遠くに逃げたい」という一心だったそうです。友人知人と避難先についてメールでやり取りする中、翌一六日の朝に妻のエアロビクス仲間で南相馬に嫁いできた米沢出身の方から連絡が入りました。「それなら米沢の私の実家に行けばいい。向こうで待っているから」との内容でした。上野さん家族は避難者や支援者等の車で渋滞する栗子峠を越えて米沢を目指しました。そしてその日の夜、友人の実家になんとかたどり着き、用意していただいたアパートの一室に落ち着いたそうです。「米沢の実家の方々にすれば、ご自分の娘のサークル仲間なんて、どこの誰かもわからない赤の他人です。そんな私たちを世話してくださるなんて。しかも一〇人も。あのときの親切は一生、忘れません」。上野さんは当時を振り返り、うっすらと涙をにじませました。

「きっさ万世」――みんな友達だから

こういうエピソードを聞くたびに、私は、イザベラ・バードの目にも映ったであろう明治期の日本人の美風、「困ったときにはお互いさま」という心持ちが今でも生きていることをうれしく思います。今では掛け声のように聞こえてくる「支援します！」や「絆を大切にしましょう！」という言い方は、あまりにも大げさで空々しいなと感じずにはおれません。

「お互いさま」と同じ意味で「みんな友達だから」といわれたのは、「ボランティア山形」のメンバーの一人、石田光子さん（七四歳）です。「ボランティア山形」は阪神・淡路大震災時に、「生活クラブやまがた生活協同組合」の呼びかけで、災害救援活動を行う目的で結成されたネットワーク組織です。

阪神・淡路のときに交流を深めたグループの一つに「神戸市重度心身障害児（者）父母の会」東灘支部がありました。当時、「ボランティア山形」は同会が関わる入浴介助やデイケアサービスセンターの屋根瓦の片づけ・修繕などを手伝ったそうです。また二度にわたり「ボランティア山形号」と名づけたワゴン車を同会に寄贈するなど、今もそのとき以来の交流は続いています。一六年後、今度はその父母の会の方々が中心となって東北支援の募金を呼びかけ、震災から一月半後の四月二九日に米沢を訪ね、集めた寄付金一〇〇万円を「ボランティア山形」の活動費にと手渡してくれました。

「おいで」の前で。「ボランティア山形」のメンバーたち（右端が石田光子さん）

石田さんは震災直後の米沢の様子を「まち全体がざわざわしていた」と語り、「でも、福島からたくさんの人が来て迷惑だなんてことは少しもなかった。まわりの人からもそんな話は聞いたこともない。ただ、この人たちの力になりたいのに、どうしたらよいのかわからず悶々としていた」と振り返ります。そのようなときに東灘の人たちが訪れ、「阪神・淡路のときはみんなが気楽に集まれる場ができてとても救われた。私たちのところでは一七年目の今でも月に二回、あのときと同じようにお茶会を開いている」と話してくれたそうです。石田さんは「お茶の会なら私たちにもできる」と思わず膝を打ちました。

こうして「ボランティア山形」の仲間と一緒に「きっさ万世」の開設準備を進め、「おいで」が設置されるより一〇日ほど早い五月二五日、「おいで」と同じ万世コミュニティセンター内の和室を会場に第一回目のお茶の会が始まりました。受付もなければ会費もなし、互いに自己紹介し合うような場も設けません。一〇台ほど並べられた長テーブルの好きなところに座って、ただただおしゃべり。会場費用も市の負担で無料です。

石田さんは「生活クラブやまがた生活協同組合」の役員を歴任しながら地元の消費者運動を長く担ってきました。万世コミュニティセンターの近くに住み、民生委員を二〇一一年まで八期務められるなど地元の信望も厚い方です。避難者と地元の人たちをつなぐにはまさに適任です。「きっさ万世」は現在も石田さんを中心に、毎週水曜日の午前一〇時から一二時まで欠かさず開かれています。避難者支援センター「おいで」が移転した後も、同じ万世の建物の一室で集まりは続いています。

「なぜ、そんなに頑張れるのですか」との私の問いに、石田さんは「支援者も被支援者もない。みんな一緒くたに話せばいい。みんな友達だから」とさらりと答えます。最初の頃こそ、「私たち地元の人間はどう言葉を掛けてよいのかわからず、下を向いたまま」でしたが、回を重ねるごとに互いに緊張が解けていきました。避難してきた人たちも表情がこわばったままでしたが、回を重ねるごとに互いに緊張が解けていきました。幼い子どもを抱えた母親同士も心ゆくまでおしゃべりができるよう、近くの託児サークルのボランティアが子どもたちの世話に訪れることもあります。ほかにも利用者の希望に応じた重層的なサービスが行われています。「おいで」の上野さんがさりげなく現れ、冗談を飛ばしながら避難者に生活情報などをお知らせしている姿も自然体です。今では避難者の人たち自身がお茶請けの漬け物やお菓子を一皿持参で気軽に訪れます。

「ボランティア山形」ではこのようなお茶飲みスペースを市内のあちこちに一つでも多く設置したいと考えていますが、課題がまったくないわけではありません。地元の人たちも含め、多いときには四〇〜五〇人、少ないときでも二〇人は集まってくる人々の顔ぶれが、一年を経る間に次第に固定化してきたこともその一つです。「この集まりが楽しみ。こういう場があることをもっと早く知りたかった」と利用者の人たちは口をそろえますが、まったく利用しない、あるいは利用したくてもできない（知らない）人にとっては存在しないも同じです。利用者に年齢の幅はあるものの、ほぼ全員が女性であることも気になるところです。避難者の方々に足を運んでもらう手法だけでは限界があります。世間との付き合いが薄くなりがちな一人暮らしの男性、移動手段が限られている障がい者の方々、あるいはインターネットを利用しない（できない）人たちは、ケアのネットからこぼれる可能性が高いからです。

その点で、自らも避難者である「おいで」の上野さんたちが、震災の年の暮れから雇用促進住宅の自治会づくりに奔走したのは卓見です。

避難者自身による新たな取り組み

米沢市内には万世ほか牛森、太田町、窪田、八幡原の五地区に雇用促進住宅があり、それぞれ八〇戸、計四〇〇世帯が入居できるようになっています。同市商工観光課によるとすでに二〇一一年一二月八日現在で計三四一世帯、一一七七人の避難者が入居登録をしていました。

米沢は日本でも有数の豪雪地帯の一つです。本格的な降雪シーズンの到来とともに、雪に不慣れな浜通り出身の避難者たちから不安の声が出るようになりました。それをきっかけに自治会結成の機運が盛り上がりました。この年の一二月末には万世と八幡原の二カ所で自治会が誕生しました。除雪を共同で行うなど身近な生活環境を良くすることが当面の活動となりました。

また、避難者同士がさまざまな活動を通じて関係性を深めてきた結果、二〇一二年三月末には、より長期的な課題に取り組む「福島原発避難者の会·in米沢」（武田徹代表）が結成されました。このグループは先の二つの自治会の役員と米沢市民有志が中心となって準備を重ねてきたものです。代表の武田さんは万世の自治会長を務めています。当面の活動内容は、「避難者の生活再建」「賠償問題」「故郷に戻る人たちの支援」の三点です。二〇一二年五月三〇日には山形県を訪れた佐藤雄平福島県知事に、避難者支援を求める以下の要望書を手渡しました。

(1)一八歳以下の県民の医療費を来る一〇月一日から無料にするという県独自の決定は歓迎すべきことです。しかし、それ以上に実現すべきは、将来にわたって予想される様々な健康被害に対処するための全県民を対象に終身にわたって定期的な無料健康診査と被爆者援護法並みの医療支援を受けられるようにするため、「健康手帳」を交付することです。この実現を強く厚生労働省に要請していただきたい。

(2)被曝に対応する病院は福島県立医大病院だけでは不十分であると思われます。郡山、いわき、山形県等に拠点病院を設置していただきたい。

(3)上記(2)と関係がありますが、原発事故の避難者については、甲状腺検査を山形市や米沢市などの福島県外でも無料で受けられるようにしていただきたい。

(4)ホールボディーカウンターによる検査結果の客観性のために、検出限界やソウトウエアの設定などを明らかにしていただきたい。

(5)福島県内で生活している子どもたち、とくに線量の高い地区（福島市渡利地区など）の小中学生に、夏季休業中等に一週間から二週間、心身をゆったりと静養できる機会を作っていただきたい。

(6)山形県、特に米沢に避難している人達のかなりの数が、福島と米沢との二重生活による出費増で苦しんでおります。すでに民主党の県会議員を通して国交相に要請しているところですが、高速道路の無料化の再開を国に働きかけていただきたい。

福島から避難してきた人たちを温かく迎え入れてきた米沢。この地で織りなされたさまざまな「支え合い」の交流を振り返ると、緊急救援が絶対的に必要な急性期から、避難者同士が互いの経験や思いを打ち明け合う精神的な復旧期を経て自立的な体制づくりの時期にたどり着くまでには、一年を要したことがわかります。

大変なつらさを抱えながらも、自分たちの暮らしの立て直しに向けて一歩を踏み出す、避難者の人たち一人ひとりの復興期が今、訪れようとしています。この歩みを粘り強くサポートしていくこと、これが米沢の人たちの言う「支援」という言葉の意味なのだと思います。

結

非日常が日常の姿を露わに照らし出す
——断章・東日本大震災が私たちに教えるもの

編者　生江　明

東日本大震災からおよそ一カ月後、私は宮城県亘理町の海岸沿いの道を車で走っていた。海が見えた。道を外れて砂地を海へと向かった。防波堤の塊が、あちこちに転がっていた。車を降りて、その脇を通り抜けると、大きな裸の波打ち際が広がっていた。生き物のように海面が盛り上がり、白波を立てて繰り返し岸に押し寄せ、規則正しい波音が時を刻んでいた。突然、あの津波は自然現象だったのだとの思いが込みあげた。長年、築いてきた営みの場を根こそぎ奪い去った今回の地震と津波が、長い年月の間に幾度も繰り返された自然そのものの姿であったことに激しい衝撃を受けたのである。自然は悪意をもって私たちを襲うことはしない。逆に、私たちは自然を手なづけコントロールできると大した根拠もなく思い込んでいただけではなかったかと慄然と海を眺めた。家々の基礎だけが残る海岸。ここに確かにあった人々の暮らし。それが忽然と姿を消した。惨い現実を受け止めきれない自分がいた。

防波堤が破壊され海が見える。宮城県亘理町の海岸にて／2011年4月1日

本書「結」では、この巨大な自然現象が私たちの社会に問いかけているものは何かを考えてみたい。その先にはきっと私たちが歩むべき道が切り開かれていくだろう。それは華々しい復興計画を光とする道ではなく、私たちが喪った多くの命と、思い出、廃墟の闇の中から照らし出される道であるに違いない。

一　3・11、何が起きたのか？

私が担当する政治学の演習では、津波や地震などの自然災害を通して地域社会を捉えることを課題としている。二〇一一年三月一一日に大地震が起きた時、私は愛知県知多半島の先端部に位置する勤務先の大学にいた。目眩いがしているのかと思うほど大きな揺れの後、五階の研究室から降りて一階の教員控室に急ぎ、同僚の教職員たちとテレビの臨時ニュースを見始めた。第一報は「震源は宮城県沖、マグニチュード7・9の巨大地震。津波は岩手・福島県で三メートル、宮城県で六メートルを超える模様」と告げた（マグニチュードはその後、8・4、8・8、9・0に変更された）。やがて一〇分ほどで津波予測は宮城県で一〇メートル、岩手・福島県で六メートルを超える恐れへと修正された。さらに三〇分後には、その予測が三県で一〇メートルを超える恐れへと修正されていった。間もなく仙台平野はじめ沿岸各地に押し寄せる津波の映像が流れた。

春休みの大学は静かだった。大学のある町に大津波警報が出ても、そして海岸には近寄らないよう学内放送が告げても、その日、大学も町も静かだった。海岸で糸を垂れていた釣り人たちに警察や消防団が避難を呼びかけたが、反応は鈍かったという。

震災の翌日から体調を崩して歩行できなくなり、車椅子生活となっていた私は、動くことがままならぬまま、一〇日間、テレビの画面、新聞紙面、インターネットの画面を見続けた。そして私の周りに集まってきた学生たちと情報の空白域を探す作業を始めた。春休みで人気のない研究室前の廊下に何枚もの模造紙を張り、今、自分たちに見えていること、見えていないことをポストイットに書き込む作業を学生たちと続けた。その作業は今も続いている。

希薄な危機意識と当事者性——私たちはどのような人か

愛知県という、被災地から遥かに離れた場所で学んだことは何か。

その第一は危機意識の希薄さであった。目の前に津波が来ない限り、多くの人は逃げなかった。あの日、当初の津波注意報が津波警報へ、さらに大津波警報に変わり、町には避難所が開設されたが、到達予想時刻を見計らって様子を見に行ってくれた学生は、避難者は一人もいなかったと戻ってきた。愛知県全域で避難対象者は全体の〇・二％であったと報道されたが、人々の危機認識は警報が出ていたにもかかわらず、それとは無縁だった。四月以降の講義の中で、学生たちに「津波警報」と「大津波警報」の違いを尋ねてみたが、知っている学生はいなかった。三メートル以上の津波が予想されると「津波警報」が「大津波警報」に格上げされることを教えた上で、大学のあるこの町の海岸線には三メートルの防波堤があるが、この町に「大津波警報」が出たと仮定して、どこなら安全なのかと尋ねた。学生のほとんどは防潮堤より離れた内陸ならどこでも安全と答えた。東海地震などの一般的な話は知っていても、自分たちが住んでいるこの町にどのような災害が想定されているかを理解している学生は皆無に等しかった。認識不足は学生だけでなく教職員についても同様である。目の前に災害が来ない限り、私たちは予定通りの日々を生きるのに忙しい。

第二に思い知らされたのは当事者意識の乏しさであった。分業化社会の中で、自分の役割でないことは誰かが担っている筈だという確信であり、そのために自分の役割でないことには思考も判断も停止している。私は、担当するすべての課目で年に二回ほど災害についての講義を入れているが、学生たちの多くは怪訝な顔をしている。講義に関する感想文のほとんどは「なぜ政治学の講義でそれとは関係ない災害の話をするのかわからない。早く本論を始めてください」というものや「災害の話と自分の生活には何の関係があるのか。いつ起こるかわからない災害に備えることは自分の仕事でも役割でもないので無駄だ」というものだった。「この町の災害予測は承知しているが、自分はここから離れた自宅から通っているので心配していません」というものまであった。

安全は自分以外の誰かが守っていると信じて疑わず、同時に、それは自分の役割ではないので無関係だという確信である。この傾向は私たちの日頃の行動パターンからも見てとれる。たとえば、台風が来ても電車が動いているなら安全と大多数の人は考えがちだ。電車が通常どおり運行されているのは鉄道関係者が安全と判断したからであり、乗客である私たちがその判断の妥当性を考えることはほとんどないのである。

この判断停止の背景には、いつ人間に対して牙をむくかもしれない危険な自然への恐れはない。あるのはただ、想定可能な安全な社会装置の中ですべてが守られているかのような錯覚のみである。

こうした危機意識の薄さと当事者性の欠如とは相関関係にある。かつて日本社会が伝統的な地域共同体の集合体であった一九六〇年代半ばまでは、燃料は地域の入会山から共同で入手し、地域の災害には青年団や若衆組が結束して対処した。しかし、以後の高度経済成長期からそれが大きく変化し、村中総出で行っていた仕事すなわちさまざまな普請(道普請、墓普請、屋根普請、用水普請、橋普請、川普請、火消しなど)をアウトソーシングするようになった。行政やそれぞれの専門業者に発注することで、人々の暮らしは個別的になった。お蔭で村の外へ働きに出ることも可能になり、家族を残してひとり都会に働きに出ることも可能になった。都会での独り暮らしには入会山の燃料集めも、水汲みも、火起こしも必要ない。蛇口をひねれば水が、レバーを回せばガスが、スイッチを押せば電気が手に入る。これらのサービスは消費者として金さえあれば、ほぼ無尽蔵に提供される。コンビニや自動販売機があれば一言も会話することなく「自立した消費者」として生きていける。便利な生活環境が生命維持を可能(エンパワメント)にしたのである。

二　マニュアル依存症候群

安全を委ねる社会の陥穽——思考の電源喪失

地域の安全は自治体警察と自治体消防に委ね、私たちはサービスを提供する側でなく受け取る側に移った。自分の役割は勉学か仕事であり、それ以外は公共サービスか企業サービスに依存することとなった。しかし、大規模災害はこの前提を根底から覆す。電気もガスも来ない。電話もかからない。テレビも見えない。道路はあちこちで通行不能になる。警察も消防もアウトソーシング先も来ない。自分と関係のないものは専門家たちに任せればよかったという状況は消失するのである。いわば日常が非日常へと劇的に転換する。この変化への対応を阻害するのが「マニュアル」への過度の依存である。

３・11に起きたことを捉えた映像の一つにその象徴的なシーンがある。津波から避難するため内陸へ向かう車が、渋滞で立ち往生している間にやがて押し寄せてきた津波にことごとく呑まれていった。そのとき海へ向かう対向車線は空っぽだったにもかかわらず、そこへ走り出す車は一台もなかった。人々は普段通り交通法規を遵守することで命を落としたのである。同じような事例は他にも数多く発生した。たとえば、災害予想図（ハザードマップ）に書かれている避難場所に到着し談笑している間に、津波に襲われて多くの命が消えた。

私たちは非日常にあることを認識できぬまま、災害に巻き込まれた。非日常的事態が発生したという状況判断、つまり、「非日常＝非常事態のスイッチ」がほとんど入らぬまま、手遅れで多くの命が失われた。思考の電源喪失とも言える事態に陥ったのである。

さらに、今回の震災においては、日本の社会はそれまでの社会システムの何が破綻し、何が残っているのかをほとんど把握できず、生き残った人々の命と生活を支える手法を全く持ち合わせていなかったこともわかった。日常では利用可能な前提条件であっても、災害時には破綻することを想定していなかったのである。政治や行政による今回の混乱は、日常社会システムが崩壊しても従前どおりのマニュアルで処理できると考えたことに起因する。行政や政治のスイッチは、依然として日常のままだった。彼らは放射線被曝の恐れの中で避難している人たちに、リスク情報を伝えることなく、「失敗や事故からの回復は自己責任」という3・11以前のマニュアルを今も押しつけたままである。

「安全神話」に縛られた思考

東京電力が作成した福島第一原発事故に関する調査報告書（東京電力福島原子力事故調査委員会、二〇一二年六月二〇日）は、自分たちの想定を超える津波によって予備電源のすべてが使用不能になり、それが厄災の発端であると主張した。災害想定を出した会社側も、また監督責任を負う政府も、ともに自分たちの想定が誤りであったことは認めている。しかし、その後に出てくるのは「悪いのはあくまで津波であって、想定した側には責任はない」という不可思議な論理であった。この論理は一体、何を意味するのであろうか。

事故直後から政府および東電は「少量の放射性物質は漏れているが、直ちに健康に影響を及ぼす数値ではない」と繰り返した。しかし、第一原発からわずか五キロほどに設置されたオフサイトセンターすなわち国の原子力災害現地対策本部には、非常電源さえ十分備わっておらず、地震や津波災害のために通信設備の多くがすでに使用不能になっていた。空気中の放射性物資を低減する装置も元々設置されておらず、高濃度の放射線に曝されたこのセンターはわずか四日で撤収することとなった。事故が起きても周辺地域は影響を受けないと長年にわたって「想定」されていたことがわかる。事故や災害は発生する想定になっていなかったので、入院患者を含む住民避難の手順についても「想定」されていなかった。しかし、「想定外」という言葉が責任回避の理由に使われたとすれば、それはとても便利な言葉である。

「想定外」を許す論理とは何か。原発事故直後に政府はSPEEDI（緊急時迅速放射能影響予測ネットワークシステム）の計測結果を入手していたが、公表しなかった。アメリカ・エネルギー省（旧原子力委員会）による実測放射線量調査データを受け取っていた文部科学省や経済産業省原子力安全・保安院もまた、そのデータを公表しなかった。「住民避難に生かす発想がなかった」と弁明しているが（「朝日新聞」二〇一二年六月一八日付）、これはつまり、これらのデータを人々の安全のために用いることは想定していなかった（処理マニュアルになかった）ということである。政府や企業（東電）は住民のことなど忘れていたのである。まさに国家による「棄民」と言える。

国や企業が用いる「利益の極大化」の論理によれば、期待される利益は大きく見積もり、望まれない不利益や負荷は初めから小さく設定するか棄てられる。事故は起きない、防備を超える災害は起きない、ゆえに責任を問われる事態は起きない、あるのは利益の増加のみだ――こうした良いことづくめの「物欲しげな想定」には、当初から「責任」という言葉などはなかった。

「利益の極大化」すなわち「不利益の矮小化」には歯止めがない。公害も環境破壊も生産の極大化のために負担や負荷を切り捨てることで発生してきた。その負荷が環境にのしかかる場合は環境破壊であり、地域の人々を迫害する場合は棄民である。「安全神話」とは予想される不利益を無視することで作り上げられたものであり、私たちの日常もまた、この神話に縛られた思考と無縁ではない。「想定」に縛られた私たち自身のことを次に考えることとしたい。

大量生産を可能にしたもの――マニュアルという名の罠

道具としてのマニュアルが登場するのは一八世紀後半のイギリスの産業革命の時代、大量生産システムが確立した頃である。同一のものを効率よく短時間に大量生産することが可能になった。素材が不均一ならば、その度に熟練工による多彩な調整技術が必要になるが、素材の均一性さえ確保できれば、未熟練工であっても操作可能な機械で生産できるようになる。手順書（マニュアル）通りに動く単純労働の繰り返しが同一規格の大量生産を可能にしたのである。

マニュアル偏重の問題点は次の四つの角度から指摘できる。第一は、その有効性の基礎には日常の安定性が必要となるが、平穏な時期が長くなるとその前提条件が忘れ去られ、「不安定な状態になっても従うべきもの」という思考が刷り込まれていくことだ。災害や事故が発生したとき、「災害マニュアルに従う」思考パターンが危険なのは、事前に準備されていた災害予想（想定されていた）と目の前で起きている現実の災害とが同じか否か、その状況判断を停止させてしまうところにある。

第二は、「想定外」の出来事や事態が起きた場合、自分自身の判断による行動が困難になることだ。いわばマニュアルの呪縛だ。

第三は、大量生産が素材の均一化を必要としたように、災害時のマニュアルもまた被災した人々の均一化を促しがちになることだ。老いも若きも、病人も元気な人も、一律に「被災者」になれと命じる可能性である。同時に、支援者に対しても均一性を求める。均一化は流動的な状況への対応を弱くする。

第四は例外を認めないことである。特定の目的遂行をめざすマニュアルは、規則と指示を振り回し、個々人の多数性・多様性・多彩性を一色にすることでしか成立し得ない。その絶対視が大量の動員を可能にするわけだが、一方でマニュアルが機能し得なくなるような事態を無視することは、人災として大量の遭難者を生み出す原因にもなりかねない。

岩手県釜石市の小中学生に防災教育の一環として津波の危険性を繰り返し伝え続けてきた群馬大学大学院の片田敏孝氏は、避難の三原則として、まずマニュアルを疑うことを強調した。「ハザードマップ［釜石市教育委員会作成］を疑いなさい。災害に直面したとき、自分の体と頭で危険性を判断しなさい」

と説いた。なお、その第二原則は「最善＝ベストの避難行動を取ること」、第三原則は「率先して逃げること」というものであった。子どもたちが個々の判断で逸速く逃げたことで、周りにいた多くの大人も逃げ急ぐことができた（片田敏孝『みんなを守る命の授業』ＮＨＫ出版、二〇一二）。

福島第一原発の事故の際には、国や県の指示を待つことなく、あるいは国や県からのマニュアルに拠らずに、町自身の判断（自治専行（本書第12章参照））で住民の安全を守り抜こうとした事例もある。放射線被曝への緊急対応手段として、ヨウ素剤の服用があるが、福島県三春町役場は、三月一一日から一五日の間に、必要な情報の提供を国からも県からも得られぬ中で、独自に情報を収集し（この情報によって、町の真東に位置する福島第一原発から吹いてくる東風に乗って、放射能雲《プルーム》が町を直撃する可能性が高まった）、最後は自らの判断で、三春町の四〇歳以下の住民およそ八〇〇〇人にヨウ素剤を配布、服用することを実施した。県の部局からは国のヨウ素剤配布マニュアルに基づき中止回収命令が出されたが（マニュアルには「国と県の指示で配布を開始すること」という手順が示されている）、役場担当者はこれを拒否。まさにマニュアルよりも地元住民の安全を最優先したという事例である（ＮＨＫ『明日へ―支えあおう―証言記録　東日本大震災　第９回　福島県三春町～ヨウ素剤・決断に至る４日間』）。

ソフトな管理手法

マニュアル文化は、さらに一九世紀末から国家総力戦体制下の近代戦争に採用され、大規模な兵員の動かし方の根幹となった。それまでの限られた数で構成された専門的戦闘集団とは異なり、一般市民から大量の戦闘員を動員するためにはさまざまなマニュアルが必要になったのである。やがてそれは経済ビジネスの世界にも敷衍され、熟練社員でなくともマニュアルさえ覚えれば、「今日からあなたもベテラン販売員！」というサービス標準化マニュアルを生み出していった。誰が担当になっても「同じサービス」が提供されるから「安心」、というわけである。

同時にそれは、顧客も「マニュアルに合致した顧客」を演じねばならなくなったことを意味した。「想定外」の質問や行動は慎まねばならないのである。たとえば、入院患者が、マニュアル通りの良い患者を演じず夜中にベッドを抜け出て歩き回るなら、管理側の都合を妨げる規格外の「問題行動」として非難されることになる。

今回の震災においても、食物アレルギーを持つ人は避難所での食事に困惑したという。「私にはアレルギーがあります」あるいは「塩分の過剰摂取は命取りなのです」と伝えることはわがままであろうか。「公平な配給」が「それを受け取る人は同じものを食べなさい」という命令に転化するのなら、「公正」ではなくなってしまう。単一の食物を効率よく一律に配給することを目的化した途端、その規格外の多様な課題は排除される運命にある。

また、支援の現場では「被災者役」「ボランティア役」を演ずるよう強いるケースも目立った。組織化され均一化されたボランティア以外は敬遠され、どこかの組織の指揮下に入ることが要請される傾向にあったのは、このマニュアル文化の現れである。「想定外」が排除される「マニュアル依存症候群」――、それに従うことが「成功」への道とされ、「失敗」はそこからの「逸脱」として位置づけられる。こうした規範は今や子どもの世界にまで広がり、近年の「いじめ」の大きな要因の一つにさえなっている。

今日の分業化社会はその領域をさらに細分化し、小さな専門職を配置することで一層きめ細かな管理を強化しようとしている。部門間の融通は消えている。特定の人間による生々しい管理から、マニュアルという無機質なルールブックによる管理へ――それは「私に従え」ではなく「マニュアルブックに従いなさい」というソフトな人間管理・支配の手法である。

三　普段着の市民による「支縁の思考」

分業化社会を超えて

今回の震災直後、救援に向かおうとする一般ボランティアに対して、現場に混乱が起きることを恐れる一部の人から次のような声が大きく飛び交った。今は業務として働く「プロ」の出番であって、「素人」は行くな、来るな、というメッセージである。専門家集団だけで世の中が成り立っていると言わんばかりの傲慢な社会イメージが見え隠れした。それにもかかわらず、救援が専門でない、つまり分業化社会の中でそのことを仕事（職業）としていない多くの人々が自分の裁量で行動を起こした。狭い領域の中で縦に自己閉塞・自己完結する専門家たちを尻目に、彼・彼女らは横に手をつなぐことで現在も新たな可能性を広げ続けている。

私たちは生きている。業務として生きているわけではない。何らかの仕事に就き、それぞれの道を歩んでいる。私たちに「素人」というレッテルを貼るのであれば、私たちには「プロの素人」の呼称がふさわしい。自分ができることとできないことが明確に認識できているが故に、「それをやれる自分以外の誰かを見出す」ことができる。これこそ互いに支え合う「協業」の姿に他ならない。

イギリスの国際ＮＧＯオックスファム（ＯＸＦＡＭ）のボランティア募集のパンフレットには、同組織が求めているさまざまな仕事や職種が掲載されている。その最後のページには、大きくこう書いてある。

もし、このパンフレットであなたのできる仕事を見つけられなかった方は、どうぞその仕事を教えてください。

あなたの可能性がOXFAMの活動を広げることを大歓迎いたします！


ここには、社会の役に立とうとする一人ひとりの意思を尊重し、そこに見えてくる多様性こそを力として活かそうとする基本姿勢がある。

人々が集まる社交の場からさまざまに生まれる活動（action）こそ人間性の証である、と喝破した人物がいる。ナチス時代のドイツからアメリカに亡命したユダヤ人の政治哲学者、ハンナ・アーレント（一九〇六―一九七五）である。

彼女は、人の営みを三つの領域に分けている。すなわち、生物体である人間が日々の糧を得るために働く「労働＝labor」、モノを作る「仕事＝work」、そして異なる人間同士が言葉を通じて何かを共同して行い互いを結び付ける（時に対立させる）「活動＝action」である。「労働」も「仕事」も、場合によっては「他者」がいなくとも、言葉を発しなくとも事足れる。しかし、「活動」だけは、「他者」との共同性なしには成立し得ない（ハンナ・アーレント『人間の条件』ちくま学芸文庫、一九九四）。

分業化社会をこれらのキーワードから見るならば、私たちの生活は「労働」と「仕事」の二領域だけで完結することになる。しかし、言葉を発することなく、一人で自己完結する暮らしに「社会」は成立し得るのだろうか。

多くの人たちと対話を重ね、気心が知れる中で賛同者が集まり、何かが始まる。その「何かが始まる」ことをもって「社会が生まれる」。社交（social）から社会（society）は生まれ、再び社交へと循環する。誰の指示でもなく、「始めること」をみずから「始める」ところにこそ自由があり、新たな社会が誕生するのである。

現場に足を運ぶ――「窓口」に座っていては見えないもの

ところで災害時の救援活動の中身においてもマニュアル化は進んでいる。配給事業者の都合に合わせてものごとをスムースに運ばせようとするため、多くは専門の窓口を作ることで配給事業を集中化させる。「不足しているものを受け取りたければ窓口に来い」というシステムである。このような自己申告処理メカニズムのもとでは、マニュアルで処理できないものは他の窓口にたらい回しされる。窓口だけでは決して社会全体が見えるわけではないのに……。

震災直後のマスメディアの現場報道では、多くのレポーターが「今、何が足りていませんか、欲しいものは何ですか！」という問いかけを繰り返した。現場の悲惨な状況を伝えるためには、被災者から「あれが欲しい、これが欲しい」と言ってもらう必要があったのだろうか。それともこのレポーターたちは、その後、この声をどこかへ的確に届けたのだろうか。あるいは、不足品リストを自分たちで作成したのだろうか。

宮城県東松島市で支援活動を続けているある保健師は、身内を津波で亡くした方以外の中にも、「死にたくなる。その衝動をどうして押さえ込めば良いのかわからない」という死への誘いに脅え続けている被災者たちがいると語っていた。「死にたい」と語る人たちに「何が欲しいのですか、何が足りませんか」と尋ねる行為に何の意味があるだろうか。こうした尋ね方は、私たちのこれまでの生活が、不足品の購入（消費）だけに追われ、あとは空っぽなままでやり過ごされてきたのではないかという疑いを突きつける。生き残った人たちが生き続けるためには、別の問いかけが必要である。

　不足する物品リストのすべてが満ち足りても、喪失は回復できない。被害を補修したとしても、失われたものは戻らない。同様に、傷つき痛んだ心は専門家によってケアされればよいというものではない。それは故障した部品を修理すればまた動くという機械論的な対応を意味するだけだ。

　今回の震災では全国からたくさんの支援物資が集められたが、どこで何がどれだけ求められているのかといった情報は不足がちだった。現場は物資集積所の窓口に来る人たちへの対応に精一杯の状況だった。なぜこのような状況に陥ったのであろうか。

「窓口」をめぐるあるエピソードを紹介しよう。カンボジア内戦後、一九九二年に、日本の或るNGOが地域医療のコアとなる地元の病院を支援するために一つの医療プロジェクトを立ち上げた。私は、NGOから当プロジェクトの評価調査を依頼され現地を訪れた。医師も看護師も医薬品も充足しているその病院は多くの患者であふれていた。さっそく私は病院の月別、男女別入院患者数の資料を病院スタッフに求めた。ところが、医師と看護師は提出を拒みこう言った。「なんですって、赤痢菌などの感染細菌は、男女の選り好みはしません。男女別数値が欲しいなんて医学知識がないにもほどがある。あきれ果てた素人調査員だ！」。しかし、この地域の男性は乾期に出稼ぎに行くのが大半だったから、女性たちはたとえ罹患していても、子どもたちの養育に追われ、来院さえできない状態にあることが十分考えられた。

「入院患者数だけでなく、地域全体の罹患者数の情報も把握する必要がある。両者の数字の間にもギャップが発生しているかもしれない」。私は病院スタッフにそのように伝えて、この視点に立って地域医療（病院医療ではない）の課題を見つける必要性を説いた。病院スタッフは病院内では極めて忙しく治療に当たっていたが、村々の診療所（ヘルス・ポスト）にはスタッフも村人も誰一人いなかった。しかし、地域医療の「現場」である診療所が閑散としているからといって、そこに住む村人が健康であるとは限らないのである。

その後、私は、外部支援を一切受けていない別の郡立病院を訪問した。そして、ここで活動するカンボジア人保健師たち（ベトナムで三カ月の促成訓練を受けただけの医療従事者だった）の説明に驚きと感動を覚えた。それは、この病院には医師もおらず、充分な薬もない状態にもかかわらず、地域病院として立派に機能していることがわかったからだ。保健師たちは日頃から村々を歩き回り、具合の悪い人はいないか、自分たちが集めた「生きた情報」に基づき、村人たち全員のカルテを作っていた。そして、「あなたはこうしたことに気をつけなさい」という健康指導や、「あなたは○○病の恐れがある。△△の病院には専門医がいるから今すぐ行きなさい」などと的確なアドバイスを与え、そのカルテとともに患者を送り出していた。地域に開かれた病院とは、病院の入り口に鍵がかかっておらず外から誰でも入れることを意味するのではない。病院スタッフがその入り口の外に出て、地域をこまめに歩き続けることだったのだ。医師がいなくても薬がなくても、この病院には人がにぎやかに満ちていた。

震災直後の石巻においても同様の取り組みが見られた。宮城県・石巻赤十字病院を中核とする医療チームが実施した市内全避難所への訪問調査は、個々の避難所が抱える問題と地域全体が抱える共通課題の発見へとつながった。それはかつての日本の保健婦（師）たちが開拓したフィールド中心の活動を彷彿させるものであった。長野県伊那地方で戦後行われた保健婦（師）さんたちによる訪問ケアは、医療と福祉をつなぐコミュニティ・ソーシャルワークの典型であった（和田謙一郎・宮本教代「昭和二十年代から四十年代の小規模自治体における保健福祉活動―長野県の保健婦の活動を調査して」『市天王寺大学紀要』第四九号、二〇一〇)。保健婦(師)さんたちの仕事は、信州伊那谷の山麓を「困ったことはありませんか」と尋ね歩くことを基本とした。同じことが、今回の震災においても、地域の医療人員と資材不足の中で、全国から集まった保健師さんたちによって行われていたのである。

「何が必要ですか、何が欲しいですか」という「部分を問う」ニーズ調査からは見えないものが、宮城県東松島市や岩手県大槌町、陸前高田市などの各被災地で展開された保健師さんたちによる個別訪問インタビューからも浮かび上がってくる。これらは不足品調査では見えない、人が生きていることを大前提に据えたトータルな課題への取り組みであった。被災した人たちの側に寄り添うかたちで、地域の悉皆(全戸)訪問を試みる日本の保健師たちの、地味でいて、大切な巡回活動に静かな感動と共感を覚える。

曹洞宗の托鉢僧の原則である「村を外しても、家を外してはならない」という教えは、托鉢の対象村(地域)を定めたなら、そのすべての家を回ることを僧に命じるものだ。「豊かな家ばかり回っていては、その村のことがわからない。ややもすると、豊かな家より貧しい家の方が、托鉢僧の差し出す椀により多くのお米を入れてくれることに気がつくときがあるだろう。なけなしの喜捨のありがたさを知ることが大切であると教えているのだよ」。こう語ってくれたのは、シャンティ国際ボランティア会(SVA)の元事務局長、有馬実成さん(故人)である。

避難所にしか救援物資が配給されないという事態は今回の救援・支援活動の中でそこかしこでみられたが、それは窓口に並ばせてすべてを済ませるという日常業務の罠であった。行政改革という名の下で多くの人員削減の嵐が日本各地で進む中、窓口に並ばせることで手間暇を省く社会的効率化が、人々のためではなく、配給側の事務効率を目的としていたことが知れてしまった。消費社会では列に並んで購入することが規範となっていたのである。「まず、並びなさい。そうすれば欲しいものを提供しましょう」という手法の落とし穴は、「窓口に並んだ人数」が「ニーズを表す人数」に変質することである。しかし、窓口に座っていればそこに来た人のニーズは見えるが、来ない人のニーズは見えない。

その意味で、今回被災地で行われた保健師さんたちをはじめとする人々による全戸訪問の取り組みは、特筆すべき経験を私たちに伝えてくれた。窓口からは見えない「情報の空白域」を一つひとつ埋めていこうとする彼・彼女らの姿に、大災害から息を吹き返していくための、「ソーシャルなワーク」の可能性を見る思いがする。

パキスタン国境の町からのメッセージ

私が長年関係してきた社会開発の現場では、マイ・プロジェクト（援助側や計画者側の都合だけで一方的に進められるプロジェクト）からアワー・プロジェクト（受援者側と協力し合ってなされる双方向性プロジェクト）への転化の成否がプロジェクトそのものの成否の鍵を握る。支援者側の都合だけではコントロールし得ない事態とどう向き合うかが、プロジェクトの継続にとっては死活的に重要である。しかもその成果は、インプットすればアウトプットとしてすんなり出てくるものでは決してない。成果とは、手を差し出せば掌に落ちてくるリンゴとは違うのである。

一九九七年一月、酷寒期のパキスタン北西辺境州（アフガニスタン北部と国境を接するギルギット渓谷に広がる山岳地帯）の標高四〇〇〇メートル超の村々を、住民参加型開発の事例調査で訪ね歩いたことがある。岩山の急峻な山肌に開かれた、車一台がやっと通れるほどの小さな道を上って、天空を戴く小さな僻村を辿り歩いた。左右に広がる山肌には、いく筋もの線が走っていた。それは氷河の水を集落や畑に運ぶ用水路であった。水路は、そこに人々が住んでいる証に見えた。

崖から水路を望む。パキスタン北西辺境州ギルギットの奥の村で／1997年1月

同行の日本の土木専門家が、「粘土と砂利で作られたこんな粗末な水路では、しょっちゅう壊れてしまうだろう。ハードの専門家であるわれわれが手掛ければ一〇〇年はもつものになりますよ！」と力説した。しかし、この地で山道づくりの仕事をしてきたＮＧＯアガ・カーン財団（イスラームをベースにした世界的な民間援助団体）の現地責任者から話を聞いた途端、土木専門家の唱えるこの百年水路の話は吹き飛んだ。現地責任者は言った。「二～三年に一度、村中総出〔日本でいう「普請」あるいは「結」〕でこの水路の補修を行っている。それによって村人の日々のネットワークが結い直され、緊急事態のときにも互いに協力し合える関係を深めている」と。人々の出番を排除してしまう立派なハードは、かえってコミュニティを弱体化させ、やがてそれを破壊する恐れがあるというのである。「立派なリーダーたち」の独断専行が、やがては人々の無関心を呼び、コミュニティを崩壊させるのと似ている。

ＮＧＯの現地責任者は続けて言った。「パキスタン政府は中央と地方を縦に結ぶ道路建設に力を入れている。しかし、私たちはそれとは異なる方針を持っている。中央に頼るのではなく、村々自身が互いに助け合える横のネットワークこそが大事なのです」。政府の道路事業は中央の情報が地方の隅々にまで伝わるよう、中心から周辺へと放射状に進められてきた。これに対して、彼らは村と村をつなぐ円環状の道路網を山岳地域に開き続けてきた。道路というハードは、それが何をつなぐのかというソフト面を見て初めて誰のためのものかが明らかになる。

私は調査を終えて、首都へ戻る飛行機便を待った。しかし降雪のため、一カ月以上も運航が途絶えていた。陸路なら海抜五六〇〇メートルの峠を越えなければならないが、当然、冬季は閉ざされている。外界からの物流がストップすれば、村人の生活が自前の相互救援体制のみになることは容易に理解された。周辺の村々をつなぐ道路がなぜ大事だったのか、私はその理由をこの目で知ることとなった。

村のミーティングは野外で行われていた

百年水路が存在しなかったのは資金がなかったからではない。むしろ改修作業のたびごとにみんなの協力を仰ぐこの水路は、村人や村々同士の絆を結い直す場として代々に亘り大事にされてきたのである。

「互いを必要とし合う人々」になること――それを最も重視することがこのＮＧＯの理念であった。

彼らにとっての支援の第一の目的は、立派な道路や灌漑用水を作ることではなかった。支援とは人々を配給物資の行列に並ばせて、不足品を充足し、物に満ち足りた状態を作り出すことでは決してないことを、この事例は教えてくれている（ちなみに、世界二九カ国で事業を展開するこのＮＧＯの二〇一一年度の年間経常予算は三六四億円、事業収入は一二〇〇億円にのぼる）。

新たな「ソーシャルな自立」を――水平方向のネットワークへ向けて

内部に持てるものと外部にあるものとをつなぐこと――生活協同組合は自分たちと生産地・消費者とをつなぎ合わせる活動を日常的に行う組織である。協同組合の協同とは、横方向の資源の相互調達を意味する。「ないなら、どこからでも牽いてきましょう！」というのが協同組合の「協同」たる所以である。

自分はそれを持っていないが、それを持っている人にヘルプ！――そう呼びかけ、それが連なることで、共にあまねく持てる人々になっていく。上から落ちてくるのを待つために、両手を上へ上へと捧げ持つのではなく、手を横へ横へと広げることで、支え合う広がりを両手いっぱいにつかみ取っていく人々。本書に登場する人々がそうである。彼、彼女らは決して自分一人でやり切ろうとするのではなく、そこに必要な資源を出し合って、「お互いが生かされる社会・地域」を創出しようとする「普段着の市民による「支縁の思考」」の実践者だ。私たちは豊かなのである。

＊　＊　＊

レジの前に立つ「沈黙の個立者」たちの群れとして、必要なものを購入（消費）できさえすれば「自立せる人」と呼ばれる社会。私たちはこうした社会に慣れ親しまされてきた。しかし、私たちは今回の震災を通じて、にぎやかな「ソーシャルな自立」の道とその有効性を学び始めた。

「自分たちの町は自分たちで守る」人々であるが故に、他の町で何か事あればすぐにそこに駆けつけ、自分たちに事あればすぐにその町の人々が助けにやって来てくれる。「自立」とは「縁を結びゆく人たち」であることを指すのではないか。その「自立」とは、互いを助け合う「ソーシャルな自立」とでも呼べるものではないのか。「よそ者の助けはいらねぇ！」──これは閉じられたコミュニティである。「助けはいらねぇかい？　遠慮はいらねぇよ！」と外にも開かれたコミュニティであることが、「ソーシャルな自立」の証となる。そこでの「自立」は、にぎやかなものであるはずだ。

人々同士をつなぐ被災地での企ては、全国へと世界へと広がっていくだろう。紡ぎ合う私たちの希望は、多様であることを力とするだろう。私たちが失敗や困難を共有する人々になり、共に希望を生み出す「互いを必要とし合う人々」になることが、放射能とがれきの静まり返った野原を越えていく道として見えてきた。

読者は、本書の登場人物たちが誰の助けも受けない自己完結型ではなく、「他者の助け」を必要とする「他者との関係を深めていく」人々であることに気づくだろう。私は彼らを「社会を作りゆく人々」（＝ソーシャル・ワークを行う人々）と呼びたい。彼・彼女らは日常の関係を変幻自在に「紡ぎ直す」名手たちである。

この大きな災害の中で、人々はある意味で無秩序に、そして思い思いに、その手を可能な限り横へ横へと、さまざまな境界を越えて伸ばし始めた。行政の縦割り構造、垂直方向の動員秩序を超えて、その手を水平方向に伸ばしながら、「互いに必要とし合う資源」を絡ませて、今も支援の網の目を紡ぎ続けている。それは、他者を支える「支援」から、互いの関係を支え合う「支縁」という新たな方向性を私たちに指し示している。

三月一一日を境に、私たちはそれまでの縦社会を横やナナメにも広げようと動き出している。被災地におけるコミュニティ活動や全国に広がる脱原発運動はその象徴と言える。大いなる悲しみと苦しみの代償を払って、私たちは分業化社会と訣別するトバ口に立った。私たちが描く新しい社会とは、かすかに残る可能性の網の目を手繰り寄せながら、激しい勢いで寄せては引く波の中で、命を大地につなぎとめようとする思いの束に他ならない。

スコップ団（本書第４章） 東日本大震災のときにできた市民グループ。団長は宮城県仙台市在住のデザイナー平了（たいら・りょう）さん。団員はおよそ5000名。「人助けに理由はいらない」が合い言葉。宮城県山元町を中心に被災した家屋の清掃、がれきの中から家族にとって大切なものを発見する活動を展開。2012年３月10日、仙台市の泉ヶ岳スキー場において震災の犠牲者数に合わせた二万発の鎮魂の花火を打ち上げ、この日をもって活動を休止。同年７月に一般財団法人に認定され再結成、今後は自然災害の救援活動の資金面でのサポートを行う予定である。

仙山カレッジ（本書第11章） 地方紙の雄の一つ、河北新報社が2003年に開始したプロジェクト。同社は仙台に本社を置く東北全域をカバーするブロック紙。創業は1897年。東日本大震災に関する一連の記事で2011年度新聞協会賞を受けた。仙台を中心とした太平洋側と日本海側の山形とを結ぶ広域連携をめざして、文化・経済交流のあり方を考えるシンポジウムを開催している。観光ツーリズムの促進や当地域の産物のブランド化などをテーマに年数回のペースで開き、26回を数える（2012年７月現在）。

照沼かほる（てるぬま・かおる） 1967年、埼玉県生まれ。渡利の子どもたちを守る会メンバー、福島大学行政政策学類准教授（アメリカ文学・文化、映像文化研究）。福島第一原発の事故により、住まいのある福島市渡利地区がホットスポットとなり、埼玉に避難させた子どもと離れ離れの生活を続けている。「『放射性物質・被ばくリスク問題』における『保養』の役割と課題」（共著／『行政社会論集』第25巻・第１号、福島大学行政社会学会、2012）。

東北コットンプロジェクト（本書第２章） 2011年７月に設立された農家や靴下メーカーのタビオ、アパレルメーカーの大正紡績、小売店など約60団体で構成。農地を守り、雇用を創出し、新しい産業を育てていくプロジェクト。津波をかぶった宮城県仙台市荒浜地区の７ヘクタール及び名取市の１ヘクタールの水田で塩害に強く育ちやすい綿花を栽培。できた綿を糸に紡ぎ、それを含むジーンズやタオルなどを製作、「東北コットンプロジェクト」ブランドとして売り出している。

中村順子（なかむら・よりこ） 1956年、秋田県生まれ。日本赤十字秋田看護大学看護学部准教授。人々と「おばさん的に」コミュニケーションする在宅ケアの実践者。2011年末、陸前高田市の人々に対する継続的な支援をめざして設立されたNPO法人福祉フォーラム東北の代表となり、全国から医師、看護師を同地に派遣している。『ケアの心看護の力』（秋田魁新報社、2010）、『家族看護学を基盤とした在宅看護論　実践編』（共著、日本看護協会出版会、2007）。

生江明（なまえ・あきら） 編者紹介参照。

日置哲二郎（ひおき・てつじろう） 1979年、岡山県生まれ。NPO法人日本リザルツ遠野事務所所長。岩手県釜石市の仮設住宅への訪問活動を中心に現場にこだわった誠実な活動を続けている。看護師や柔道整復師、弁護士などさまざまな専門職で構成するチームのコーディネーターとして東奔西走している。

三好亜矢子（みよし・あやこ） 編者紹介参照。

執筆者・グループ・プロジェクト紹介

綾部誠（あやべ・まこと） 1974年、京都府京都市生まれ。山形大学大学院理工学研究科准教授。国際協力における技術移転の望ましい枠組みなどを主に研究。3.11以降、多様なステークホルダーがつながる支援方法に着目。『市民の力で東北復興』（共著、ほんの木、2012）、『国際開発』（共編著、日本福祉大学、2009）。

井上肇（いのうえ・はじめ） 1954年、山形県米沢市生まれ。生活クラブやまがた生活協同組合特別顧問、NPO法人結いのき専務理事、ボランティア山形代表理事。3.11では「支援のハブ基地」となる地元米沢で、阪神・淡路大震災時の支援活動以来培ってきたさまざまな人脈、ネットワークを見事にコーディネート。『市民の力で東北復興』（共著、ほんの木、2012）。

臼澤良一（うすざわ・りょういち） 1948年、岩手県大槌町生まれ。まごころ広場うすざわ代表、NPO法人遠野まごころネット副理事長、岩手県環境交流センター運営委員、岩手県沿岸広域振興局野生動植物調査検討委員会委員。隣り町の釜石市市役所を2010年に定年退職。3.11では九死に一生を得た。避難所、仮設住宅で暮らしながら大槌のまちの再生に尽力。2011年末より仮設住宅近くに設置した「まごころ広場うすざわ」でコミュニティビジネスを始めた。

尾澤良平（おざわ・りょうへい） 1984年、大阪府生まれ。不良ボランティアを集める会代表。「多様性尊重の時代にボランティアだけ型にはめるのは、ちゃんちゃらおかしい」と3.11直後、同会を創設。東日本大震災の被災地に自前でバスを仕立ててボランティア希望者を被災地に送り込む活動を続けている。

黒田裕子（くろだ・ひろこ） 島根県生まれ。NPO法人阪神高齢者・障害者支援ネットワーク理事長。看護師。阪神・淡路大震災では自ら被災した。被災された人々の生活再建に尽力。今回の震災でも復興支援に力を注いでいる。『ナースコールの向こう側』（サンルート・看護研修センター、1996）、『災害看護』（共著、メディカ出版、2011）、『避難所・仮設住宅の看護ケア』（共著、日本看護協会出版会、2012）。

齋藤友之（さいとう・ともゆき） 1959年、岩手県陸前高田市生まれ。埼玉大学経済学部社会環境設計学科准教授。専門は行政学、地方自治論。故郷の陸前高田市は3.11で壊滅的な被害を受けた。自治の専門家として人々のために何ができるのか模索が続いている。『現代日本の地方自治』（共著、北樹出版、2009）、『政治学』（共著、弘文堂、2012）。

三部義道（さんべ・ぎどう）1956年、山形県最上郡最上町生まれ。同町の曹洞宗松林寺住職、社団法人シャンティ国際ボランティア会（SVA）副会長。インドシナ難民の救援活動はじめ国際協力に経験豊富。3.11では宗派を越えて仏教界のネットワークをフルに活用し奔走した。震災２年目からは放射能汚染に苦しむ福島の人々への支援に集中している。

菅原康雄（すがわら・やすお） 1947年、宮城県塩竈市生まれ。仙台市宮城野区福住町町内会会長、菅原動物病院院長。かつて水害で経験した苦しみを繰り返すまいと、1999年に町内会長に着任以降、実効性の高い「リアル」な防災活動に精魂を傾けてきた。3.11ではその備えがみごとに威力を発揮した。自分たちの町は自分たちで守る「福住町方式」に全国から視察が殺到している。

編者紹介

三好亜矢子（みよし・あやこ）

1956年、愛媛県生まれ。家庭通信社記者、ドキュメント・アイズ代表。3.11以後、福島県二本松市の有機農家との交流グループ「てふてふねっと」を創設し援農ツアーを主宰。フットワークの良さが身上。『フィリピン・レポート』（女子パウロ会、1983）、『学び・未来・NGO』（共編著、新評論、2001）、『平和・人権・NGO』（共編著、新評論、2004）。プロデュースした映像作品に「すきなんや　この町が～1995・神戸・ある避難所の記録」（1996、105分）、及び続編「すきなんや　この町が　パート2～神戸・震災から6年」（2001、69分）がある。

生江明（なまえ・あきら）

1948年、東京都生まれ。日本福祉大学経済学部教授、社会開発国際調査研究センター代表。家業の手工業製造業に携わりながら、民衆政治思想史を学び、バングラデシュで生計向上プログラムに参加した。以降、さまざまなNGOやODAの途上国社会開発支援に従事。バザールの小商いから首相まで、出会った人をあっという間に10年の知己にするスゴ腕フィールドリサーチャー。『学び・未来・NGO』（共編著、新評論、2004）、『住民参加型開発フロントライン』（共編著、国際協力出版会、2003）。

3.11以後を生きるヒント

普段着の市民による「支縁の思考」　（検印廃止）

2012年11月30日　初版第1刷発行

編　者	三好亜矢子 生江　明
発行者	武市一幸
発行所	株式会社 新評論

〒169-0051 東京都新宿区西早稲田3-16-28
http://www.shinhyoron.co.jp

TEL 03（3202）7391
FAX 03（3202）5832
振替 00160-1-113487

定価はカバーに表示してあります
落丁・乱丁本はお取り替えします

装幀　山田英春
印刷　フォレスト
製本　河上製本

ISBN978-4-7948-0910-0
Printed in Japan